인공지능 관계소통학

중앙대학교 인문콘텐츠연구소 HK+
인공지능인문학 학술총서 2

인공지능 관계소통학
인공지능 시대 새로운 패러다임: 관계 문맹

초판 1쇄 발행 2024년 5월 31일

지은이 | 이찬규, 이유미, 문혜진, 박소영

펴낸곳 | (주)태학사
등록 | 제406-2020-000008호
주소 | 경기도 파주시 광인사길 217
전화 | 031-955-7580
전송 | 031-955-0910
전자우편 | thspub@daum.net
홈페이지 | www.thaehaksa.com

편집 | 조윤형 여미숙 김태훈
마케팅 | 김일신
경영지원 | 김영지

ⓒ 이찬규, 이유미, 문혜진, 박소영 2024. Printed in Korea.

값 21,000원
ISBN 979-11-6810-274-3 (93550)

책임편집 | 이홍림
북디자인 | 임경선

* 이 저서는 2017년 대한민국 교육부와 한국연구재단의 지원을 바탕으로 수행된 연구임.
 (NRF-2017S1A6A3A01078538)

* 이 책에 인용된 이미지나 글은 저작권법의 '정당한 인용' 기준에 따라 수록했습니다만
 출판 후 '정당한 인용'이 아니라고 판정될 경우에는 적법한 절차를 따르겠습니다.

중앙대학교 인문콘텐츠연구소 HK+
인공지능인문학 학술총서 2

이찬규 · 이유미 · 문혜진 · 박소영 지음

Social Network Service
World Wide Web
Hyper-Connectivity
Social Robot
Proximity
Hybrid
Human Contact
Video Conferencing

인공지능 관계소통학

인공지능 시대 새로운 패러다임: 관계 문맹

태학사

머리말

인공지능 시대의 인간관계

"MBTI가 어떻게 되세요?"

최근 기사에 따르면 취업 면접장에서도 종종 MBTI를 묻는다고 하니, MBTI에 대한 우리의 관심은 멕시코 언론에서 "현대 한국인의 점성술"이라 꼬집었을 만큼 선풍적이다. 과거에 혈액형별 성격 유형에 대한 맹신이 있었던 것처럼, MBTI에 대한 요즘의 관심과 확인은 정말 그것을 믿어서라기보다는 타인에 대한 나름의 데이터를 확보하기 위한 본능적 물음일 것이다.

'열 길 물속은 알아도 한 길 사람 속은 모른다.'라는 우리 속담처럼 타인은 가족일지라도 이해하기 어려운 대상이기 때문에, 타인의 특성을 이해하려는 노력은 다양한 위험을 줄이기 위한 본능적 작업이기도 하다. 나와 생각이 다른 타인은 다양한 갈등을 유발할 수 있고, 이러한 갈등이 때로는 위험한 결론이 될 수 있기 때문에, 위험 관리 차원에서 타인의 정보를 확보하고자 노력하는 것이다. 이러한 측면에서 객관적 검사와 다양한 유형별 구분은 사람들에게 매우 신뢰감 있게 다가오곤 한다.

그런데 이러한 현상을 통해서 한 가지 확인할 수 있는 재미있는 현상이 있다. 과거, 혈액형이 선풍적인 인기를 끌 때는 〈B형 남자친구〉라는 영화가 나왔을 만큼 'B형'은 '이기적'이라는 부정적 인상이 어느 정도 통용되고 있었다. 마찬가지로 MBTI의 시대에 'T'유형은 판단의 근거를 이성에 두고 있으며 논리적이고 분석적이어서 객관적으로 사실을 판단하지만, 공감 능력이 떨어진다는 부정적인 측면의 예로 주로 언급되곤 한다.

이러한 검사 결과가 이 유형의 모든 사람을 완전하게 대변할 수 있다고 이야기하려는 것이 아니다. 부정적으로 인식되는 'B형'과 'T'유형은 모두 타인의 입장을 잘 헤아리지 못한다는 것이 중요한 공통점으로 보이는데, 이를 다시 생각해 보면 사람들은 타인이 자신을 이해해 주기를 강하게 바라고 있다는 의미일 것이다.

이러한 사회현상은 기술의 진화에도 영향을 미치고 있다. 현대 사회의 소통형 AI 기술은 단방향 형태이든 쌍방향 형태이든, 모두 공감의 문제에서 비롯한다. 키오스크의 등장은 '감정노동자'의 어려움을 덜기 위한 방법이라는 것도 중요한 하나의 요인이었고, 소셜 로봇 역시 소외되고 외로운 사람의 외로움을 덜기 위한 도구로 개발되기 시작하였다. 기술의 차원에서 볼 때 로봇이나 AI와의 소통 가능성과 능력은 크게 발달하고 있지만, 우리가 이 기술의 발전을 통해 외로움과 비공감의 문제를 과연 해결할 수 있을지는 미지수이다.

　기술의 발달이 외로움과 비공감이라는 문제를 해결할 수 없다고 생각한다면 이는 대화의 맥락적 특성을 고려한 것이다. 맥락적 특성은 대화자가 대화 과정에 함께 참여하여 의미와 관계를 발전시켜 나가는 것을 말한다. 대화의 과정에 함께 참여한다는 것은 화자와 청자의 역할이 고정된 상태에서 일정한 역할을 하는 것이 아니라, 참여자 모두가 화자이면서 동시에 청자라는 공동의 역할을 가지고 커뮤니케이션 과정을 만들어 간다는 뜻이다. 이 과정에서는 협의와 조율이 중요하며, 이를 통해 발전적 관계와 맥락을 만들어 낼 수 있다. 이러한 특성을 가진 인간의 대화와 달리 AI나 로봇을 통한 대화는 화자나 청자의 역할이 고정되어 있고, 상호 맥락을 형성하면서 관계를 발전시켜 가지 않는다.

　이러한 차이를 가지고 있음에도 우리가 AI나 로봇과의 대화에서 위로나 위안을 얻는 이유는 능동적이고 주체적으로 대화 참여자와 대화를 조율하고 협의하는 과정에서 느끼게 되는 피로감을 AI나 로봇과의 대화에서는 느끼지 않기 때문일 것이다.

　이처럼 인간의 대화, AI나 로봇과의 대화, 또는 기계를 매개한 대화 방식에는 차이가 있지만, 어떤 대화 방식이 더 뛰어나고 의미 있다고 주장하기는 어렵다. 이 책은 현재까지의 이러한 기술을 매개한, 또는 기술과의 커뮤니케이션 과정에서 나타나는 현상적 특성을 정리하는 것에 중점을 두었다. 이 책의 첫 장에서 '관계 문맹'을 이야기하는 이유는 커뮤니케이션 방식의 변화가 '관계'에 대한 인식의 변화를 가져왔고, 관계에 대한 욕망을 가지고 있으면서도 어떻게 관계 맺어야 하는지 모르는 세대에 대한 걱정으로부터 출발하였기 때문이다.

그러나 사회적 현상은 또 다른 진화를 의미하기에, 바름과 그름의 절대적 기준이 있다고 할 수 없다. 아날로그 시절을 지나 기술 진화의 급격한 시대를 살아가고 있는 세대로서 기술과 인간이 공존하며 살아가는 이 세대가 과거로 회귀해야 한다고 말하려는 것은 아니다. 이 책이 변화하는 시대에 대한 바른 이해를 통해 다음을 전망해 볼 뿐 아니라, 기술의 발전이 만들어 낼 새로운 관계를 더 건강하게 하기 위한 리터러시는 무엇인지 고민하는 시작의 의미를 가지기를 바랄 뿐이다. 이를 위해 이 책에서 소개하고 논의한 현상들이 더 많은 사람이 함께하는 논의의 시작점이 되길 바란다.

차례

머리말 인공지능 시대의 인간관계 • 4

1장 인공지능 시대의 도래와 인간관계

1. 관계 문맹: AI 시대의 '관계 문명인' • 15

2. 웹 2.0 시대와 웹 3.0 시대의 AI • 20

2장 기술을 매개로 한 인간 사이의 소통과 관계

1. 소셜 네트워크 서비스 • 27
    (1) 소셜 네트워크 서비스의 정의와 특징 • 27
        1) 소셜 네트워크 서비스(SNS)의 정의 • 28
        2) 소셜 네트워크 서비스의 이용 동기 • 35
        3) 소셜 네트워크 서비스 커뮤니케이션 • 38
    (2) 소셜 네트워크와 감정 • 52
        1) SNS와 개별 감정 • 56
        2) SNS에서 타인의 삶을 엿볼 때 우리는 즐거울까 부러울까? • 60
        3) 즐거워서 시작한 SNS가 피로하다? • 64
    (3) 소셜 네트워크 서비스와 관계 • 65
        1) SNS 커뮤니케이션과 인간관계 • 65

2. 화상 회의 플랫폼 · 70

    (1) 화상 회의 플랫폼의 정의와 특징 · 71

        1) 화상 회의 · 73

        2) 화상 회의 플랫폼 환경 속 커뮤니케이션에 대한 영향 요소 · 74

    (2) 화상 회의 플랫폼과 감정 · 82

        1) 화상 수업에 의한 대학생의 감정 경험 · 83

        2) 화상 회의로 인한 직장인의 감정 · 85

        3) 화상 회의가 피로한 이유 · 86

    (3) 화상 회의 플랫폼과 관계 · 88

3. 메타버스 · 95

    (1) 메타버스의 정의와 특징 · 95

        1) 메타버스(Meta+Verse) · 96

        2) 메타버스의 가능성 · 98

    (2) 메타버스와 감정 · 100

        1) 교육 및 비즈니스에 적용된 메타버스와 이용자의 심리적 반응 · 102

        2) 메타버스에서의 사회적 관계가 가져오는 충족감 · 104

        3) 메타버스의 새로운 가능성: 사회적 VR의 감정 유도 · 105

    (3) 메타버스와 관계 · 108

        1) 메타버스 활용 영역과 관계 요소 · 108

        2) 메타버스와 멀티 페르소나 · 113

4. 통번역 기술의 발달과 문화 간 접촉 · 121

    (1) AI 통번역 기술의 발달 · 121

    (2) 문화 간 접촉과 통번역의 순기능 · 128

        1) 인터넷이 소통에 미친 영향과 AI 통번역의 확산 가능성 검토 · 131

    (3) 인공지능 통번역의 확산과 문화 간 접촉 양상의 변화 · 137

3장 인간과 기계 사이의 소통과 관계

1. 스마트 인공물 • 145
    (1) 스마트 인공물의 정의와 특징 • 145
        1) 인공물과 스마트 인공물 • 145
    (2) 스마트 인공물과 인간의 상호작용 • 150
        1) 감정 반응에 따른 키오스크 이용자 유형 • 150
        2) 키오스크와 언어, 그리고 관계 • 152
    (3) 스마트 인공물에 대한 감정 • 159
        1) 스마트 인공물을 이용할 때 경험하는 감정 • 159
        2) 스마트 인공물 속성에 따른 효과 • 162
    (4) 스마트 인공물의 사회적 의미와 관계 • 163
        1) 스마트 인공물의 사회적 의미 • 163
        2) 스마트 인공물과 사회적 관계 • 166

2. 대화형 챗봇 • 169
    (1) 대화형 챗봇의 정의와 특징 • 169
        1) 챗봇의 유형과 특징 • 169
        2) 챗봇의 핵심 구성 요소와 작동 방식 및 동작 원리 • 172
        3) 상호작용을 위한 챗봇의 디자인 요소들 • 175
    (2) 대화형 챗봇의 이용과 인간의 감정 • 178
        1) 챗봇과 인간의 상호작용과 감정 소통 • 178
        2) 의인화된 챗봇에 대한 감정적 반응 • 180
        3) 생성형 인공지능과의 채팅 • 183
    (3) 대화형 챗봇과 인간의 관계 • 185
        1) 대화형 챗봇과의 관계에서 나타나는 인간 언어의 특징 • 186
        2) 대화형 챗봇이 인간의 관계에 미치는 영향 • 188
        3) 챗봇과의 대화에서 인간의 역할 • 191

3. 소셜 로봇 • 195

- (1) 소셜 로봇의 정의와 특징 • 195
  - 1) 소셜 로봇의 정의 • 195
  - 2) 인간-기술 간 관계의 패러다임 • 196
  - 3) 소셜 로봇에 부여된 '인격' • 198
  - 4) 인간과 소셜 로봇 간 상호작용의 주요 요소 • 200
- (2) 소셜 로봇과 이용자 간의 감정 • 203
  - 1) 인간-로봇 상호작용을 위한 인공 감정 지능(AEI) • 203
  - 2) 소셜 로봇의 감정 표현과 이용자의 감정 • 205
  - 3) 소셜 로봇이 인공 감정을 생성하는 방법 • 208
  - 4) 소셜 로봇의 감정에 대한 인간의 재인 수준 • 210
  - 5) 소셜 로봇에 대한 이용자의 감정적 반응 • 211
- (3) 소셜 로봇과 언어, 그리고 관계 • 221

4장 질문 되돌리기: 인공지능 시대의 인간관계

1. 인공지능 시대 인간관계의 탈맥락화 • 233

참고문헌 • 238

1장
인공지능 시대의 도래와 인간관계

1

관계 문맹: AI 시대의 '관계 문명인'

인간은 항상 관계를 고민한다. 엄마의 탯줄로부터 연결되어서 생명을 얻었고, 태어나면서부터 가족이라는 사회 속에서 존재하기 때문에 연결에 대한 고민은 본능일 것이다. 그러나 코로나19라는 전 세계적인 재난 때문이 아닐지라도 기술의 급격한 발달은 매우 색다른 형태의 연결과 관계를 만들었다. 늘 연결되어 있으나, 누구와도 완전하게 연결되어 있지 못한 관계의 모습이 그것이다.

    인간의 편의성을 증대시켜 온 기계문명의 발달은 인간의 욕구를 충족해 오는 과정이기도 하였다. 1차 산업혁명이 농업의 기계화를 통해 인간의 생존 욕구를 충족시켰다면, 2차 산업혁명은 전기 에너지 기반의 대량 생산 혁명을 통해 자본이나 사회적 구조에 있어 안정성에 대한 욕구를 충족시켰고, 이후 네트워크 혁명인 3차 산업혁명은 인터넷 혁명을 통해 공간적 한계를 넘어선 네트워크를 가능하게 함으로써 인간의 소속 욕구를 충족시켰다. 현재의 4차 산업혁명은 네트워크의 새로운 측면을 고려하여 인간의 자기실현 욕구를 충족하는 방향으로 발달해 가고 있다.

3차 산업혁명 시대에 이뤄진 네트워크의 발달로 인간은 시간과 공간의 제약 없이 어디에 있는 누구와도 연결될 수 있는 자유를 얻었다. 그러나 식탁이라는 물리적 공간 앞에 함께 있는 가족들이 각자 또다른 네트워크 안의 타인과 연결되면서, 오히려 같은 공간의 가족과는 완전하게 연결되지 않는 부작용도 낳았다. 또한, AI 기술의 발달을 통한 관계의 확장은 다양한 기기를 통해서도 연결의 욕구를 충족할 수 있다는 가능성을 보여 주었다. AI 스피커나 챗봇 같은 기계와 연결되는 것 외에도 아바타를 이용해 선별적으로 자기를 노출하는 맥락에서도 관계 맺음이 가능해졌기 때문이다. 이는 인간관계에서 상대적으로 자존감을 위축시키는 요소를 스스로 제어할 수 있는 환경을 만든 것이라 할 수 있다.

이처럼 인간의 관계성과 관련된 기술의 발달은 연결되고 싶으면서도 독립적이고 싶은 인간의 변증법적 욕구를 스스로 온전히 제어할 수 있게 하였다는 특징이 있다. 이 기술을 통해 스스로 로그인-아웃 여부와 시간을 결정함으로써 인간은 누군가와 연결되고 싶으나 동시에 독립적이고 싶은 상반된 욕구를 충족한다. 이러한 네트워크 시스템의 속성은 기존의 대인 관계에서 타인과 협상해야 하는 스트레스를 없애 주기에 매우 유용하게 느껴진다.

그러나 이러한 관계가 진정 행복할까? 이러한 근원적인 질문을 던져 본다면 현대 사회를 거스르는 우문일까? AI 기술이 만들어 낸 가상 세계의 공간은 현실 세계에서 분리된 공간이기보다는 현실의 확장된 공간이라는 점을 생각할 때 결국 인간관계는 다시 현실과 협상하는 단계로 돌아와야 한다. 이러한 측면에서 현대 사회의 인간관계를 균형적으로 살펴보지 않는다면 현실과 가상 세계의 간격은 더 크게 느껴질 것이다.

현대 사회의 인간관계는 과거의 면대면 커뮤니케이션만을 통해서만 형성되지 않는다. 관계 형성의 문제뿐 아니라 관계의 '대상' 또한 다양하기 때문이다. 우리는 여전히 직접 만나 관계를 맺지만, 매개된 미디어를 통해 더 많은 소통을 이어 간다. SNS나 메일 등을 통해 만날 시간과 만남의 의미 등을 확인하고, 장소를 공유하고 나서야 만날 수 있다. 만남이 이뤄진 뒤에는 다시 SNS나 메일 등을 통해 만남의 후기를 공유하면서 관계를 공고히 해 나간다.

이러한 관계는 그래도 인간과 인간의 관계를 전제한다. 그러나 요즘 사람들은 인간과만 커뮤니케이션 하지 않는다. 매일 아침 '헤이 카카오' '시리야' '빅스비' 등을 호출하여 날씨를 확인하고, '엄마에게 전화해'를 외치며 사람이 아닌 누군가에게 명령을 한다. 이제 더 이상 인공지능 어시스턴트라 불리는 기기들과의 대화는 낯설지 않으며, 노안이 있는 어르신들은 오히려 인공지능과 더 자주, 유용하게 대화를 시도하고 있다.

이제는 음식점에 들어서면 점원이 우리를 맞이하기 전에 키오스크가 무엇을 먹을지 물어보고, 서빙 로봇이 음식을 가져다 준다. 인간이 아닌 인공지능 시스템을 통해 메시지를 전달하고, 메시지 없는 그들의 서빙을 받으면서 편의를 영위하고 있는 것이다. 이와 같은 삶의 변화로 인해 케어 로봇에 대한 인식은 점차 긍정적으로 변화했는데, 이러한 변화는 커뮤니케이션 대상의 확장을 반증한다

인간의 관계 형태와 커뮤니케이션 방식이 다양해지는 것은 하나의 현상이다. 이러한 현상을 수용할지의 여부와 현상이 유지될 것인지의 여부를 예측하는 강력한 변수 중 하나는 인간이 경험하는 감정일 것이다. 소원한 관계에 대한 두려움, 외로움, 편안함 등의 감정, 관계 맺기에 개입하는 기술에 대한 즐거움, 호기심, 불편함 등의 감정은 매개된 커뮤니케이션의 결과를 예측한다. 감정은 사람 또는 사람이 아닌 주체와 소통하며 경험하는 다양한 느낌들로, 감정을 유발한 대상(관계 또는 커뮤니케이션 방식 등)에 대한 주관적인 인식과도 같다. 감정은 중요한 정보와 맥락을 제공하고, 시간의 흐름에 걸쳐 상호작용이 전개되는 방식에도 영향을 미치게 되므로(Hareli & Rafaeli, 2008), 감정으로 인해 소통 당사자들은 서로를 더 가깝게 느끼기도 하며 소통의 질, 소통에 대한 태도나 관여 수준, 소통 상대와의 관계 발전 등이 달라지기도 한다.

현대사회는 미디어로 매개된 커뮤니케이션을 이용해서 인간의 관계를 확장하던 시간을 지나 인간과 로봇의 원활한 소통을 기대하고 있다. 그러므로 지금은 인간 커뮤니케이션의 형태가 변화하면서 생성되는 관계의 다양한 면을 고찰해야 할 시점이

다. 매개된 커뮤니케이션으로 인해 발생하는 관계 변화를 보여 준 연구 결과를 토대로 우리는 기계와 소통하는 시대에 등장하는 인간관계의 모습과 인간이 느끼는 감정을 예측할 수 있을 것이다.

셰리터클은 현대인이 점점 더 외로워진다고 했다. 이는 어쩌면 현실 세계에서 느끼는 관계의 어려움을 기술 발전이 해결하리라는 기대에서 비롯된 현상일지도 모른다. 그러나 기술을 통해 확장된 세계는 인간관계를 더욱 복잡하게 만들었기에, 이러한 환경에서 나를 행복하게 할 관계의 모습은 어떤 것인지에 대하여 더 많이 고민하고 학습해야만 한다. 이는 역설적으로, 인간을 위한 기술이 고도로 발달하는 현대 사회에서 관계 문맹이 되지 않고 AI 시대의 관계 문명인이 되기 위해서는 고민이 필요하다는 것을 의미한다.

모든 기술의 발달은 인간이 행복해지기 위한 노력일 것이다. 그렇다면 인간의 기본적 욕구이며 행복인 사회적 소속과 그 안에서의 관계의 질이라는 측면에서, 기술의 발달이 인간을 행복하게 하는 방향으로 사용되도록 스스로 현명하게 고민하고 선택하기 위해 노력해야 할 것이다.

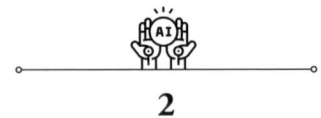

2

웹 2.0 시대와 웹 3.0 시대의 AI

새로운 연결성 - AI, 소통의 주변에서 중심으로

월드 와이드 웹World Wide Web. 우리 인간이 물리적 세계에서만큼, 혹은 그 이상으로 많은 시간을 보내고 있는 거대한 전 세계적인 네트워크는 존재하는 것들이 디지털 공간에서 어떻게 상호 연결되는지 함축하는 효과적인 은유이다. 이른바 참여, 개방, 공유를 중심 가치로 하는 웹 2.0 시대의 연결망 속에서 우리는 자발적이고 능동적인 참여와 상호작용 속에 시간적·공간적 제약 없이 상호 연결되어 커뮤니케이션하고 관계를 맺거나 발전시켜왔다.

주목할 점은 웹 2.0 시대, 참여와 개방, 공유를 통해 '연결'되는 대상이 인간에 한정되어 있었다는 것이다. 소셜 네트워크 서비스Social Network Service, SNS의 확산 및 이용자 맞춤 알고리즘의 도입으로 사람들은 취향과 선호를 공유하는 이용자 간의 상호작용과 소통을 보다 원활히 촉진해 왔으나, 여기서 인공지능의 역할은 인간의 연결성을 확대하는 보조적 위치에 불과했다. 그리고 현재 웹 3.0 시대, 우리가 지금 목격하고 있는 웹 공간의 진화는 단순한 사람과 사람의 연결을 넘어 여기에 사람과 사물, 나아가 인공지능AI과 같은 비인간 존재까지 연결하는 이른바 초연결Hyper-Connectivity 사회의 도래를 견인하고 있다.

최근 중심 화두가 되고 있는 웹 3.0의 개념은 사실 '웹의 아버지'로 불리는 영국의 컴퓨터 과학자 팀 버너스 리Tim Berners-Lee 등에 의해 지난 2001년 '시맨틱 웹Semantic Web'으로 이미 소개된 바 있다. 일명 '의미론적인 웹'으로 번역되는 웹 3.0 공간에서, 연결의 대상은 인간이 주로 소비하는 형태의 정보뿐 아니라 기계어로 자동적으로 처리되는 데이터와 프로그램, 센서 단위까지 확장되며, 이에 따라 비인간 기계도 웹 페이지 속의 유의미한 정보와 데이터들을 이해Comprehend하게 된다는 것이다. 이처럼 웹 3.0은 웹 공간의 정보가 가진 의미들이 인간을 넘어 기계에 의해 해석될Machine-Readable 수 있는 공간을 지향하며, 궁극적으로 신뢰할 수 있는 비인간 '지적 조력자Intelligent Agents', 즉 인공지능과 협력하여 인간의 무수한 가능성을 펼치고 인류 지성의 진화를 모색할 수 있는 제반 환경을 마련하려는 구상을 보여 주고 있다.

비인간 지성체의 도약

2010년대 후반, 우리는 인공지능의 괄목할 만한 성장을 상징적으로 보여 주는 여러 사건들을 목격한 바 있다. 일례로, 2016년

바둑기사 이세돌과의 세기의 대결을 시작으로 세계 최정상급의 바둑기사들에게 연속으로 압승을 거둔 구글 딥마인드의 인공지능 알파고AlphaGo는 인공지능의 뛰어난 기술력을 사람들의 뇌리에 각인시킨 역사적인 사례로 남아 있다.

인공지능의 눈부신 발전이 낳은 '초지능'은 오늘날 우리의 삶에 거대한 변화를 초래하며, 그 변화의 증거는 우리 일상 곳곳에서 쉽게 발견된다. 오늘날 소셜미디어와 콘텐츠 스트리밍 서비스 등의 이용자들은 인공지능 알고리즘이 추천해 주는 정보를 소비한다. 보다 자연스러운 대화를 나눌 수 있는 챗봇과 그 표정과 동작이 심히 자연스러운 휴머노이드 로봇들이 속속 등장하여 일상의 커뮤니케이션 환경 속에 배치되고 있다. 딥페이크와 같은 인공지능 기반 인간 이미지 합성 등 이미지와 영상 생성 기술도 날로 발전하고 있다.

초지능 시대의 인공지능은 특정한 원본 창작물의 합성과 편집 등 리믹싱Remixing에 기반한 창작을 넘어 무수한 데이터를 활용한 훈련을 거쳐 음원, 그림, 영상, 글쓰기 등 장르를 넘나들며 완전히 새로운 콘텐츠를 생성해 내고 있는데, 챗지피티ChatGPT, 바드Bard, 달리DALL-E와 같은 생성형 인공지능이 대표적인 예이다. 이처럼 인공지능 기술은 우리의 지식과 문화 자원이 생산되고, 유통되고, 소비되는 방식에서부터 사람들이 소통하고 관계를 맺는 방식, 나아가 인간 고유의 영역으로 여겨지던 창작의 영역까지 그 영향력이 점차 커지고 있다.

새로운 관계와 소통의 양식

인공지능이 소위 '인간관계'의 대상으로 여겨질 수 있을지에 대한 기대와 전망은 다양하다. 지난 2022년 7월, 구글에서는 기밀 유지 정책을 위반했다는 이유로 블레이크 리모이Blake Lemoine라는 인공지능 엔지니어를 해고하는 사건이 있었다. 이 엔지니어가 유출한 기밀의 요지는 구글의 인공지능 챗봇 람다Lamda가 인간과 같은 수준의 지각력Sentience을 갖추고 있다는 내용이었다. 구체적으로, 그는 람다의 성능을 테스트하기 위해 꾸준히 이어 온 대화를 토대로, 람다의 사고와 소통 능력이 인간의 그것과 비슷하거나 더 뛰어난 수준이라고 판단했다.

그 '인간다움'의 실체와 본질이 무엇인지에 대해서는 여러 가지 해석이 있을 수 있겠지만 이 사건은 현재 인공지능 기술이 인간에게 그 인간성을 '설득'할 수 있는 단계에 이르러 있음을 보여 주는 상징적인 사례이다.

컴퓨터 화면 내에서 활동하는 챗봇과 더불어, 시각적으로 구현된 실체를 가지고 인간과 교류하는 비인간 존재들의 존재감도 점차 커지고 있다. 핸슨 로보틱스Hanson Robotics가 개발한 소피아Sophia는 최초의 '로봇 인류'로서 2017년에 열린 UN 회의에 참석해 발언 기회를 얻었고, 2022년 영국의 엔지니어드 아츠Engineered Arts사가 공개한 아메카Ameca는 사람처럼 자연스러운 표정과 동작을 선보이며 화제를 모았다. 한편 인간과 구분하기 어려울 정도의 실제감과 정교함으로 SNS 인플루언서로, 또 광고나 패션모델, 뮤지션 등으로도 종횡무진 활약하고 있는 로지Rozy나 릴 미켈라Lil Miquela 등 가상 인간 또한 새로운 양식의 소통과 관계의 가능성을 점차 확장하고 있다.

　프랑스의 과학기술학자 브뤼노 라투르Bruno Latour는 인간 중심적 사고를 넘어 세상을 인간 행위자와 비인간 행위자의 네트워크Actor-network(1987)로 파악하고, 여기서 인간과 비인간의 행위성Agency이 결합하여 인간이 예측하지 못했던 새로운 결과와 의미를 낳을 수 있으며, 이에 따라 다양한 모습의 새로운 사회적 관계가 형성될 수 있다고 주장했다. 인터넷과 스마트폰 등 정보 기기 보급과 맞물린 지식 정보 혁명으로 인간과 기계의 관계가 더욱 밀착되며, 지적 능력을 표상하는 커뮤니케이션 과정 속에서 바람직한 인간-기계 커뮤니케이션Human-Machine Communication, HMC의 방향을 모색해야 한다는 관점도 재부상하고 있다(이재현, 2020). 점점 '인간화'되는 비인간 객체Agent의 발전가능성을 어떻게 바라보아야 하는지, 인간 대 인간의 관계를 넘어 인간과 기계, 그리고 인간화하는 기계 사이의 관계는 어떤 방향으로 나아가야 하는지에 대한 고민은 인간의 새로운 숙제가 되고 있다.

2장

기술을 매개로 한 인간 사이의 소통과 관계

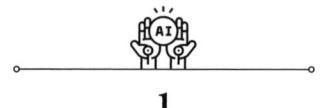

1

소셜 네트워크 서비스

(1) 소셜 네트워크 서비스의 정의와 특징

소셜 네트워크 서비스SNS는 오늘날 전 세계에 확산된 사회적 관계망 서비스로, 수많은 사람들이 서로 소통하고 교류하며 사회적 관계를 형성하고 발전시킬 수 있도록 돕는 매체이다. 비대면 의사소통 환경에서 이용자 간의 거리를 좁히기 위한 SNS의 영향력은 한층 더 커져 왔으며, 현재 전 세계 인구의 절반 이상인 46.2억여 명(58.4%)이 SNS 이용자임을 보여 주는 여러 글로벌 데이터 조사 회사들의 조사 또한 이를 입증하고 있다. 과거부터 IT 강국으로 세계 최고 수준의 초고속 인터넷 및 스마트 기기 보급률을 자랑해 온 한국에서도, 이러한 시대적 흐름에 발맞춰 매년 모든 연령층에서 다양한 종류의 SNS 사용이 증가하는 추세이다.

이렇듯 지금 우리가 살아가고 있는 사회에서 SNS는 일상적인 사회적 교류의 장으로 자리 잡고 있다. SNS는 우리가 가족과 친구, 지인을 넘어 삶 속에서 마주칠 기회가 없을 수도 있는 수많은 타인을 포함하는 거대한 사회적 연결망으로, 이용자는 구성원이 되어 그 안에서 자유롭게 소통하고, 사회적 관계를 맺고, 유지하고, 발전시키며 관계망을 넓힌다. 그러나 이처럼 SNS를 통한 교류가 이용자 간의 진정성 있는 소통과 연결을 의미하는 것인지, 과연 SNS가 참된 의미에서 인간관계를 풍요롭게 하는지에 대해서는 엇갈리는 시각이 상존한다. 특히, 이 질문에 대한 반응은 SNS에 인공지능 기술이 적용되면서 이전보다 더욱 복잡한 양상을 띠게 되었다.

1) 소셜 네트워크 서비스(SNS)의 정의

인공지능 시대의 SNS가 우리의 소통과 관계에 미치는 영향을 알아보기에 앞서, 먼저 이 책에 등장하는 'SNS'의 구체적인 정의를 밝혀야 할 것이다. 여기서 규정하는 SNS의 정의와 범주가 곧 독자가 관련된 본인의 경험과 생각을 마음 속에 떠올릴 일차적인 통로가 될 것이기 때문이다. 예컨대, 이른바 '국민 메신저'인 '카카오톡'은 SNS일까?

우리가 널리 사용하는 카카오톡, 인스타그램, 페이스북, 라인 등의 커뮤니케이션 서비스를 어떻게 구분하고 분류해야 하는지에 대해서는 학자들 사이에도 인식의 차이가 있다. 하지만 그보다 한국 사회에서 인간관계에 대한 SNS의 역할을 이해하기 위해서는 먼저 한국의 객관적인 현실적 상황에 대한 이해가 필요하다. 따라서 SNS의 범위를 규정하기에 앞서, 전 국민의 인터넷과 미디어 이용에 대해 공신력 있는 대규모의 조사를 실시하고 있는 과학기술정보통신부와 한국인터넷진흥원, 한국정보통신정책연구원 등 국가기관에서 사용하는 SNS의 정의를 살피고, 이를 기반으로 한국에서의 SNS의 이용 양상이 시간의 흐름에 따라, 그리고 다양한 인구통계적 집단에 걸쳐 어떻게 변화해 왔는지 그 거시적인 특성을 확인하고자 한다.

우선, 여러 국가기관에서 정의하고 있는 SNS는 "웹을 기반으로 다른 이용자들과 사회적 연결망을 형성하고 자신 혹은 다른 이용자들과 연결된 계정을 넘나들며 교류할 수 있는 서비스"로, 블로그나 미니홈피, 트위터, 페이스북 등의 예를 들고 있다. 이러한 정의에 비추어 볼 때, 카카오톡은 엄밀한 의미에서 SNS가 아니다. 카카오톡이 다른 이용자들과 사회적 연결망을 형성하고 교류할 수 있게 도움을 주는 것은 분명하나, 카카오톡에서 나와 연결된 이용자(대화 상대)와 연결된 다른 이용자(대화 상대), 즉 나의 '친구의 친구'가 누구인지 자유롭게 확인하고 넘나들며 교류할 수는 없기 때문이다. 이를 고려하면 카카오톡과 같은 메신저 서비스는 SNS라기보다는 '인스턴트 메신저'에 더 가깝다고 볼 수 있는데, 이는 "인터넷을 이용하여 즉각적인 (실시간) 대화가 가능한 서비스"로 카카오톡, 라인, 페이스북 메신저 등 SNS 자체 메신저가 여기에 포함된다.

이처럼 SNS와 인스턴트 메신저가 서비스의 특징에서 뚜렷하게 구분되는 지점이 있으나, 앞서 카카오톡(인스턴트 메신저)과 카카오스토리SNS 등의 예시를 통해 알 수 있듯 많은 SNS와 인스턴트 메신저가 동일한 플랫폼 환경에서 연동되어 서비스되고 있어, 이용자를 명확히 구분 짓기는 어렵다. 또한 이러한 서비스를 폭넓게 다루기 위해 '소셜미디어'라는 개념을 활용하여 '사람들의 의견, 생각, 경험, 관점, 정보 등을 서로 공유하기 위해 사용하는 서비스와 플랫폼'으로 정의하기도 한다(한국언론진흥재단, 2021).

위 논의들을 기반으로 SNS의 범위를 인스턴트 메신저까지 포함하는 것으로 확장하고, 그 시대적 변화를 간략히 짚어 보고자 한다. 시간이 흐름에 따라 특정 시대마다 인기를 얻었던 소셜미디어는 조금씩 달라져 왔는데, 이 같은 매체의 변화는 사람들의 소통과 인간관계의 양식에 나타난 변화와 어떤 관련이 있을지 생각해 볼 수 있을 것이다.

구분	2000년대 전후	2000년대 후반 - 2010년대 초	2010년대 중반	2010년대 후반-현재
SNS	싸이월드, 아이러브스쿨	트위터, 페이스북, 카카오스토리	트위터, 페이스북, 카카오스토리, 텀블러, 핀터레스트, 인스타그램, 유튜브, 네이버 밴드	트위터, 페이스북, 카카오스토리, 인스타그램, 유튜브, 네이버 밴드, 틱톡
인스턴트 메신저	네이트온, MSN, 버디버디	카카오톡, 라인, 페메	카카오톡, 라인, 페메, 인스타 DM	카카오톡, 라인, 페메, 인스타 DM, 텔레그램

표 1. 국내 SNS의 변천사

2000년대

지금은 주로 지나간 시절에 대한 향수를 불러일으키는 매개체로 언급되는 '싸이월드'는 한국형 SNS의 시초로 알려진 서비스이다. 1999년 설립되어 2000년대 중후반까지 선풍적인 인기를 끌며 한국의 인터넷 문화 형성을 주도하였다. 이용자 아바타인 '미니미', '미니홈피'로 불리는 이용자 개인 블로그 공간을 두고 개개인의 취향과 선호에 따라 꾸밀 수 있도록 했다. 컴퓨터 환경에서 이용하게끔 개발된 서비스로, 문자 중심의 소통 방식이 주를 이루고 있다.

비슷한 시기에, 초등학교부터 대학교까지 학교 중심으로 옛 추억을 되살리며 동창과 선후배를 찾을 수 있게 해 주는 '아이러브스쿨' 또한 인기를 끌었다. 인스턴트 메신저로는 역시 PC 기반 서비스인 네이트온 메신저(2003), MSN 메신저(1999), 청소년 이용자 중심의 버디버디(2000) 등이 활발하게 사용되었다.

2000년대 후반 ~ 2010년대 초

싸이월드가 주도하던 국내 시장은 2009년부터 2010년대 초 스마트폰의 보급 등 모바일 컴퓨팅 환경의 확산으로 트위터와 페이스북 등 해외의 후발 주자들에게 자리를 내어주게 된다. 모바일 혁명에 충분히 대비하지 못한 싸이월드와 달리 트위터와 페이스북 모두 PC뿐 아니라 모바일 환경에서 이용을 최적화할 수 있게끔 개발되어, 시간과 공간에 구애받지 않고 즉각적인 실시간 소통이 용이해졌다. 트위터는 단문 활용 중심의 SNS로, 한 번에 올릴 수 있는 게시물의 글자 수를 140자로 제한을 두었고, 이는 2017년 280자까지 확장되었지만 다른 SNS에 비해 짧고 단편적인 메시지를 중심으로 속도감 있는 커뮤니케이션을 촉진한다. 반면 페이스북은 기능 측면에서 싸이월드와 거의 유사하나,

페이스북상에서 모바일 애플리케이션 설치와 이용을 지원하여 페이스북 플랫폼 내에서 다양한 외부 콘텐츠를 경험할 수 있게 한다는 차이가 있다.

동 시기 대표적인 국내 서비스로는 2010년 등장한 카카오톡을 기반으로 2012년 출시되어 세력을 넓힌 카카오스토리가 있으며, 이는 문자 중심으로 소통이 이루어지는 트위터나 페이스북과 달리 사진 공유 기반의 모바일 SNS를 표방하고 있다.

2010년대 초기에는 한국뿐 아니라 전 세계에서 대중적인 인기를 확보해 온 인스턴트 메신저들이 대거 등장했는데, 카카오톡 이외에도 페이스북의 페이스북 메신저가 있고, 일본에서 큰 성공을 거두고 있는 라인과, 서버에서 해독할 수 없는 암호화된 비밀 대화를 가능하게 하는 텔레그램이 각각 2011년과 2013년에 출시되었다.

2010년대 중반

출시 초기 비교적 전 연령대에서 높은 대중적 인기를 누린 카카오스토리 외에도 사람들은 또 다른 이미지, 동영상 중심의 SNS인 인스타그램(2010), 핀터레스트(2009), 텀블러(2007) 등을 이용하기 시작하였다. 이들 플랫폼은 비교적 이른 시기에 등장했으나 북미 지역에서 처음 출시되었기에 실제 한국 이용자를 끌어들이기까지는 시간차가 있었다. 비록 이미지/동영상 기반 SNS가 도입되기 시작했으나 대세는 아직 문자 중심의 소통과 공유에 있었다. 페이스북과 트위터의 점유율이 동 시기 지속적으로 상승하며 젊은 세대를 중심으로 고정 이용층을 확보한 서비스로 자리 잡게 된 것이 이를 반영한다.

한편 카카오톡 프리미엄을 안고 있던 카카오스토리는 시간이 지남에 따라 젊은 층 이용자가 빠져나가고 중장년층이 잔류하며 이용률이 점차 감소하는 추세를 보이게 되었고, SNS보다는 동영상 서비스의 특성이 강조되는 유튜브를 제외한 다른 이미지/동영상 중심의 SNS 이용 또한 그리 두드러지는 수준은 아니었다. 주목할 또 다른 SNS는 2012년 지인 간 소모임을 위한 플랫폼으로 출시되었던 네이버 밴드인데, 밴드는 기존에 형성되어 있었던 사회적 관계망, 지역이나 관심사에 기반해 사람들이 모임을 구성할 수 있게 하여 꾸준한 성장세를 보이고 있다.

2010년대 후반 ~ 현재

2019년에 접어들며 한국 이용자들 사이에서 입지를 굳혀 온 SNS 지형에 변화가 일어나기 시작한다. 가장 특징적인 변화 중 하나는 이 시기에 이용자들의 관심이 '읽기' 중심의 SNS에서 '보기' 중심의 SNS로 전환되기 시작했다는 것이다. 유튜브, 인스타그램의 약진 등 영상과 사진 기반의 SNS가 그 변화의 선두에 서 있는 대표적인 플랫폼이다.

여론조사전문기관인 한국갤럽, 그리고 한국언론진흥재단에서 최근 1년 내 이용률이 상위 10위인 SNS를 조사한 결과는 유튜브와 인스타그램이 네이버 밴드, 카카오스토리, 페이스북, 트위터와 함께 상위권에 포진해 있음을 보여 준다. 그중에서도 유튜브의 이용률(86%)은 독보적이다. 여기에 짧은 동영상, 이른바 '숏폼' 콘텐츠 공유에 중심을 두며 최근 한국 시장에 등장한 틱톡 또한 새롭게 대중의 관심을 모으고 있다. 모바일 메신저로는 근 20여 년에 걸쳐 카카오톡에 대한 대중적 인기가 지속되는 가운데, 갤럽 조사 기준 2021년 만 13세 이상의 한국인 중 92% 이상이 카카오톡을 이용하는 것으로 나타나 명실공히 국민 메신저의 위상을 보여 주고 있다. 페이스북 메신저나 인스타그램의 다이렉트 메시지 또한 해당 SNS 이용자들에게 널리 사용되는 메신저 서비스이며, 최근 보안성과 프라이버시, 서비스 안정성으로 이용자의 욕구를 충족시켜 주는 텔레그램과 같은 인스턴트 메신저에 대한 수요도 높아지는 양상을 보이고 있다.

세대별 SNS 이용 차이

국내 SNS이용자는 꾸준히 증가하고 있으나, 각 연령집단별로 인구집단별 특성과 이용 목적 차이 등에 따라 선호하는 SNS 서비스가 다르게 나타날 수 있다. 예컨대 2021년 기준 한국정보통신정책연구원의 한국미디어패널 조사, 한국언론진흥재단의 소셜미디어 이용자 조사, 한국갤럽조사연구소의 미디어·콘텐츠·소셜 네트워크 서비스 이용률 조사 등은 SNS를 가장 많이 사용하는 연령집단이 밀레니얼세대(83.5%)와 Z세대(72.6%)이고, 그다음으로는 X세대(65.6%), 베이비붐세대(28.7%)임을 보여 준다[1]. 세대별로 선호하는 SNS 플랫폼도 다른데, 연령대가 높아질수록 공

---

1 여기서 분류하는 세대와 연령은 국가연구기관에서 정의하는 바를 준용하고 있다: 베이비붐세대는 1955~1965년생(만 58세~68세), X세대는 1966~1981년생(만 42~57세), M(밀레니얼)세대는 1982~1995년생(만 28~41세), Z세대는 1996~2011년생(만 12~27세).

통적으로 카카오스토리와 네이버 밴드 이용률이 높았고, 연령대가 낮은 MZ세대에서는 인스타그램과 페이스북의 이용률이 높은 경향이 있었다. 다른 SNS에 비해 상대적으로 이용층이 두텁지 않은 트위터와 틱톡의 경우 Z세대 이용자가 주축이 되는 것으로 나타나는데, 이는 인스타그램과 페이스북에서 Z보다 M세대의 이용률이 더 높게 나타나고 있는 것과 대조된다. 모든 연령층이 비교적 고르게 사용하는 서비스로는 유튜브와 카카오톡(각각 80% 이상, 90% 이상)을 꼽을 수 있다.

앞서 언급했듯 SNS의 이용률은 밀레니얼세대가 제일 높으나 이용 시간은 Z세대가 가장 길다. 이들은 하루 평균 1시간 이상, 하루에도 여러 번 SNS에 접속해 확인하는 비율이 높은데, 이와 같은 이용 시간과 빈도는 연령과 반비례하는 경향을 보인다. 하루 2시간 이상 SNS를 이용하는 헤비유저도 Z세대의 비율이(15.2%) 다른 연령집단의 경우(1~7% 정도)보다 훨씬 크게 나타나는 양상을 보이고 있다.

2) 소셜 네트워크 서비스의 이용 동기

SNS 이용자들이 선호하는 콘텐츠 유형에 대한 조사 결과, 일상/취미/관심사, 엔터테인먼트, 최신 뉴스, 쇼핑/브랜드, 전문 지식 순으로 콘텐츠를 선호함이 나타났다(2019 소셜미디어 이용 행태 및 광고 접촉 태도 분석 보고서, DMC, 2019). 이 중 첫 번째 범주인 일상/취미/관심사를 선호한다고 응답한 사람이 80.8%에 이른다는 점을 통해 많은 사람들이 SNS를 통해 즐거움을 추구한다는 것을 알 수 있다.

이처럼 SNS, 특히 모바일 SNS는 실용적 가치보다는 이용자의 쾌락적(예: 즐거움)·사회적 욕구를 충족시키는 것을 목표로 하는 고유한 상호작용적 쾌락 기술로 여겨지곤 한다(Yang, Wang, Lu, 2016). 예컨대 인스턴트 메신저는 개인적인 소통 수단이지만 이용자들이 단지 소통만을 위해 메신저를 사용하는 것은 아니다. 따라서 인스턴트 메신저는 "생산성 도구Productivity Tool"보다는 '엔터테인먼트 플랫폼Entertainment Platform'으로서 기능하기도 한다.(Lin & Bhattacherjee, 2008)

학술 연구에서 쾌락적 요소는 이용자의 행동 양식을 예측하기 때문에 중요하게 다뤄져 왔다. SNS 연구에서 가장 많이 고려되는 대표적인 쾌락적 감정으로는 즐거움Enjoyment를 들 수 있는데, 즐거움이란 "개인이 특정한 행동을 하거나 특정한 활동을 수행할 때 객관적으로 느끼는(Moon & Kim, 2001)" 감정으로 정의되곤 한다. SNS의 어떤 요소가 특별히 즐거움으로 연결되는지에 대한 연구는 다소 미흡하다. 사람들이 SNS를 사용하는 주요 이유는 원활하고 지속적이며 동기화된 연결이 가능하다는 데에 있기 때문에(이태민, 2004) 유비쿼터스 접속성Ubiquitous Connectivity과 침투성Pervasiveness 등이 특히 SNS 사용의 즐거움 증진에 이바지한다고 볼 수 있다.

데이비스Davis(1989)가 제안한 기술 수용 모형Technology Acceptance Model, TAM은 SNS 사용 의도나 행동 등을 예측할 때 가장 널리 사용되는 모형인데, 이 이론적 모형에는 유용성과 사용 용이성이 이용자 행동을 예측하는 주요 예측 변인으로 간주된다. TAM은 효용 목적을 가진 정보 시스템 사용을 설명하지만, 재미 또는 기쁨만을 목적으로 하는 정보 시스템Information System, IS 사용 현상을 설명하는 데에는 제한적이었다. 이러한 제한을 극복하고자 연구자들은 효용 목적과 쾌락 목적을 구분하여 IS 사용 과정을 연구했다. 연구 결과, 많은 이용자들이 어떤 과업을 완수하거나 성과를 향상시키기 위해서 사용하기보다는 IS 자체로부터 즐거움을 느끼고 기쁨을 추구하기 위한 목적으로 사용한다는 것을 확인할 수 있었다(van der Heijden, 2004).

SNS 사용이 즐겁다고 느껴질수록, 이용자는 사용 과정에 더 빠져들었다. 이용자가 SNS 사용이 즐겁다고 지각하게 되면 SNS 사용에 더 많은 노력을 기울이고, 더 오래 집중하고, 더 깊이 몰입하게 되어, 향후에도 해당 서비스를 사용하고 긍정적인 기대를 하게 될 것을 예측할 수 있었고, 많은 연구들이 지각된 즐거움과 긍정적인 결과 간의 관련성을 경험적으로 입증했다.

동기적 관점에서 즐거움을 포함하는 내적 동기원은 필요한 정보를 얻을 수 있는 유용함과 같은 외적 동기원과 함께 IT 사용 의도뿐만 아니라 IT 사용 행동의 반복 가능성, 지속성, 강도 등을 예측한다. 지각된 즐거움은 중요한 내적 동기원으로, "예상할 수 있는 성과를 제외하고, 컴퓨터(모바일)를 사용하는 활동이 그 자체로 즐거운 것으로 인식되는 정도(Davis et al., 1992, p.1113)"로 정의된다. 동기 이론에 따르면, 내적 동기는 자발적인 행위를 촉진하기 때문에 즐거움은 정보 시스템 활용의 주요 내적 동기원이라 할 수 있다. 즐거움을 느낀 이용자는 그렇지 않은 이용자에 비해 인스턴트 메신저를 더 많이 사용했다. 그런데 문제는 이처럼 즐거운 경험이 "나쁜 습관", 즉 부적응적이고 병리학적인 의

존을 발전시킬 수 있다는 점이다. 실제로, IT 인공물(예: SNS)이 즐거움을 수반할 때 이용자들은 더 강하게 사용 행동을 반복했고, 이러한 반복적 행동은 중독 경향성을 발전시키기도 했다(예: Yang et al., 2014).

이처럼 즐거움과 흥미는 사람들이 SNS를 사용하는 주요한 동기로 자리하고 있으나, 때로 과도한 사용, 중독과 같은 어두운 결과를 낳을 수 있는 요소가 되기도 한다. 중요한 것은 이러한 소셜미디어 사용의 특성으로 인해 소셜미디어가 사람들의 일상 생활에 깊숙하게 자리 잡고 우리 일상 커뮤니케이션의 변화를 이끌어 내며, 다양한 유형의 감정을 느끼게 할 수 있는 매체가 되었다는 점이다.

3) 소셜 네트워크 서비스 커뮤니케이션

SNS 커뮤니케이션의 특징

커뮤니케이션 능력은 사회적 측면에서 본다면 타인과 상호작용하는 능력이다. 이는 미드Mead(1934)의 관점에서 본다면 상징체계를 통한 사회적 상호작용 능력이고, 고프먼Goffman(1963)의 관점에서 본다면 타인에 대한 개인의 인상관리나 체면 유지를 목적으로 하는 능력이다. 상호작용을 강조한 관점에서는 커뮤니케이션 능력을 주어진 상황과 맥락에 적절한 키뮤니케이션 행동 지식을 드러내 보이는 행위능력 혹은 상호작용 능력으로 정의하기도 한다(허은, 2006).

커뮤니케이션 능력을 정의하기 위한 관점은 커뮤니케이션의 속성을 생각하게 한다. 커뮤니케이션은 결국 참여자가 함께하는 맥락 속에서 상징을 공유하면서 체면과 같은 관계에 대한 다양한 요인들을 관리하는 과정이라 할 수 있기 때문이다.

SNS는 사람들을 연결하고, 연결된 사람 간에 정보와 감정을 교환하는 기능을 한다. 이러한 미디어의 등장은 시공간의 제한을 넘어 사람들 사이를 연결하였다는 큰 장점이 있는데, 이는 사실상 시공간을 넘어선 무한 연결에 대한 인간의 욕구를 반영한 것이라 할 수 있다. 즉, 인간은 사회적이기를 갈망했기에 네트워크를 위한 다양한 미디어를 발명하게 되었다. 처음에는 직접 만나서 네트워크를 만들어야 했으나, 일방향적이긴 하지만 공간적 한계를 넘어선 미디어를 탄생시켰고, 마침내 서로 마주 앉은 것과 같은 효과를 낼 수 있는 SNS를 탄생시키게 된 것이다.

앞서 SNS를 "웹을 기반으로 다른 이용자들과 사회적 연결망을 형성하고 자신 혹은 다른 이용자들과 연결된 계정을 넘나들며 교류할 수 있는 서비스"라고 정의하였다. 이를 기반으로 볼 때 SNS는 개인을 기본 단위로 하여 개인이 교류하는 네트워크에 의해 그 범위가 설정되는 특징이 있다. 이는 거시적 차원에서 네트워크 개인주의Network Individualism라 할 수 있다.

레이니 등(Rainie et al., 2012)은 이러한 네트워크 개인주의가 사회연결망, 인터넷, 모바일의 세 가지 혁명에 기반을 두고 있다고 지적하면서, 네트워크 개인주의의 특징으로 세 가지를 제시한다. 첫째는 결속력이 강한 기존 집단에서 벗어날 기회를 개인에게 제공하고, 둘째는 기존에 개인이 가진 소통 및 정보 습득과 관련한 한계를 벗어나게 하며, 마지막으로 모바일 혁명을 통해 언제든지 활용된다는 점이다. 이로 인해 정보 습득, 유통, 소통 또는 행동Action이라는 세 가지 경계가 불분명해졌고, 집단이 아닌 개인의 자율성에 기반한 네트워크 사회가 도래하였을 뿐 아니라 개인, 가족, 직장 등 사회 전반에 걸친 관계 변화가 일어났다고 주장한다.

이러한 변화는 결과적으로 기존의 강한 연결 중심사회에서 약한 연결 및 일시적 연결 관계의 중요성을 부각시키는 계기가 되고 있다(Adams, 2011). 강한 연결은 연결 관계가 가족, 직장 등 전통적인 집단 구성원과의 연결 및 접촉 빈도가 높은 개인들로 형성되고, 약한 연결은 연결 거리나 연결 강도에 있어 강한 연결 관계의 사람들보다는 떨어져 있는 사람들로 구성된다.

네트워크가 보여 주는 가장 큰 특징은 일시적인 연결 관계의 등장이다. 이는 실제로는 관계를 맺고 있지 않지만, 일상생활을 하면서 접하게 된 이들로 관계가 구성되는 것을 의미한다. 질문에 응답하기 위해 톡으로 연결되거나, 주문을 위해, 또는 예약을 위해서 카카오톡이 연결되는 시스템 등이 이에 해당할 것이다(조성은·한은영, 2013:34-37).

이처럼 수많은 약한 연결을 형성할 수 있는 SNS는 기본적으로 개방적 특성을 가지고 있기 때문에 가능하다. 그러나 이 개방성은 이용자가 선택할 수 있다는 점에서 전략적 개방성을 가지고 있다. 전략적 개방성이라는 SNS의 특징을 중심으로 깁스 등(Gibbs et al., 2013)은 회사 근무자 12명을 심층 면접하여 SNS에서 발생할 수 있는 긴장과 전략을 다음과 같이 분석하였다(나은영, 2021: 440-441).

"가시성과 비가시성 사이의 긴장Visibility-Invisibility Tension" : 그룹 내에서 어떤 일이 일어나고 있는지 모두가 알고 있는 상황에서 참여의 압력을 느끼는 경우로 할 일이 있을 때나 업무 시간 이후 숨어 버리는 전략을 사용한다.

"참여와 비참여 사이의 긴장Egagement-Disengagement Tension" : 집중해야 하는 상황에서 스카이프 활동 요구가 방해를 할 때 어떻게 대응할지 고민인 경우로, 주제에 주의를 기울일 필요가 있을 때는 참여하고 일하는 도중에는 일시적으로 연결을 종료한다.

"공유와 통제 사이의 긴장Sharing-Control Tension" : 업무의 안정성과 비밀 유지의 필요성으로 인한 긴장으로, 내용과 청중을 제한하는 전략을 선택한다.

구분	가시성과 불가시성의 긴장	참여와 비참여의 긴장	공유와 통제의 긴장
동기	멀리 있는 동료들이나 장치에의 접근 가능성을 관리할 필요.	주의 집중과 방해를 관리할 필요.	업무의 안정성과 비밀 유지를 관리할 필요.
긴장	소셜미디어 덕분에 멀리 떨어져 있는 동료를 더 잘 볼 수 있지만 숨을 수도 있음.	소셜미디어는 빠른 상호작용과 끊임없는 업데이트를 가능하게 하지만 산만해질 수 있음.	소셜미디어 어포던스는 가벼운 지식 공유를 가능하게 했지만 비밀이 새어 나갈 우려도 있음.
도전	긴급한 요청으로 인해 실제로 연결을 끊을 수 없음. 시간대 차이가 작업 흐름에 영향을 미침.	정보 과부하와 시간 부족으로 대화에 참여하기 어려울 수도 있음. 엔지니어들은 사회적으로 덜 참여됨.	권력 이동으로 인한 업무의 안정성에 대한 관심. 중요한 회사 정보의 비밀 유지에 대한 관심.
전략적 반응	보이지 않게 숨지만 완전히 끊지는 않음.	트리거된 참석(triggered attending): 시스템에서 제공하는 자동 알람을 통해 관련이 있는 토론에만 참여하는 것.	선택적 공유. 공유 문서에 대한 접근을 통제함.

표 2. SNS에서 발생할 수 있는 긴장과 전략

깁스 등(Gibbs et al, 2015)의 연구는 조직이라는 공적 관계를 기반으로 한 SNS의 특징을 살펴본 것이지만 일반적으로 SNS를 사용하는 사람들이 정보와 관계에서 지니는 긴장은 비슷한 형태로 나타난다.

교류의 측면에서 전략적 형태를 사용할 수 있는 SNS의 활용은 단지 기술적 측면에서의 전략성이 아니라 관계의 전략성을 포함한다. SNS는 관계의 전략성을 가능하게 하면서, 우리 삶에 밀접하게 연결되어 있는 도구이기에 현대인의 삶에서 관계를 형성하는 방법에도 지대한 영향을 미치게 되었다. 한국 SNS의 시작을 2000년 전후로 본다 하더라도 20여 년이 넘은 지금은 사실상 SNS가 만들어 낸 관계의 변화를 무시할 수 없는 시간이 되었다. "눈에서 멀어지면 마음도 멀어진다."라고 믿었던 것처럼 현대인은 '(네트워크) 연결이 끊어지면 마음도 멀어진다.'고 믿는 듯하다. 이는 물리적 공유 관계가 준 여러 가지 중요한 관계의 기능을 비대면의 네트워크가 대신할 수 있다고 믿는 착각과 편의에서 비롯되었을 것이다. 앞으로 대면 관계의 세대와 전자 네트워크 세대의 특성을 면밀히 살펴보는 과정을 통해서 이에 대한 장점과 단점, 그리고 관계에의 영향성을 면밀하게 진단해야 할 것이다.

SNS 커뮤니케이션의 메시지 구성 형태

21세기의 관계 형성과 유지에 중요한 영향을 미치고 있는 SNS는 커뮤니케이션 방법론 차원에서는 구어와 문어의 중간 형태를 가지고 있다는 점에서 새로운 유형으로 연구되고 있다. 텍스트를 사용한다는 점에서 문어적 성격을 가지고 있지만, 기존의 문어가 가진 비실시간성의 특징이 사라지면서 구어적 특성을 부여받았고, 이로 인하여 언어에서 문어의 양식을 따르지 않는 특징이 나타나기 시작하였다. 문법, 띄어쓰기, 맞춤법 등을 정확히 지키지 않거나 어미의 다양한 변용, 자음만을 이용한 감정 표현 등 구어적 환경을 재현하기 위한 언어 사용이 다양한 형태로 자주 드러났고, 사람들도 이제 이러한 현상을 '오류'로 인식하기보다는 자연스러운 SNS 커뮤니케이션 과정의 일부로 인식하게 되었다.

앞서 설명한 '보기' 중심의 SNS보다는 인스턴트 메신저형의 SNS가 이러한 특성을 더 잘 드러낸다. 이에 한국에서는 카카오톡을 중심으로 구어와 문어의 경계성이 모호해진 언어 특성에 대한 많은 연구가 있어 왔다. 최명원 등(2012)은 카카오톡이 가장 사적이며 구어의 특징을 많이 담고 있는 문어 전달 매체라고 정의하였다. 카카오톡에서 보이는 대화는 구어와 문어의 양면성을 가지고 있으면서, 카카오톡에서의 발화가 표면적으로 문어의 표준 어법을 어그러트리는 형태를 보이더라도, 그 자체로 음성 언어의 특징을 나타내는 표현으로 수용되고 이해된다는 것이다. 이러한 커뮤니케이션 매체의 발달로 사실상 구어와 문어의 경계를 분명하게 나누고 그 영역에 속하는 매체를 구분할 수 없게 되었다.

이러한 분류는 결국 최종 결과물이 말인지 글인지가 구어인지 문어인지를 결정하지 못한다는 것을 말해 준다. 그렇다고 쓰여진 언어의 형식에 따라 구어인지 문어인지를 나누기도 어렵다.

구어	음성으로 전달하는 언어. 예) 일반적인 대화
문어	글로 전달하는 언어. 예) 소설, 보고문 등
구어로 쓴 문어	입말의 형태로 쓴 글. 예) 인스턴트 메시지, 희곡이나 시나리오 등의 대본
문어로 쓴 구어	글말의 형태로 된 말. 예) 연설문, 소설 낭독, 보도문 등

표 3. 구어와 문어의 분류(이유미, 2016)

다음 페이지의 〈표 4〉에서 보듯이 구어와 문어가 가진 가장 큰 차이점은 실시간성과 맥락성이다. 문어는 탈상황적이라는 측면에서 작가가 맥락을 명확하게 부여해 주어야만 자신의 의도를 명확하게 전달할 수 있을 뿐 아니라, 의도성 측면에서 텍스트를 구성하는 작가의 의도에 따라 전략적으로 메시지를 구성할 수 있는 특징이 있다. 그러나 구어는 발화되는 순간이라는 동시성과 함께, 발화자와 청자가 함께 존재하는 상황 안에서 비의도적으로 전달되는 메시지에 의해 화자가 숨기고 싶더라도 숨겨지지 않는 메시지를 전달하게 됨으로써 사실적 메시지 전달이 가능하다는 특징이 있다.

카카오톡과 같이 구어적 성향을 가진 매체는 사실상 그 목적이 상호작용이며, 이용자들은 관계 형성과 유지를 목적으로 면대면 상황과 유사한 수준의 맥락정보를 충분히 제공하고자 하는 욕구를 가진다. 이는 메시지 전달자 입장에서 메시지의 정확한 전달을 위한 것일 뿐 아니라 청자와의 신뢰를 위한 것이라고도 할 수 있다. 이를 위해 가장 많이 가려진 비언어적 정보인 감정을 전달하기 위해서 제일 먼저 발달하기 시작한 것이 이모티콘이다.

이모티콘은 비언어적 함의를 싣기에는 부적합한 CMC^{Computer}

		구어 (口語, oral language)	문어 (文語, written language)
1. 기본 개념		말의 의사소통 행위로서 표현한 언어(사람들이 말을 하는 양식으로 쓴 말의 언어)	글의 의사소통 행위로서 표현한 언어(사람들이 글을 쓰는 양식으로 쓴 글의 언어)
2. 기본 언어 수단		음성, 그러나 발화를 바로 바로 문자로 표현할 수도 있음. 최종 결과물은 보존과 분석을 위해 문자로 기록될 수 있음.	문자, 반드시 생산의 단계에서는 종이 위에 가시적으로 쓰이는 문자여야 함. 최종결과물은 이것은 낭송한 음성이 될 수도 있음.
3. 언어 사용의 공간 요건	개념	상황의존적 대인적 언어행위.	탈상황적, 단독적 언어행위.
	(1) 발화 상황	화자는 청자와 마주 보고 있거나 가정된 청자가 있음.	대면한 청자가 없음. 글 쓰는 이 단독적 상황.
	(2) 비언어적 보조수단	발화 상황의 장면들이 언어 표현에 협조할 수 있음.	탈상황적 언어 행위이므로 발화상황의 보조 수단은 없음(문장 부호가 보조 수단이 됨).
	(3) 시점	화자와 청자의 존재가 그대로 반영되는 시점 사용.	글을 내면적으로 기술하기 위한 시점 장치가 있음.
4. 언어 사용의 시간 요건	개념	시간적으로 표현이 즉시 나타나며 실시간적임.	시간적으로 표현이 유보적이고 보존적임.
	(1) 생각과 표현의 시간성	생각과 표현의 생산 과정은 동시적이어서 표현은 순차적 선조성을 지님.	생각과 표현의 생산 과정은 선조성을 지니지 않음. 되돌아가서 반추하여 고치거나 보충할 수 있음.
	(2) 표현과 전달의 시간성	발화된 순간 청자에게 전달되므로 표현 시각과 전달 시각은 같음(실시간적).	표현 시각과 전달 시각은 같지 않음. 표현된 시간 이후에 전달됨.
5. 언어 사용의 의도성 요건		특히 화자와 청자의 즉각적 상호작용에 초점을 둠.	작가가 내면의 생각을 표현하여 잘 짜여진 내용을 드러냄.

표 4. 구어와 문어의 속성 비교(김미형, 2004)

Mediated Communication 과정에서도 자신의 메시지에 감정과 개성을 전달하기 위한 시도로, 연극 대본처럼 감정이나 동작을 괄호 안에 넣는 시도에서 그 출발을 찾을 수 있다. 예를 들어 (smile), (흐뭇),(수줍)처럼 처음에는 직접적으로 자신의 감정을 언어로 표현하였는데, 1980년대에 카네기 멜론 대학의 스콧 펠만Scott Elliott Fahlman 교수가 메시지 내용을 너무 심각하게 받아들이지 말라는 뜻으로 문장의 맨 끝에 :-)를 붙여 보냈는데, 이것이 시초가 되어 스마일리Smiley 기호가 되었다고 한다. 이를 시초로 젊은 이용자들을 중심으로 확산된 새로운 형식의 글쓰기가 유사 언어 표현Paralinguistic Expression으로 발전되어 ^.^, ^^;, @.@, ㅠ.ㅠ처럼 여러 문자 기호나 문장 부호를 조합하여 사람의 얼굴 표정이나 감정 표현을 우회적으로 나타내는 데 사용되고 있다 (허옥련, 2008).

문자를 이용한 이러한 감정표현은 이후 기술의 발달로 이미지 전송이 자유로워지면서 이미지를 중심으로 한 이모티콘과 이머지의 형태로 발전하여 활용되고 있다. 디지털 모바일 기술을 활용하여 제작한 이모티콘은 이모지Emoji의 아버지라 칭해지는 시게타카 쿠리타Shigetaka Kurita가 처음으로 개발하였다. 그는 1998-99년 일본의 NTT 도코모NTT DoCoMo의 i-모드i-mode 모바일 인터넷 플랫폼 프로젝트를 진행하면서 휴대폰에서 사용되는 이모티콘인 이모지를 개발하였다.

알제리 출신의 프랑스인 니콜라스 루프라니Nicolas Loufrani는 프랑스의 유명 신문사의 편집자, 광고 대행사 카피라이터, 출판 도서의 캐릭터들에 대한 라이선스 관련 업무 등의 경험을 바탕으로 1972년에 처음으로 스마일리 얼굴 모양에 대한 상표를 등록하고 홍보했다. 그는 1997년 스마일리 Smiley Company사의 CEO로서 모바일 기술로 스마일리 얼굴 모양을 활용하여 기존의 문자 형식의 아이콘에 대응하는 아이콘을 만들고자 노력하였다.

이러한 연구의 결과 루프라니는 온라인 이모티콘 사전 smiley-dictionary.com을 편찬하여 이모티콘의 유형(감정·표현·재미·축하·날씨·스포츠·국가·깃발·직업·음식·동물·행성·별자리)을 분류하였다. 디지털 기술에 사용된 루프라니의 그래픽 이모티콘 디자인은 1997년 미국 저작권협회 The United States Copyright Office에 처음으로 등록되었다. 이러한 영향으로 세계의 많은 통신기업에서 휴대폰에 이모티콘을 다운받아 사용할 수 있는 권리를 라이선스로 하여 판매하기 시작했다(윤민희, 2017).

이렇게 발달하기 시작한 이모티콘의 기능은 크게 네 가지로 분류할 수 있다. 첫째는 이모티콘은 CMC에서 효과적인 감정 전달과 자기표현, 부드러운 분위기 형성을 도와준다는 것이고, 다음으로는 메세지를 보다 신속하게 전달할 수 있어 빠른 공감대를 형성하고 이해를 도울 수 있다는 것이다. 그리고 이모티콘은 다양한 형태 표현을 통해 폭넓은 묘사가 가능할 뿐만 아니라 유희적인 요소 또한 가지며 마지막으로는 국제성과 범용성을 가지는 특성이 있다(김선진, 2014).

이모티콘은 텍스트 환경에서 언어만으로는 전달하기 어려운 감정을 쉽게 전달함으로써 문어의 영역을 구어의 영역처럼 확장하도록 만들어 주었으며, 대한민국에서 가장 활용도가 높은 SNS인 카카오톡에서는 매일 평균 1,000명이 넘는 이용자가 이를 활용하여 대화를 주고받는다. 미국에서는 페이스북을 통해서 1인당 하루 평균 96개의 이모티콘이 사용되며, 영국인 이용자 중 40% 정도는 이모티콘만으로 구성된 메시지를 주고받는 것으로 조사됐다(홍장선, 2016).

이러한 이모티콘의 사용은 사실상 감정표현을 위해 시작되었으나 이 또한 상징적 기호의 성격을 가지고 있기에 사회적 합의를 필요로 하며, 집단별 인식과 세대별 차이의 특성이 나타난다.

예를 들어 말줄임표와 물결 표시 등이 단순한 습관적 표현이라 할지라도 텍스트를 읽는 독자는 텍스트를 작성한 사람의 의도라고 생각하기 때문에 이에 대한 의미를 해석하려 노력한다. 이것이 언어가 가진 커뮤니케이션 메시지로서의 특징이다. 파울 바츨라빅의 말처럼 커뮤니케이션을 하지 않는 것은 불가능하듯(Poaul Watzlawick, 1967), 습관적으로 사용하는 말줄임표와 같은 기호도 읽는 독자는 어떤 의미와 의도를 화자(글쓴이)가 가지고 사용했을 것이라 생각하고 해석하려 한다. 그런데 세대마다 기호를 사용하는 의미에는 차이가 있기에, 다양한 오해가 발생할 수 있는 여지가 있다. 이는 세대 간, 문화 간, 개인 간 이모티콘의 계층 차이를 나타내는 중요 지표이기도 하다.

SNS에서 메시지를 구성할 때 새로운 특징은 이모티콘 같은 비언어적인 형태로만 나타나는 것은 아니다. 언어에서도 구어와 문어의 중간 매체 특징으로 변용이 많이 일어난다.

최명원 등(2012)은 카카오톡을 중심으로 메신저 사용에서 나타나는 언어 특징을 크게 네 가지로 정리하였다. 첫 번째는 표기법을 무시하고 소리 나는 대로 적는 경향이다. 예를 들어 '조아(좋아)', '마자(맞아)'와 같은 경우가 대표적인 예이다. 이러한 현상은 20대 초반 대학생의 카카오톡에서 빈번하게 나타났으며, 연철된 표기로 사용하는 현상은 일관되게 확인된다.

다음은 부드러운 말투를 위해 'ㅇ','ㅁ'을 덧붙이거나 기존 모음을 다른 모음으로 교체시키는 현상이다. '커피먹쟝(커피 먹자)', '실망한거얌(실망한 거야)' 등이 그 예이다. 이러한 예는 구어를 반영한 형태라면 문어의 명사형을 활용하는 현상으로도 나타난다. 주로 명사형 어미 '-(으)ㅁ'으로 끝나는데, '생각남, 통화함' 등이 그 예이다. 마지막으로 '후아, 쩝' 등과 같이 소리를 나타내는 말과 '헤롱, 털썩'과 같이 상태나 동작을 나타내는 말을 글자로 표기하여 나타내기도 한다. 이는 문어로는 보이지 않는 감정을 이모티콘을 통해 드러내고자 하는 노력과 같은 맥락으로 이해되며, 이러한 노력은 문어 매체를 구어적 형태로 사용할 때 발생하는 문제를 극복하려는 이용자의 노력에서 나타난 결과물이라 하겠다.

언어적 변용 외에 신조어와 줄임말도 SNS 사용에서 나타난다.

신조어	줄임말
핵인싸(잘 어울려 지내는 사람), 고나리자(관리자)	빼박캔트(빼도 박도 못한다), 제곧내(제목이 곧 내용)
갓띵작 (신이 만든 최고의 명작), #G(시아버지)	세젤예(세상에서 제일 예쁘다)
인생짤(인생에 한 번 있을까 말까 할 정도로 잘 나온 사진 혹은 영상)	안궁안물(안 궁금하고 안 물어봤다), 갑분싸(갑자기 분위기가 싸늘해진)
먹스타그램(먹는방송[먹방] 스타의 인스타그램)	낄끼빠빠(낄 때 끼고 빠질 때 빠져라)

표 5. SNS에서 사용되는 한국어 신조어

단축표기	두문자어	철자생략 및 오류
cu 2moro (See you tomorrow)	GMABL(give me a break)e-a	sorta(sort of), wama(want to),
Wtng4 Go (Waiting for Godot)	ASAP(as soon as possible)	wassup(what's up), wite(right)
i will meet u@9 (I will meet you at nine)	AFAIC(as far as I'm concerned)	sjiik(school),fone(-phone),thru(through)

표 6. SNS에서 사용되는 영어 신조어

〈표 5〉와 〈표 6〉은 SNS에서 사용되는 영어와 한국어 신조어를 정리한 것(곽면선, 2019)이며, 〈그림 1〉은 이러한 현상을 잘 보여주는 카카오톡 대화의 예이다. 카카오톡과 같은 SNS에서 이러한 신조어나 줄임말이 등장하는 것은 SNS 내의 글자수 제한으로 인해 경제적으로 문장을 축약하여 사용하려는 의도로 해석된다. 기본적으로 인간은 언어를 사용하는 데 있어 의사소통이 가능한 범위 안에서 가장 효율적이고 경제적인 방법을 선택하고자 노력한다. 따라서 줄임말을 사용하고, 더 효율적인 기호와 상징체계를 개발하려 노력하는 것이다.

이러한 통신어의 형태는 문자를 해체하는 것을 익숙하게 하였고, 이는 자모해체와 새로운 조합을 통해 새로운 기호를 생성하여 소통하는 현상도 나타나게 했다. 예를 들어 '댕댕이(멍멍이를 해체하여 만듦)' '네넴띤(비빔면을 해체하여 만듦)' 등이 그것이며, '댕댕이'와 같은 어휘는 강아지를 귀엽게 일컫는 새로운 어휘로 정착하여 통용되고 있다.

이처럼 SNS의 사용은 언어의 생성, 소멸, 변화라는 큰 특성을 반영하여 언어의 생성과 변화에 큰 영향을 미치고 있다. 그러나 이러한 변화가 급격하게 SNS 이용자의 일부 계층을 중심으로 형성되고 사용되다 보니, 이를 활용하지 않는 세대에게는 세대 간 불통의 요인이 되기도 한다. 물론 언어는 늘 새롭게 변화하며, 세대와 집단, 계층의 차이 속에서 불통의 문제가 논의되어 왔다. 그러나 지금은 그 어느 때보다 빠르게 언어가 생성, 변

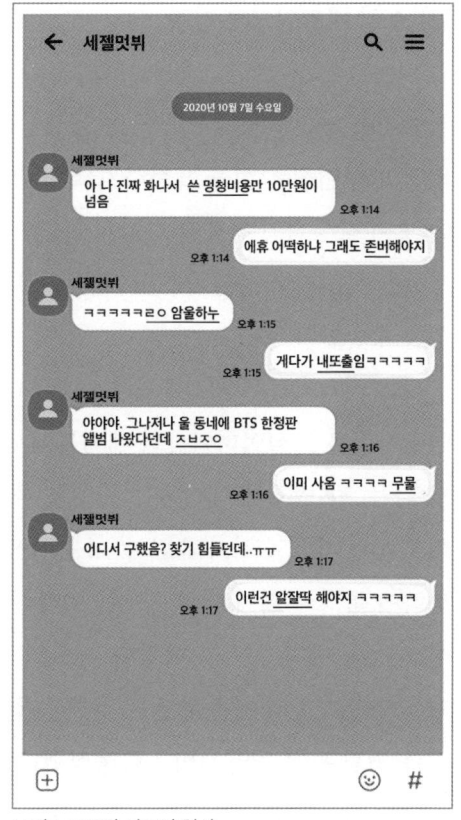

그림 1. SNS의 신조어 현상

화, 소멸하고 있기 때문에 이로 인한 세대 간, 계층 간 불통의 문제가 더욱 심각하게 느껴지는 것도 사실이다. 언어학적 차원에서의 문제와 현실적 문제에는 물론 차이가 있지만, 일상의 커뮤니케이션을 위한 SNS라는 거스를 수 없는 매체의 사용이 커뮤니케이션의 장애를 발생시키는 요인이 되지 않도록 지속적인 관심을 가져야 하는 것은 중요한 일이다.

(2) 소셜 네트워크와 감정

사람들은 SNS에 글, 사진, 또는 동영상을 올릴 때 자신의 진실되거나 꾸며진 감정을 표현하기도 하고, 다른 이용자의 게시물을 보며 감정적인 반응을 보이기도 한다. 뿐만 아니라 SNS를 사용하는 목적과 사용양식은 즐거움, 외로움, 피로와 같은 주요 감정을 수반한다.

SNS 이용자들은 게시물을 통해 어떤 감정을 많이 전달할까? 연구자들은 소셜미디어상의 게시물에서 감정을 추출하고 분류한 다음, 각 범주에 해당하는 단어를 세어 이용자가 어떻게 느끼고 있는지를 수치화해 왔다. 이를 통해 이용자들의 의견을 유추하여 특정 주제에 대한 여론을 포착하기도 하고, 이용자의 정신 건강을 예측하는 등 다양한 시도를 이어 왔다. 이 접근이 인기를 얻으며 근래에는 콘텐츠 추천 등을 포함하는 마케팅, 주가 예측, 평판 관리 등의 서비스도 등장했다.

SNS 게시물에 담긴 감정을 분류하는 실증적인 연구가 본격적으로 수행된 것은 SNS 사용이 폭발적으로 증가한 2000년 이후이다. 특히 빅데이터를 처리하는 기술의 발전은 대규모 데이터에 대한 접근과 분석을 가능하게 했고, 비록 텍스트 정보(문서나 문장)가 여전히 분석의 주요 대상이지만, 최근에는 이미지와 텍스트 자료를 종합적으로 분석하여 이용자 감정을 분류한 사례도 종종 보고되고 있다. 연구에 따르면 SNS상에서는 긍정적이고 행복한 감정이나 경험을 담고 있는 상태와 부정적인 감정이나 지친 상태의 업데이트가 모두 흔히 발견된다. 긍정적인 감정으로는 사랑, 고마움, 즐거움 등이 포함되고, 부정적인 감정으로는 불만, 실망, 우울 등이 주로 포함된다(Moreno et al., 2011; Wang et al., 2013).

비정형 데이터를 분석하는 대표적인 방법은 크게 두 가지로, 하나는 전통적인 연구 방법인 코딩 전문가를 고용하는 것이었다. 연구자는 분류를 담당하는 코딩 전문가들에게 기준을 제공하고, 그들은 주어진 자료들을 기준에 따라 분류한다. 이 연구 방법으로 마이스페이스의 게시물 속 감정에 대해 수행된 연구가 있다. 2007년 7월에 가입한 3만 명의 마이스페이스 회원들(일반인, 미국 거주)의 프로필을 다운받았고, 2008년 11월과 12월에 이들을 초청하여, 그들이 남기는 모든 코멘트를 저장하였다. 범주화 스킴을 제작하여 긍정, 부정 감정의 강도를 구분한 후, 주 작업자가 1,000개의 코멘트를 코딩하고, 부작업자가 500개의 코멘트를 코딩했을 때, 부정적인 감정에 대한 동의가 긍정적인 감정에 대한 동의보다 높았다. 전체 코멘트 중 약 2/3는 긍정적인 감정을 포함하는 것으로 분류되었다. 흥미롭게도, 가장 강한 강도인 강도 1(열정적인)의 감정에서는 부정적인 감정이 더 많이 발견되었고, 그보다는 강도가 낮은 강도 2(압도적인) 또는 3(분명한)에서는 긍정적인 감정이 더 많이 발견되었다. 그리고 젠더 차이는 오직 긍정적인 감정에서만 발견되었는데, 여성이 남성에 비해 긍정적인 감정을 더 많이 주고받은 것으로 집계되었다(Thelwall, Wilkinson, & Uppal, 2010).

비정형 데이터를 처리하는 또다른 방법은 빅데이터 기술을 활용하는 것이다. 골더와 메이시는 약 2년간 트위터에 영문으로 게시된 509,000,000개의 게시물(트윗)을 대상으로 언어학적 탐구와 단어 세기Linguistic Inquiry and Word Count, LIWC 기법을 사용하여 긍정적인 정서와 부정적인 정서 단어를 추출하였고, 시간, 하루, 계절 단위로 전반적인 트렌드를 살펴봤다(Golder and Macy, 2011). 생체시계의 영향이 반영되기는 하지만 정서의 리듬은 매일 유사했고, 다만 주말에는 긍정 정서의 수준이 전반적으로 높았다. 그리고 '올빼미형' 사람들은 기타 사람들과 구분되는 정서 리듬을 보였다. 이후 6개 국가 및 권역(미국, 캐나다, 영국, 호주, 인도, 아프리카)을 비교했으나, 결과는 대체로 유사했다.

또 다른 예로 트위터를 분석하여 업무 스트레스와 감정에 대한 일주일간의 트렌드를 살펴본 왕 등의 연구(Wang et al., 2016)는 18개월간 미국에서 게시된 2,102,176,189건의 트윗을 분석하여 주말의 회복 효과를 살폈다. 일일 수준 분석 결과 두가지 요인이 추출되었는데, 하나는 부정적 감정/스트레스/육체적 피로, 또 다른 하나는 긍정적인 감정/음식/친구/집/가족/레저로 나타났다. 주Week 수준 분석에서는 금요일에 업무 스트레스 및 부정적인 감정이 가장 많이 나타나, "프라이데이 딥Friday Dip(옮긴이: 다른 요일에 비해 금요일에 더 부정 감정 기복을 겪는 현상)"을 지지하였고, 긍정적인 감정이 담긴 트윗은 화요일-수요일-목요일에 걸쳐 가장 적게 발견되었다. 대신 금요일부터 일요일까지의 트윗에서는 긍정적인 트윗이 많이 게시되어, "주말 정점Weekend Peak"이 지지되었다.

빅데이터 속 감정을 처리하는 가장 대표적인 기술은 감성 분석Sentiment Analysis이다. 감성 분석은 오피니언 마이닝의 한 종류로, 비정형 데이터에서 작성자의 감성을 추출해 내기 위해 적용되는 기술이다. 이 기술을 통해 데이터에 내포된 의견이나 감성의 의미를 정서가(Valence, 긍정-부정) 또는 다수의 감정(예: 기쁨, 슬픔, 지루함, 흥분 등)에 대한 범주화가 가능하다.

감성 분석 기법을 활용한 연구 중 다수는 특정 주제를 중심으로 이뤄졌다. 한 예로, 앞서 소개되었던 전직 프로바둑기사 이세돌이 알파고와 펼친 인상적인 대결 이후에 수행된 연구를 들 수 있겠다. 연구자들은 '이세돌 vs. 알파고' 시점 전후 게재된 인공지능 관련 뉴스와 댓글을 크롤링Web Crawling(웹 페이지에서 데이터를 추출해 내는 행위)하고 분노, 혐오, 두려움, 행복, 중립, 슬픔, 놀라움 등의 일곱 가지 범주의 감성으로 분석하여 인공지능 기술에 대한 사회적 여론을 파악하고자 했다. 분석 결과 행복이 가장 많이 발견되었고, 시간이 지남에 따라 분노는 낮아졌다(이상원·최창욱·김동성·여운영·김종우, 2018).

이처럼 SNS 게시물에서 감정을 추출하는 기술은 앞으로도 크게 발전할 것이고, 더 다양하고 큰 규모의 비정형 데이터를 더 빠르게 처리할 수 있을 것이라는 점에는 의심할 나위가 없다. 그런데 게시물 속에 긍정적인 감정 단어 또는 부정적인 감정 단어의 수가 많다는 것이 진정으로 의미하는 바가 무엇일까? 특정 유인가Valence 단어의 빈도가 지닌 의미를 정리하기 위해서 다음의 연구를 살펴볼 필요가 있다.

우리는 흔히 '게시물 속 감정 단어는 게시자가 어떻게 느끼고 있는지를 반영할 것'이라 가정한다. 달리 말하자면, 긍정적인 감정 단어를 많이 적은 사람이 부정적인 감정 단어를 많이 적은 사람에 비해 실제로 긍정적인 느낌을 경험할 것이라고 예측한다.

크로스 등(Kross et al., 2018)은 감정을 추출하여 분류하는 작업은 위와 같은 가정에 기반을 두고 있다고 주장하며, 2개의 연구를 통해 위 가정을 검증하고자 하였다. 연구 결과, 피험자가 스스로 자신이 하루 동안 어떻게 느꼈는지에 대해 보고한 것은 페이스북에서의 감정 단어 사용을 예측하지 못했고, 반대로 감정 단어 개수 역시 피험자의 주관적 감정 상태에 대한 자기 보고를 예측하지 못했다. 오히려 평정자들이 피험자들의 게시물을 보며 그들의 감정에 대해 평가한 값은 피험자가 자신의 실제 느낌을 보고한 값을 더 잘 예측했다.

이러한 결과는 결국 단순하게 게시물 속 감정 단어를 세는 것은 실제 이용자의 정서 경험을 반영하지 않을 수 있음을 시사한다. 그러나 이 같은 결과가 SNS 게시물 속 감정이 몇몇 중요한 결과들을 예측한다는 기존의 연구를 부정하는 것은 아니다. 다만 SNS 게시물에서 발견되는 정서를 해석할 때에는 조심스러운 접근이 필요하다.

1) SNS와 개별 감정

앞에서 논의한 바와 같이 연구자들은 SNS 이용자들이 경험하는 감정의 스펙트럼을 살피기도 하지만 때로 외로움, 부러움, 피로와 같이 대상이 더 명확하고 짧고 강한 영향력을 가지는 개별 감정에 집중하기도 한다. 뿐만 아니라 전반적인 정서에 비해 개별 감정은 문화의 영향을 받으며, 문화권에 따라 구성원들은 서로 다른 개별 감정을 경험하고 표현한다. 따라서 SNS를 사회문화적 현상으로 이해하려면 SNS 이용자가 경험하는 개별 감정도 살펴보아야 한다.

SNS 이용은 인간의 외로움을 해소할까?

　SNS 사용의 주목적이 미국과 영국에서는 흥미, 중국과 홍콩에서는 새로운 것을 배우려는 호기심 등이었으나, 한국의 SNS 사용 목적은 '관계 맺기'에 상대적으로 더 치중되어 있다(정보통신정책연구원, 2012). 또한 국내 대학생을 대상으로 한 연구(최지애, 2013)에 따르면, 대학생들이 SNS를 이용하는 주된 이유는 소외감에 대한 두려움 때문이며 또래 집단에서 소외되지 않고 소속감을 느끼기 위해서 이처럼 SNS 사용의 주요 동기 중 하나인 '관계 지향'에 집중할 필요가 있으며, 이와 관련하여 타인과의 관계 형성과 유지에 어려움을 느낄 때 경험하는 외로움이라는 감정에 주의를 기울여야 한다.

　SNS에서 네트워크는 주요한 요소이다. 소셜미디어 플랫폼에 접속하게 되면 가족, 친구, 이웃과 같이 오프라인 면대면 관계가 반영된 관계(상호 팔로잉), 그리고 일방적인 관계(일방적인 팔로잉)에 이르기까지 다양한 관계 속 대상들과 연결된다. 그리고 그 대상들은 상시 연결 가능한 잠재적 대화 상대가 되기도 하고, '친구'라는 서로 구분되지 않는 범주의 관객이 되어 이용자의 SNS 게시물을 접하고 반응하게 된다. 네트워크를 통해 사람들은 외로움을 해소하기도 하지만, 지나치게 손쉬운 사회적 지지 방법과 네트워크의 양이 공개되는 수준은 때로 외로움을 가중하기도 한다.

　개인적 네트워크가 타인에게 공개된다는 것은 사회적 자본

Social Capital의 측면에서 의미 있다고 볼 수 있다. 사회적 자본은 물질적 경제자본이나 개인적 능력 등의 인적 자본 이외의, 관계를 통해 확장되고 동원되어 투자 대비 이익을 줄 수 있는 비물질적 자본의 총체로 정의할 수 있다(Bourdieu, 1986, 2005). 실질적인 지원 수준을 떠나 감정적 지지를 제공해 줄 네트워크가 충분히 크고 가시적인 형태로 외부에 공개되었을 때, 이용자들의 만족감은 상승할 수 있다. 반면에 작은 규모의 네트워크를 지속적으로 지각하며 이것이 타인에게 공개될 때, 이용자들은 상실감을 경험할 수 있을 것이다. 리우 등의 메타분석에 따르면, SNS 사용은 감정적, 정보적 네트워크 지지와 정적으로 관련되어 있다(Liu et al., 2018). 이용자들은 SNS를 통해 지지를 경험하기도 하고, 이를 통해 종종 외로움을 덜 경험하기도 했다(Deters & Mehl, 2013). 종합하면, 페이스북을 비롯한 SNS 활용은 사회적 자본을 연결하는 기능을 수행함으로써 특히 약한 연결로 정의될 수 있는 관계의 대상들과 관계를 유지하고 소통하도록 돕는다(Bayer et al., 2020).

다른 감정에서도 적용되기는 하지만, 특히 외로운 감정과 관련해서는 고령 세대를 구분하여 논의해야 한다. 고령자의 SNS 사용에 대한 연구에서 고령 세대는 SNS를 통해 얻는 독특한 이득으로 '가족과 친구와의 연결을 통한 웰빙'을 꼽기 때문이다. 통상적으로 나이가 들면 육체적인 질병을 앓거나 사별을 경험할 가능성이 높아지기 때문에 외로움을 더 많이 경험한다. 그러나 나이 든 성인이 경험하는 사회적 연결감에서는 다양한 개인차가 발견되었다. 그 차이를 설명하는 하나의 기제로 SNS 이용이 지목되었다(Campos et al., 2016).

SNS는 고령자에게도 편리한 사회활동 수단으로 자리 잡았다. 고령자가 SNS를 사용하는 가장 주된 동기는 새로운 네트워크를 구축하기보다는 강한 연결 관계의 대상자들과 감정적 관계를 유지하기 위한 것이다. 따라서 SNS를 사용하지 않는 고령자에 비해 사용하는 고령자는 더 자주 사회적으로 연결됨으로써 즐거운 감정을 경험할 가능성이 높아지게 된다. 비록 고령의 SNS 사용과 "연결된 느낌," 또는 외로움 간의 관련성에 대한 연구들은 뒤섞인 결과를 보고하고 있어 결론을 내리기에는 한계가 있지만(Newman et al., 2019), SNS 사용은 고령 이용자에게 외로움을 줄이고 편안하고 긍정적인 감정을 선사해 줄 잠재력을 가졌다고 볼 수 있다.

그러나 SNS상의 사회적 지지는 클릭 한 번으로 이뤄질 만큼 지나치게 간소화되어 있어, 외로움 해소에 도움을 주지 않는 것으로 밝혀졌다. 이용자들은 종종 부정적인 게시물을 올려 사회적 지지가 필요함을 표현하기도 하지만 종종 양적으로 부족한, 즉 예상했던 만큼의 반응을 얻지 못한다. 강한 연결로 정의되는 가까운 지인은 공개적으로 댓글을 남기지 않고, 약한 연결로 정의되는 먼 지인은 아무런 반응을 보이지 않을 가능성이 더 높기 때문이다(Ziegele & Reinecke, 2017). 또한 게시물에 대한 반응을 얻었으나 이러한 반응이 충분한 사회적 가치를 지니지 못하는 경우도 있다(Burke & Kraut, 2016). 이용자들은 종종 "좋아요" 반응을 다른 사람들의 "자동화된" 반응, 또는 다른 동기에 의한 행위로 해석하기도 하는데, 이처럼 타인의 반응을 부정적으로 해석한 경우에 "좋아요" 반응은 낮은 사회적 지지의 가치를 지니게 된다

(Carr et al., 2016).

많은 사람들이 외로움을 해소하기 위해 SNS를 사용하지만, 그 결과 외로움을 해소하기도 하고 해소하는 데 실패하기도 한다. 이용자는 SNS를 선택적으로 사용해야 필요한 사회적 지지를 효과적으로 끌어내, 외로움을 해소하려는 초기 목적을 달성할 수 있을 것이다.

2) SNS에서 타인의 삶을 엿볼 때 우리는 즐거울까 부러울까?

SNS 이용자들은 종종 자신의 여행 경험이나 새롭게 구매한 제품에 대한 소식을 SNS에 게시하곤 한다. 특히 인플루언서들은 기타 이용자에 비해 더욱 빈번히 상업적, 또는 비상업적 목적으로 제품의 생생한 후기나 트렌드 정보를 공유한다. 2018년 '소셜미디어 이용행태 및 광고 접촉 태도 분석 보고서'(DMC, 2019)에 따르면 한국 대다수의 SNS 이용자들 중 제품 브랜드 계정을 팔로잉하고 있는 사람은 61.1%인 데 반해 인플루언서 계정을 팔로잉하고 있는 사람은 73.9%를 차지하는 것으로 나타났다. 이와 같은 팔로잉 양상을 보면 SNS 이용자들이 자발적으로 어떤 게시물에 많이 노출되는지 짐작할 수 있다.

'보기'형 SNS에서는 소비 기록이나 제품을 소개하는 목적을 지닌 게시물을 어렵지 않게 찾아볼 수 있다. 한 예로 유튜브에 '언박싱Unboxing(상자 개봉)' 또는 '하울Haul'이라는 제목을 검색하면 '명품 하울', '인터넷 쇼핑 하울', '장난감 언박싱' 등 다양한 주요 검색어가 추천되며 엄청나게 많은 영상이 대기하고 있다. 기존에는 물건을 개봉하는 모습과 사용후기 등을 담은 언박싱 영상이 인기를 끌었다면, 요즘에는 하울 영상이다. 하울 영상에서도 물건을 개봉하고 사용후기나 품평을 포함하지만, 특정 제품군 또는 브랜드 제품을 다량 구매한 후에 각 제품을 공개한다는 점에서 차이가 있다. 인플루언서의 쇼핑 경험을 엿보며 따라 사는 현상이 나타나면서 기업에서도 이러한 영상을 하나의 마케팅 기법으로 삼아 제작하기에 이르렀다.

그런데 이런 게시물에 노출된 다른 이용자들은 게시자에 비해 자신을 부정적인 방향으로 비교하여(Festinger, 1954) 부러움이라는 불쾌한 느낌을 경험하는 것으로 밝혀졌다(Smith & Kim, 2007). 부러움은 다른 사람의 우월한 특성, 성취, 또는 소유가 자신에게는 결여되어 있고, 이것을 원하거나 다른 사람에게도 그것이 부족하길 원할 때 발생하는 사회적 감정(Parrott & Smith, 1993)이다. 특히 온라인에서의 부러움은 온라인 소셜 네트워크OSN 이용자가 동일한 소셜 네트워크에 속한 다른 사람의 소유물이나 삶의 경험을 탐내는, 'OSN 사용으로 인한 부정적인 감정(James et al., 2017: 571)'으로 정의된다. 가장 흔히 사용되는 척도는 크라스노바 등(Krasnova et al., 2015)이 사용한 것으로, 문항은 다음 페이지의 〈표 7〉과 같다.

SNS에 의해 야기된 부러운 감정의 강도는 전통적인 면대면 상황에서 야기된 부러움만큼이나 강한 것으로 알려져 있으며, 이 감정은 단순히 SNS 속 다른 사람의 여행지를 부러워하는 것으로 그치기도 하지만, 때로는 이민과 같이 인생의 주요한 결정에 영향을 미치기도 하기 때문에 주요한 개별 감정이라 볼 수 있다.

페이스북을 사용할 때 얼마나 자주 아래에 대해 생각하십니까?
• 내 페이스북 친구 중 대다수는 나보다 더 나은 것 같다.
• 내 친구들의 게시물은 내 게시물보다 더 많은 관심을 얻는다 (예: 좋아요 수, 댓글 등).
• 이유는 잘 모르겠지만 나는 주로 내가 페이스북 상에서 언더도그(약자)인 것 같다고 느낀다.
• 가끔은 내 페이스북 친구 중 몇몇이 얼마나 성공적인지를 보는 것이 괴롭다.
• 가끔은 페이스북에서 누군가 얼마나 유명한지 보는 것이 불편하다.
• 페이스북에서 다른 사람들이 얼마나 많이 여행할 수 있는지를 보면 왠지 불안하다.

표 7. 크라스노바 등(Krasnova et al., 2015)이 사용한 SNS상의 부러움 척도.
(Vecchio, 1995, 2000) 참조.

몇몇 연구는 SNS상의 어떤 콘텐츠가 특별히 부러움을 불러일으키는지 확인하였다. 예를 들어 크라스노바 등(Krasnova et al., 2013)의 연구에 따르면 여행이나 레저(62.1%), 돈이나 물질적 소유, 직업이나 학교에서의 성취, 관계와 가족, 그리고 외형으로 분류되는 페이스북 콘텐츠 범주가 이용자의 부러움을 유발했다.

린과 우츠의 유사한 연구에 따르면 사람들은 페이스북 친구가 새로 산 아이폰의 사진을 게시한 것보다 여행 중에 찍은 사진을 게시한 것을 봤을 때 더 강한 부러움을 느꼈다(Lin & Utz, 2015). 종종 상반된 결과가 보고되기는 하지만, 경험 소비에 대한 게시물이 물질적 소비에 대한 게시물에 비해 더 강한 부러움을 불러일으키는 것이 확인되었다.

부러움의 반응으로는 사회적 불안과 SNS 소진이 반복적으로 보고된다(Wenninger et al., 2021). 부러움은 불쾌함과 좌절Frustration의 느낌을 포함하고, 때로는 고통스럽기도 하다(Smith & Kim, 2007;

Tai et al., 2012). 또한 부러움의 대상을 향해 부정적인 행동(예를 들어 가십)을 가져올 수도 있기 때문에 관계에도 부정적인 영향을 끼칠 수 있다(Wert & Salovey, 2004).

반면 부러움은 자신보다 더 나은 상대와 비교하면서 목표를 조절하는 행위를 수반하므로 스스로를 높이거나 다른 사람을 내리는 행동으로 이어질 수 있다. 아리스토텔레스는 야망이 있는 사람은 다른 사람에 비해 더 부러워한다고 주장했고, 비록 SNS에서의 맥락에 대한 연구는 아니지만 최근 경험적 연구에서도 부러움이 발전하고자 하는 동기를 촉발할 수 있다는 것이 검증되었다. 예를 들어, 판더펜 등(Van de Ven et al., 2011)은 존경Admiration과 부러움Benign envy 중 어느 쪽이 수행을 향상시키고자 하는 동기를 더 강하게 촉진시키는지 연구한 결과, 착한 부러움은 경험한 연구 참여자들이 더 열심히 작업하고자 동기화되었고, 존경이나 악한 부러움Malicious Envy을 경험한 참여자들에 비해 실제로 더 나은 수행을 보였다.

종합하면, 부러움은 SNS 이용자가 자주 경험하는 개별 감정 중 하나이다. SNS에 의해 야기된 부러움은 기존의 부러움에서 분리하여 'SNS 부러움'으로 따로 개념화할 것이 아니라 부러움의 핵심 요소, 즉 상향적 사회적 비교 과정과 불쾌한 느낌이 새로운 환경인 SNS상에서 유발된 것으로 이해해야 한다. SNS에 의해 생겨난 부러움은 전통적 맥락에서 나타나는 부러움과 유사한 심리와 행동 반응을 유발했으나, 다만 SNS의 맥락적 특성에 의해 구매 의도와 같은 몇 가지 행동 반응이 추가되었다(Wenninger et al., 2021).

우리나라의 SNS는 해외의 SNS와 종종 다른 특성을 보이기도 한다. 인플루언서들의 부도덕한 행위(예: 무상공급을 받은 제품을 마치 본인이 지불하여 구매한 것처럼 위장하고 자랑하거나 객관적이지 않은 정보를 제공한 사건)에 대한 기사만 봐도 알 수 있다. 향후 우리나라의 독특한 SNS 환경의 원인과 그것이 부러움에 미치는 효과에 대해서도 살펴보아야 할 것이다.

3) 즐거워서 시작한 SNS가 피로하다?

많은 현대인은 아침에 눈을 뜨자마자 스마트폰의 알림창을 확인한다. 문자 메시지, 메일, SNS 알림 아이콘들을 차례로 체크하고, 알림 숫자를 모두 없애거나 자신이 원하는 상태로 만들어 놓은 뒤에야 하루 일과를 시작하곤 한다. 그러나 일과 중에도 알림은 쉬지 않고 계속되고, 많은 사람이 수시로 날아드는 알림에 방해를 받는다. 사람들은 SNS를 통해 다른 사람들과 상호작용하며 즐거움을 추구하지만, 이로 인해 피로를 느끼기도 한다. 즉, SNS 활동을 통해 관심을 기울이고 지지를 표현해야 할 대상이 많아질수록 인지적 과부하를 느끼게 되는 것이다.

피로는 심리적인 상태와 육체적인 상태로 나눌 수 있는데, 육체적인 피로는 '최대의 힘을 생성하는 능력 저하'로 볼 수 있으며, 이와 유사하게 심리적인 피로는 '개인의 동기 결여로 이어지는 소진 상태'로 정의된다. SNS 피로 연구자들의 정의에 따르면 SNS 피로란 "비개인화, 감정적 소진 및 양면적 감정과 같이 소셜미디어 사용으로 인해 소진되는 개인적인 느낌(Han, 2018)"을 일컫는다.

많은 연구에서 일반적인 SNS(주로 페이스북 연구) 사용이 지나친 연결, 연결의 부재, 또는 과부하와 관련이 있음이 밝혀졌다. 라로즈 등은 알림을 보고 그 내용을 확인해야만 한다거나, 게시물을 올리고 타인의 반응을 계속해서 확인하는 것과 같은 통제 불가능한 습관이 스트레스와 "과도한 연결"을 예측한다고 주장했다(LaRose et al., 2014). 연결 과부하뿐 아니라 SNS를 통해 메시지를 주고받는 행위는 종종 면대면 대화와 같은 다른 활동을 방해하기 때문에(Vanden Abeele et al., 2016) SNS에 대한 피로의 원인이 된다. 결국 일상의 피로를 잠재우기 위한 쉼터의 용도로 시작된 SNS가 그 자체로 또 다른 피로의 원인이 된다는 아이러니한 현상이 발생하고 있다.

(3) 소셜 네트워크 서비스와 관계

1) SNS 커뮤니케이션과 인간관계

SNS가 인간관계에 미치는 영향에 대해서는 다소 상반된 입장이 발견된다. CMC 맥락의 연구 결과를 보면, 과거의 지배적인 면대면 소통과 구분되는 CMC의 특징이 인간관계의 깊이를 약화할 수도 있으며, 반대로 강화할 수도 있다는 것이다. 발터(Walther, 1996)는 CMC가 물리적 시공간의 한계를 초월하여 정보를 전달할 수 있다는 점에서 자유롭고, 새로운 관계와 공동체 형성의 기회를 제공한다는 측면에서 긍정적인 의사소통 수단일 수 있지만, 업무 중심적Task-Oriented이고 냉정하며 비인간적이고 언제든 조작이 가능하다는 점에서 관계 형성에 부정적일 수 있다고 지적한다(나은경·진가야, 2022).

SNS의 시초라 할 수 있는 페이스북을 만든 이유는 사람들 간의 네트워크와 소통을 편안하게 하기 위한 것이었다. 즉 그 목적은 긍정적 관계 형성이었으나, 앞서 살펴본 바와 같이 SNS는 실시간 소통이 가능하더라도 문자를 사용하며, 주로 비실시간 소통(예: '보기' 중심의 SNS)을 한다는 점에서 메시지 구성이 매우 선택적이다. 그리고 이는 관계에 반드시 긍정적인 것이 아니다. 메시지 구성의 선택은 선별적 자기노출Selective Exposure의 한 방식으로 SNS상의 정보 유통 및 소통을 파편화하는 원인이 된다. 또한 메시지 수신자 입장에서는 선별적인 정보에 노출되기 때문에, 편향적 사고를 가지기 쉬워 정치적 양극화를 촉진하는 것으로 지적되기도 한다(Stroud, 2011).

비슷한 관점에서 SNS에 대해 깁스 등은 소셜미디어에서 지식을 공유하는 새로운 문헌의 대부분이 "개방성 이데올로기"(Eisenberg & Witten, 1987)에 굴복하고 있다고 주장한다(Gibbs et al., 2013). 공개 커뮤니케이션은 완전한 선이며 소셜미디어 도구는 주로 커뮤니케이션을 촉진하는 데 사용될 것이라고 가정하는 것이다. 그러나 조직적인 측면에 있어서 정보에 관련된 정도에 따라, 또는 정보에 대한 입장에 따라 정보 공개가 위험하거나 갈등의 요인이 될 수 있다는 점은 부정적이다.

반면에 SNS가 관계에 긍정적인 영향을 미친다고 보는 관점에서는 SNS처럼 매개 형태의 커뮤니케이션은 전략적이고 은밀한 커뮤니케이션에 특히 유용하다고 주장한다. 개인은 대인 관계에서 전략적으로 기술을 사용하여 체면을 위협하는 상황에서 사회적 정보의 흐름을 규제하고 제한하는데, SNS는 매력적이지 않거나 난처한 정보를 가려 상대방에 맞는 대응을 할 수 있다(O'Sullivan, 2000). 벤클러도 SNS와 같은 소셜 플랫폼의 확장이 새로운 관계 정립을 가져왔다고 보고, 네트워크 개인주의가 기존의 사회 관계를 강화하는 동시에 새롭게 약한 연결 관계를 확장하고 있다는 점에서 사회적 자본 형성 및 유지에 SNS가 긍정적 역할을 한다고 평가했다(Benkler, 2006).

사회적 네트워크는 사회적 자본의 측면에서 유무형의 이득을 발생시키는데, 이는 기본적으로 사회 구조적으로 구성되는 동시에, 사회 구조 내의 개인 혹은 집단 행위의 방향성을 설정하고 실천을 유도하는 동인으로 작용한다(Coleman, 1988). 사회적 자본은 가정이나 또래 집단과 같이 강하고 긴밀한 유대를 지니는 네트워크 내에서 구현될 수 있다.

사회적 자본 형성을 도모하는 행위자에게는 다음 두 가지 차원이 중요하다. 첫째는 새로운 네트워크 형성을 위한 노력이고, 나머지는 이로 인해 생성된 사회 자본에 대해 접근하고자 하는 경향성이다(Lin, 2008). 기존의 사회적 관계에서는 접근할 수 없는 정보와 지식 자원을 획득하고자 하는 동기와 경향성이 낯선 사람들과의 약한 네트워크를 확장하게 하는 동인이 된다. 이와 더불어 이미 형성된 네트워크 내에서 획득 가능한 사회자본의 폭을 넓히고 이에 대한 접근 효율성을 높이기 위해서도 노력하게 된다. 결국 개인은 이미 형성된 관계의 친밀감과 유대감을 증폭하고, 상호 관계의 규범화를 통해 사회적 자본을 강화하고 이용을 효율화하려는 존재인 것이다.

이를 기반으로 민마로한·박승관은 사회자본이 SNS 관계 이용에 어떤 영향을 미치는지에 대하여 〈그림 2〉와 같은 모형을 통해 확인하였다.

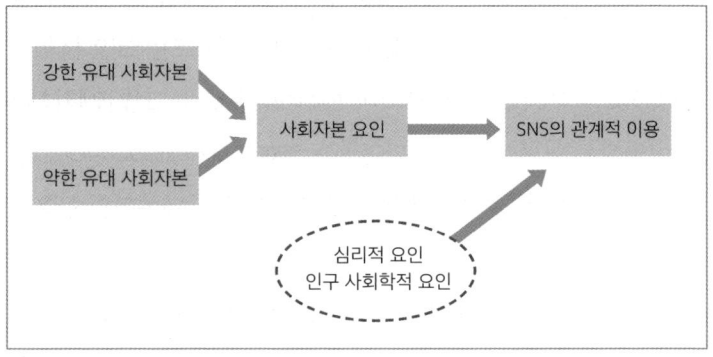

그림 2. 사회자본이 SNS 관계적 이용에 미치는 요인 분석(민마로한·박승관, 2013)

그 결과, 현실에서의 관계 인식이 온라인 관계에도 영향을 미치는 것으로 나타났다. SNS 이용자가 학교나 직장과 같은 공적 소속 집단 및 기타 사적 소속 집단과 같이 상대적으로 약한 유대를 지니는 집단에 대하여 높은 수준의 사회자본에 대한 인식을 보일수록 SNS 이용의 외적 관계 경향성 역시 높아진다는 것이다. 즉, 오프라인에서 형성된 약한 유대에 대한 높은 효용 가치를 인식하는 것이 온라인에서의 관계 인식에도 그대로 영향을 미쳐, 새로운 관계를 형성하거나 확장하는 데 영향을 주는 것이다. 이는 온라인에서의 인간관계는 오프라인의 관계와 완전히 단절되는 것이 아니라 전체적인 관계 인식의 연장선에서 이루어지는 것임을 보여 준다(민마로한·박승관, 2013).

SNS는 결국 관계를 유지하고 형성하는 기능을 중심으로 발전하고 이용되기 때문에 이용자가 기존의 관계에 대해 가지는 인식이 다시 SNS에 영향을 미치게 된다. 그러나 SNS를 통한 새로운 관계의 형성이 다시 새로운 SNS가 아니라 현실 관계에 어떤 영향을 미치는지에 대한 연구는 아직 미진하다. 이처럼 SNS와 실제 관계의 상호 관련성에 대한 더 많은 관심과 연구를 통해, 발전해 가는 커뮤니케이션 기술 매체가 앞으로의 인간관계에 어떤 영향을 미칠지 예측할 수 있어야 할 것이다.

2

화상 회의 플랫폼

코로나19 팬데믹으로 인한 비접촉 환경의 일상화는 인간 사이의 소통과 만남, 관계 맺음의 새로운 표준, 즉 소통과 관계의 '뉴 노멀' 현상을 정착시켰다. 인간과 인간 사이의 '거리두기Distancing'가 우리의 안전과 안녕을 위한 필수적 조건이 되었고, 이는 우리의 일터와 학습 환경에서도 점차 일상적인 규칙으로 자리 잡았다.

팬데믹 확산 시기 많은 기업과 학교에서 주된 소통의 통로가 되어 온 영상 회의 솔루션인 화상 회의Videoconferencing 플랫폼들은 물리적 거리가 가져오는 공백을 메우기 위해 채택된 가장 현실적이고 효과적인 하나의 대안이다. 재택 근무 및 원격 근무를 실시하게 된 대부분의 기업들은 실시간으로 업무 파트너와 의견을 교환하거나, 현장 상황을 확인하는 등 다양한 상황에서 대면 커뮤니케이션을 대체하기 위해 화상 회의 플랫폼을 활용해 왔다.

학습 환경도 마찬가지다. 세계 각지의 대규모 학습자를 대상으로 누구나 온라인 환경에서 학습할 수 있게 하는 온라인 공개 수업Massive Online Open Course, MOOC은 2010년대부터 본격적으로 시작되었으나, 화상 회의 플랫폼의 등장으로 인해 우리는 비로소 선생님과 친구들을 실시간으로 화면 너머에서 마주하게 되었다. 교실이 그대로 화상 회의실로 옮겨진 셈이다. 이러한 화상 회의 플랫폼의 활성화가 우리의 일하는 방식에, 배우는 방식의 원격화가 우리가 소통하고 만나는 방식에 어떤 변화를 가져오게 되었는지, 그리고 이 모든 것이 우리가 타인과 맺는 관계에 어떤 의미가 되는지를 생각해 보고자 한다.

(1) 화상 회의 플랫폼의 정의와 특징

코로나의 충격과 함께 화상 회의에 대한 수요는 최근 몇 년 사이 전 세계에서 폭발적으로 급증했다. 포천 비즈니스 인사이트 Fortune Business Insights는 화상 회의 시장이 2022년에서 2029년까지의 기간 동안 11.3%의 복합 연간 성장률Compound Annual Growth Rate, CAGR로 현 68억 7천만 달러에서 2029년 145억 8천만 달러의 규모의 시장으로 성장할 것을 전망하고 있다.

화상 회의 플랫폼이 급성장한 것은 비교적 최근의 일이지만, 사실 화상 회의 기술 자체는 상당히 오랜 역사를 가졌다. 미국의 AT & T 벨 연구소Bell Labs에서 1920년대 처음 비디오 폰 기술을 시험대에 올린 이래, 영상 데이터 등의 빠른 전송을 위한 광대역 고속 인터넷 통신망이 발전하며 1986년에는 픽쳐텔PictureTel 사에서 첫 번째 실시간 영상 회의 시스템을 개발했다.

이후 광대역 고속 통신망의 발전과 함께 1995년에는 가장 오래된 화상 회의 서비스 중 하나인 시스코의 웹엑스Webex가, 2003년에는 무료로 영상통화 서비스를 제공하는 스카이프Skype가 출시되었다. 2011년에는 세계에서 가장 널리 쓰이는 화상 회의 플랫폼 중 하나인 줌Zoom, 2017년에는 구글의 구글 미트Google Meet, 마이크로소프트의 팀즈Teams가 시장에 첫 선을 보였다. 2015년에는 줌에 6만 5천여 개의 기관이 가입하는 등 이미 화상 회의 시장은 일정한 규모로 성장해 있었지만, 본격적으로 시장이 확대된 것은 코로나 위기의 확산 국면에서이다. 봉쇄Lockdown, 거리 두기와 같은 팬데믹 방역조치로 인한 사회적 혼란 속에서 화상 회의 플랫폼 시장의 주요 플레이어들은 무상으로 서비스를 제공하며 잠재적인 고객층을 확보했고, 이를 발판으로 기본형, 전문가용, 소규모 비즈니스용, 기업용 등 참여자 수와 미팅 시간 등 기능에 차이를 둔 여러 버전의 요금제를 출시하며 시장 점유율을 높이고 있다. 무료 제공되는 기본 서비스의 경우 최장 1시간 동안 100명까지 접속을 허용하고 있어, 추가 비용 없이도 다양한 형태의 모임이 가능하다.

줌에서 '룸Room' 부문을 총괄하고 이끄는 제프 스미스는 코로나19 팬데믹이 종식되더라도, 원격 방식은 장기적으로 업무, 진료 등 일상의 여러 영역에서 사람들이 소통하는 방식을 바꿀 것이라고 예측하였다. 줌의 경우만 해도 2022년 7월까지의 연매출이 41억 달러로, 전년 대비 약 두 배가량 상승하였고 2022년 1월부터 5월까지 각각 월 13~18억 명의 순 방문자를 기록하는 등 안정적인 성장세가 지속되고 있다.

화상 회의 플랫폼의 이용 증가에 더하여, 이용자 경험에 영향을 미칠 수 있는 기술 요소도 주목할 부분이다. 전 세계적으로 클라우드 기반 화상 통신 솔루션의 채택이 증가하고, 소통과 협업 강화를 위한 시스템 구조와 기술 도구들에 더하여 점차 도입되고 있는 AI 및 AR/VR 기술이 새로운 이용자 경험과 이에 기반해 빚어지는 디지털 소통 양식과 긴밀히 연결되어 있기 때문이다.

1) 화상 회의

화상 회의는 다른 장소에 위치하는 둘 또는 그 이상의 사람들 간의 실시간 영상 및 음성 커뮤니케이션을 의미하는 동시적 컴퓨터 매개 커뮤니케이션Synchronous Computer-Mediated Communication, SCMC이다. 광대역 고속 인터넷 통신망, 내장카메라가 있는 데스크톱 및 모바일 장치, 영상과 오디오 전송 기술 발전 등으로 이제는 멀리 떨어진 곳에서도 고품질의 화상 회의가 손쉬워졌다.

커뮤니케이션 매체로서 화상 회의 플랫폼의 핵심은 '영상'에 있다. 영상을 주된 소통 방식으로 하기 때문에 비대면 환경에서 소통 당사자가 대면 커뮤니케이션에 가장 가까운 경험을 할 수 있기 때문이다. 부분적이나마 표정, 손짓 등 대면 소통 고유의 특징인 비언어적 의사소통의 교환이 가능하다는 것도 장점이다. 일대일One-to-One, 일대다One-to-Many, 다대다Many-to-Many 등 다양한 형태의 양방향 커뮤니케이션이 가능하며, 물리적 거리에 구애받지 않고 시간과 장소의 유연한 운영이 가능하다는 이점도 존재한다.

그러나 화상 회의 시스템은 기존의 문자 또는 음성 단일 기반의 커뮤니케이션 미디어에 비해 많은 양의 데이터를 전송해야 하므로 인터넷 연결 및 접속 장비 등 기반 인프라에 많은 영향을 받을 수밖에 없다. 인터넷 연결 강도가 약해지면 커뮤니케이션 중 음성이나 영상의 끊김이나 지연Delay 현상이 일어날 수 있고, 이는 곧 커뮤니케이션의 시차로 이어진다. 나아가 앞서 장점으로 언급된 시간과 장소의 유연함은 뒤집어 생각하면 일과 삶의 경계가 그만큼 불분명해질 수 있음을 암시한다. 일이 삶의 영역을 침범하기 쉬워지는 한편, 그 반대의 경우도 마찬가지가 되는 것이다. 일각에서 소통의 집중도 및 그에 따른 생산성과 성과에 대해 지속적인 의문이 제기되고 있는 이유다.

상반되는 전망이 엇갈리는 가운데, 과연 우리는 화상 회의 기반 커뮤니케이션이 사람들이 만나고 소통하는 방식, 관계를 형성하고 이를 유지하는 방식에 준 영향을 어떻게 이해하고 평가할 수 있을까? 이 질문에 대한 답은 커뮤니케이션 미디어로서 화상 회의가 기존의 온라인 커뮤니케이션 미디어와 무엇이, 어떻게 다른지, 그 매체 기술의 구조와 기능적 특성을 살핌으로써 탐색해 볼 수 있다.

2) 화상 회의 플랫폼 환경 속 커뮤니케이션에 대한 영향 요소

미국의 심리학자인 제임스 깁슨James Gibson은 필연적으로 인간의 특정한 행동을 이끌어 낼 수 있는 물질이나 환경의 특성(행동유도성)을 주장하며 행동유도성 이론Affordance Theory을 창시한 최초의 학자이다. 튀어나온 형태로 만들어진 버튼이 있으면 자연스럽게 그것을 누르게 되는 행동도 그 한 예다. 미디어 커뮤니케이션학 연구 분야에서 행동유도성 이론을 적용한 대표적인 학자 중 하나는 펜실베이니아주립대의 미디어 학자인 샴 순다르Shyam Sundar로, 그는 디지털 매체의 행동유도성을 매체 형식Modality, 행위능력Agency, 상호작용성Interactivity, 항해 가능성Navigability의 네 가지 요소로 정리한 "MAIN" 모델을 발전시켰다(Shyam Sundar, 2008).

여기에서는 각각의 요소가 어떻게 정의되며 그 구체적인 특성은 무엇인지 알아보고, 화상 회의 환경에서 해당 요소들이 어떤 방식으로 반영되었는지 살피고자 한다. 이 과정에서 화상 회의 플랫폼 각각의 차이점에 집중하기보다, 이들 플랫폼이 공통으로 구현하는 기술 및 환경적 특성을 총체적으로 규명하는 데 초점을 둘 것이다. 이를 기반으로, 화상 회의 환경이 사람들의 소통에 미친 영향을 사람들의 대화에 대한 집중 및 몰입도Engagement, 사람들 간의 상호작용Interaction, 그리고 그 결과로 이들이 소통에 갖는 만족감Satisfaction을 중심으로 함께 생각해 볼 수 있을 것이다.

매체 형식

매체 형식은 기술의 인터페이스—우리가 조작하게 되는 매체의 외적 형식—를 말한다. 미디어 콘텐츠, 즉 미디어의 내용보다 미디어 기술의 외적 구조와 형식에 기반하고 있다. 문자, 소리, 시청각 요소 등의 개별적 표현 형식, 디지털 미디어 기술 고유의 새로운 매체 형식, 그리고 각 매체 형식에 따른 개별적 특성들의 결합에 따라 특정한 방식의 인지적 추정Cognitive Heuristics이 즉각적으로 촉발된다는 것이다.

앞서 언급했듯 화상 회의 커뮤니케이션 방식의 가장 큰 특징은 시청각Audiovisual 요소가 소통의 주된 수단이 된다는 데 있다. 이러한 특성은 강력한 커뮤니케이션의 동력일 수 있는데, 첫째로 소통에 영상과 음성이 활용되면 문자로 소통할 때에 비해 '해독'에 필요한 부가적인 인지적 노력이 줄어든다. 실제 세계에서 우리가 경험하는 자연스러운 소통 양식과 유사하기 때문이다. 또한 영상을 주된 소통 양식으로 할 때 상대방의 기분이나 태도, 대화의 분위기를 상대적으로 정확하게 파악하여 보다 진솔한 소통이 가능하다. 정보를 누락하거나 조절, 또는 조작하기 쉬운 문자나 음성보다 더 많은 정보를 꾸밈없이 상호 교환할 수 있다는 점에서 그러하다.

나아가 영상 회의 플랫폼은 우리가 기존에 주고받던 커뮤니케이션 형식과 달리 특정한 가상 공간에서 멀리 떨어져 있는 사람들이 동시에 모일 수 있음을 전제한다. 가상의 공간에서 원거리Tele의 상대방을 눈앞에 실재Presence하게 하는 텔레프리즌스의 구현은 단순히 음성과 영상의 수용 이상의 다양한 감각 채널의 종합적 작용을 활성화하는 멀티모달리티Multimodality의 실현을 이끈다고 볼 수 있다. 또 이에 따라 우리가 실제로 다른 사람들과 한 공간에 모여 함께 소통하는 것 같은 실재감을 주는데,

이는 소통의 경험 자체를 강화하여 그 경험이 우리의 기억에 보다 오래도록 남아 있게 한다. 전 세계에서 가장 널리 쓰이는 화상 회의 플랫폼 '줌'의 중역들이 화상 회의가 대면 커뮤니케이션과 가상 커뮤니케이션의 장점을 혼합한 커뮤니케이션 양식이라고 자신하는 것은 이러한 맥락과 무관하지 않다.

그러나 화상 회의 기반 커뮤니케이션이 과연 대면 커뮤니케이션을 완전히 대체할 수 있는 소통 방식일까? 대부분의 화상 회의 플랫폼은 주로 우리의 얼굴이나 상반신 일부가 정해진 사각의 프레임 속에 나타나도록 설계되어 있다. 그러나 우리의 비언어 표현은 얼굴이나 상반신 일부를 넘어 신체 전부를 활용하여 표현되고 전달되므로, 현장에서의 직접 소통에 비해 영상 회의를 통해 전송되는 표현은 상대적으로 제한적일 수밖에 없다. 신체의 능동적 운용이 제한되면서 기타 표현에도 제약이 생겨나는 것은 물론이다.

무엇보다도 화상 회의 매체를 통한 소통은 기술적 하자 또는 결함에 매우 취약하다. 회의 중 연결 끊김, 영상에서의 움직임이나 음성의 전달 과정에서 발생하는 시차, 화면이나 음성이 손상되어 전달되는 현상 등은 소통을 통한 보다 깊은 교감에 다다르기 이전에 정확한 정보 전달 단계에서부터 원활한 소통의 걸림돌이 될 수 있다.

행위능력

행위능력 요소는 정보나 커뮤니케이션의 수신자에 의해 인식되는 정보나 행위, 소통 등의 심리적으로 지각된 '출처'가 발휘하는 힘으로, 사람이나 뉴스매체 등 조직', 전자기기 등 사물 모두가 의사소통 당사자의 주관적인 인식에 따라 행위능력을 가진 것으로 간주될 수 있다. 동시에, 자기표현이 일상화되는 디지털 공간에서는 발화자 자신의 자기 정체성Self-Identity 또한 행위능력 요소를 내재한 주체로 여겨지기도 한다.

화상 회의의 경우 다른 어떤 형태의 디지털 소통보다도 소통 상대방의 '행위능력'이 강하게 지각될 수 있는데, 화면 너머에 실존하는 상대방을 시각적으로 확인할 수 있어 상대방의 행위능력을 쉽게 지각할 수 있기 때문이다.

기본적으로 자신의 얼굴을 드러내는 커뮤니케이션 양식은 온라인 커뮤니티에 산재한 익명의 이용자들과 이야기하는 것보다 더 신뢰를 주는 부분도 있다. 더불어, 이메일이나 소셜 네트워크 서비스 등의 기존의 컴퓨터 매개 커뮤니케이션에서 이용자는 컴퓨터나 플랫폼을 대하는 것 같은 느낌을 받지만, 화상 회의 기반 커뮤니케이션은 동일한 컴퓨터 매개 형식임에도 불구하고 대화 상대가 더 가깝게 느껴진다. 상대방을 보다 가까운 거리에서 친숙하게 느낌으로써 상호 신뢰와 친밀감 형성이 더 쉬워질 수 있는 것이다.

한편, 화상 회의 기반 커뮤니케이션의 가장 큰 특징은 의사소통 중 상대방의 모습뿐 아니라 자신이 어떻게 보이는지도 스스로 확인할 수 있다는 데 있다. 자신이 화면에 어떻게 표현되는지 알 수 있게 됨에 따라 스스로의 행위능력을 지각하고 그 범위를 확장할 수 있게 되며, 결과적으로 보다 정제된 표현과 태도로 상대방과의 의사소통 과정을 통제할 수 있다. 자신의 행위능력을 발휘해 최대한 '보이고 싶은, 혹은 보여도 되는 모습'만 보이도록 주의를 기울일 수 있는 것이다.

이러한 특징은 일견 순기능으로 작용하는 것처럼 보이지만, 자신의 행위능력을 과도하게 지각하는 데 따른 피로감으로 이어질 수 있다. 뿐만 아니라 의사소통 과정에서 자신의 모습을 관리하는 데 지나치게 몰두해, 정작 상대방과의 의사소통 내용에 충분히 집중하지 못할 가능성도 있다.

상호작용성

상호작용성은 디지털 미디어 환경에서 가장 두드러지는 요소이다. 상호작용과 활동이 결합한 개념으로, 리모컨을 활용한 텔레비전 조작과 웹 서핑을 위한 마우스 조작의 차이에서 구별되듯 활동의 '강도Valence(심리학에서는 '감정가'로도 지칭되며, 상황과 행위자의 맥락에 따라 고유하게 환기되는 긍정적이거나 부정적인 정서나 감정, 분위기)'와 이용자의 필요나 선호에 따른 일련의 입력Input 행동과 그에 따른 매체의 반응Responsiveness으로 이뤄지는 상호작용을 함께 의미한다. 그 외에도 이용자의 선택권, 통제감, 실재감, 이용자의 몰입감으로 정의되는 플로우Flow, 상호작용에 영향을 주는 상황적 변수의 영향력을 강조하는 상황적응성Contingency, 그리고 이용자가 매체 환경이나 기술 도구를 자신의 취향이나 선호에 부합하게 맞춤화Customization함으로써 이들이 자신을 반영한다고 여겨 애착을 가지게 되는 자기성Own-ness 요소 등이 상호작용성에 관여해 영향을 미치는 특성들이다.

이와 같은 상호작용성 요소는, 화상 회의 환경에서 결국 화면

건너편에 있는 상대방과의 의사소통 경험을 좌우하는 변수로 작용하게 된다. 자신이 보고 있는 화면이나 소통의 주제가 될 자료의 공유 기능, 상대방의 발언에 대한 리액션 기능, 발화자에 집중할 수 있는 화면 고정 기능 등이 이에 해당한다. 실시간으로 서로 자료나 의견을 확인하거나 이에 대한 반응을 주고받을 수 있으므로 대면 환경과 유사한 의사소통의 상호작용성이 충족될 수 있다.

또 앞서 언급한 바와 같이 대면 환경에 비해 상황적 변수의 통제도 쉬운 편이다. 이용자는 자신의 노출 수준을 결정할 수 있을 뿐 아니라 가상 배경 설정이나 화면 보정 기능 등을 통해 화면에 비치는 자신의 모습, 또는 주변 환경을 조성하거나 연출하여 선호하는 커뮤니케이션 환경으로 손쉽게 구축할 수 있다. 집에서 회의에 참여하면서 배경 화면으로 사무실 사진을 선택하거나 보정을 통해 얼굴을 보다 혈색 있게 연출하는 등 맞춤형 환경의 조성이 그 예로, 사람들은 이를 통해 보다 자신감 있게, 또는 편안하게 의사소통에 참여할 수 있다.

그러나 이러한 기술적 상호작용성의 효과는 커뮤니케이션의 깊이나 진정성 측면에서 그 순기능에 의문이 제기될 수밖에 없다. 실시간으로 본인의 관여Engagement 정도를 조절할 수 있는 기능성 구현은, 대화 참여자 전원이 커뮤니케이션 전 과정에 실질적으로 참여히지 않을 수 있는 일종의 '자유도'를 부여한다. 예컨대 본인이 직접적인 발화자이거나 발화 대상자가 아닐 때, 화면과 오디오를 활성화하여 자신이 다른 사람들의 대화에 일일이 귀를 기울이고 있는지 아닌지를 알리지 않을 수도 있다는 이야기다. 대화에 참여하는 사람의 수가 많아질수록 개별 참여자의 이러한 자유도는 높아질 수 있으며, 특별한 상황적 조건이 수반되지 않으면 참여자의 주의가 분산될 가능성이 더 크다.

항해 가능성

마지막으로, 항해 가능성은 한 장소에서 다른 곳으로 이동하게 해 주는 디지털 미디어 인터페이스 요소를 말한다. 하이퍼링크로 연결된 여러 웹사이트를 넘나들며 쉬운 정보 검색을 가능하게 하는 웹 구조Architecture가 대표적인 예다. 정보 검색을 위한 물리적 이동성을 넘어, 넓은 의미에서 이용자가 본인이 가진 특정한 목적을 달성하는 것을 돕는 미디어 디자인의 명확성Clarity, 이해도Understandability, 이용성Usability을 촉진하는 요소가 반영된 설계로도 해석될 수 있다. 전통 미디어 영역의 가독성, 디지털 서비스 영역의 사용성과도 유사한 맥락에서 대응될 수 있는 개념이다.

화상 회의 플랫폼 내에서 항해 가능성 요소는 다소 제한적으로 비칠 수 있다. 이는 기존 웹 하이퍼링크 방식대로 회의 참여자가 다른 웹사이트를 확인할 수 있게 하여 보통 웹 환경에서 우리가 누리던 수준의 정보 검색을 가능하게 하는 반면, 플랫폼 외부 환경에서 '항해'가 이루어져 참여자가 별개의 장소에 있는 회의 참여 환경과 정보 검색 환경 사이에서 이동할 수밖에 없기 때문이다.

그럼에도 교육, 회의, 소모임 등 이용자 각각의 필요 및 빠르게 변화하는 이용자의 요구에 부응해 모임의 목적에 따른 다양한 기능 및 특성을 설정하거나 시간 설정, 번역과 자막, 소그룹 구성, 퀴즈 제시 등 기타 협업을 촉진하는 도구들을 화상 회의 플랫폼 자체 환경 내에서 실행할 수 있게 한 웹 애플리케이션 등이 출시되고 있어, 이용자의 노력에 따라 화상 회의 환경에 다양한 요소와 기능을 도입하여 원활한 의사소통과 협업을 촉진할 수 있다.

(2) 화상 회의 플랫폼과 감정

화상 회의 기술을 둘러싼 이러한 이론적 가정은 화상 회의 기술 도입이 인간의 소통과 관계에 미치는 영향을 얼마나 정확하게 예측하고 있는가에 대해 다양한 연구자들의 호기심을 자극하였다. 화상 회의에 대한 의존도는 교육과 비지니스에서 가장 높았기 때문에 화상 회의가 소통 또는 관계에 미치는 영향을 조사한 연구 역시 주로 학생과 직장인을 대상으로 이뤄져 왔다. 온라인 수업의 역사는 긴 것에 반해, 온라인 수업에 대한 감정적 경험, 특히 부정적인 감정이 어떻게 교육 시도를 촉진하거나 저해하는지에 대한 이해는 사실 부족하다(Naylor & Nyanjom, 2020). 그러나 젬빌라스가 주장한 것처럼(Zembylas, 2008) 온라인 교육의 감정적 측면을 적절하게 이해하지 못한다면 웹 기반 교육은 온전하게 실현되지 않을 것이다.

　최근 화상 수업에 대한 연구가 급증하며 이용자의 감정에 대한 이해도 깊어지고 있다. 그러나 화상 수업 또는 회의가 기타 재난 관련 정책과 얽혀 있기 때문에 이용자의 반응이 화상 회의 사용에 의한 것인지, 아니면 원격 수업 또는 근무에 의한 것인지 구별하는 것이 다소 까다롭다. 게다가 특히 화상 수업은 학습자의 연령이 영유아에서부터 노인에 이르기까지 다양하고, 강의 중심 수업 외에도 체육, 요리, 미술, 회화 등의 실습을 수반하는 수업도 있다. 따라서 화상 수업에 대한 태도의 원인을 분명하게 규명하는 것은 어렵다. 수업에 대한 반응으로는 수업 효과성, 집중도, 사용 의도, 태도, 감정 등 다양한 측면이 연구되고 있으나 여기서는 대학 교육 장면으로 그 범위를 제한하여 소통과 관계에 영향을 미치는 감정적 경험에만 초점을 두고 논의하려 한다.

1) 화상 수업에 의한 대학생의 감정 경험

청소년 및 청소년 정신건강 연구를 위한 건강마인드 네트워크Healthy Minds Network for Research on Adolescent and Young Adult Mental Health와 미국대학보건협회American College Health Association, ACHA가 2020년 3월부터 5월까지 미국 14개 대학 재학생 1만 8천여 명을 대상으로 설문 조사를 수행한 결과, 응답자는 전년 대비 우울(40.9%)과 분노(31.1%)를 더 많이 경험하였을 뿐 아니라, 전염병 정책으로 인한 고립으로 외로움을 더 많이 느꼈다(Jelaca, Anastasovski, & Velickovska, 2020; Lemay, Doleck, & Bazelais, 2019). 줌 온라인 학습에 대한 조사에서도 이들은 화상 수업에 참여하는 동안 불안 또는 공포, 권태 또는 무감각, 우울 또는 슬픔, 그리고 분노 또는 적개심과 관련한 반추적인 사고가 증가한 것이 발견되었다(Fosslien & Duffy, 2020; Intolo et al., 2019; McGinty,

Presskreischer, Anderson, Han, & Barry, 2020; Peper & Harvey, 2018).

한 연구에서는 대학생과 고등학교 3학년 학생의 보호자를 대상으로 화상 수업의 다양한 효과를 조사했는데(Okabe-Miyamoto et al., 2022), 화상 수업 중에 경험하는 감정 전반에 대해 조사한 결과, 대학생들은 화상 회의를 통해 수업을 듣는 동안 더 적은 긍정적인 감정과 더 많은 부정적인 감정을 경험했다.

이에 반해 고등학교 3학년 학생의 보호자들이 응답한 자료를 보면, 대학생에 비해 고등학생들이 더 많은 긍정적인 감정과 더 적은 부정적인 감정을 경험했음을 확인할 수 있다. 그러나 고등학생들의 감정 경험은 보호자가 응답한 것이기 때문에, 감정적 웰빙에 대한 보호자의 긍정성 편향에 의한 결과라고도 해석할 수 있다. 또한 두 집단 모두에서 화상 수업에 자발적으로 참여했다는 느낌은 긍정적인 감정 경험과 관련이 있었고, 강압에 의해 참여했다는 느낌은 부정적인 감정 경험과 관련이 있었다.

개별 감정 연구에서는 특히 권태가 주목을 받았는데, 언어 교육 장면에서 교사들은 화상 수업이 대면 수업보다 더 지겹다고 응답했다. 또 그렇게 응답한 주요 이유로는 화상 수업에서 수업을 진행할 때 마치 벽에 대고 이야기하는 듯한 느낌이 드는 점을 꼽았다. 학생들도 유사한 경향성을 보였다. 혼자 있는 듯한 느낌, 언어적·감각적 소통 부재 등의 이유로 학생들 역시 화상 수업에서 더 흔히 권태를 경험했다(Pawlak et al., 2021). 또한 학생 참여가 낮거나 인지적으로 부담이 낮은 과업을 수행할 때 학생들은 권태로움을 경험했다(Derakhshan et al., 2021).

2) 화상 회의로 인한 직장인의 감정

직장인을 대상으로 한 연구에서도 교육 장면에서의 연구 결과와 비슷한 결과들이 도출되었다. 예를 들어 한 연구에서는 다른 소통 채널을 통한 회의와 비교했을 때 화상 회의가 참가자들을 정서적으로 더 소진시키는지 조사했다(Shoshan & Wehrt, 2021). 특히, 화상 회의가 지닌 객관적인 속성들에 따라 화상 회의와 '정서적 소진 반응(줌 피로)' 간의 관계가 달라지는지 탐색하기 위해 첫 번째 연구에서 연구자들은 연구 참여자들에게 2주 동안 하루에 3회씩 설문에 응답하도록 했다.

분석 결과, 회의가 어떤 미디어를 통해 진행되었는지에 따라 연구 참여자들의 정서적 소진 수준이 서로 달랐는데, 구체적으로 다른 미디어를 활용한 회의와 비교했을 때 화상 회의에서 더 큰 정서적 소진이 발견되었다. 그러나 회의 시간, 회의 규모, 상사 존재 여부에 따라 화상 회의와 소진 간의 관계가 달라지지는 않았다.

두 번째 연구는 질적 연구였다. 연구자들은 참가자들에게 "화상 회의 중에 어떤 주관적 경험으로 인해 줌 피로를 경험했습니까?"라고 질문했다. 연구자들은 인터뷰 내용을 바탕으로 '박탈 경험(91.76%)', '좋았던 옛날'과의 비교(30.76%)', '기술적인 문제 경험(28.84%)', '화상 회의의 긍정적인 측면(43.39%)'으로 명명된 총 4개의 테마를 도출했다. 이 중 가장 높은 빈도를 보인 '박탈 경험' 테마에 분류된 예시들을 살펴보면, 화상 회의에는 사회적 신호가 덜 풍부하기 때문에 관계적 측면에서 박탈감을 경험했음을 확인할 수 있었다. 예를 들어 연구 참여자들은 "고요한 청중(카메라를 껐거나 음소거를 해 놓은 회의 참여자들)", 화면에 비친 자신의 얼굴 등이 주요한 스트레스 요인이라고 밝혔다.

일반	화상 회의 이후 얼마나 피곤하십니까? 화상 회의 이후 얼마나 소진되었다고 느끼십니까? 화상 회의 이후 얼마나 진이 빠졌다고 느끼십니까?
시각적	화상 회의 이후 얼마나 시야가 흐려집니까? 화상 회의 이후 얼마나 눈이 피로합니까? 화상 회의 이후 얼마나 눈이 아픕니까?
사회적	화상 회의 이후 얼마나 사회적인 상황을 기피하십니까? 화상 회의 이후 얼마나 혼자 있고 싶으십니까? 화상 회의 이후 얼마나 혼자만의 시간이 필요하십니까?
동기적	화상 회의 이후 일을 해야 하는 것에 얼마나 두려움을 느끼십니까? 화상 회의 이후 얼마나 자주 아무것도 하고 싶지 않다고 생각하십니까? 화상 회의 이후 얼마나 자주 너무 피곤해서 다른 일을 할 수 없다고 느끼십니까?
감정적	화상 회의 이후 얼마나 감정적으로 진이 빠졌다고 느끼십니까? 화상 회의 이후 얼마나 짜증나십니까? 화상 회의 이후 얼마나 침울함을 느끼십니까?

표 8. 줌 소진 및 피로감 측정 설문(Fauville, Luo, Queiroz, Bailenson, & Hancock, 2021)

3) 화상 회의가 피로한 이유

그렇다면 화상 회의를 통한 소통이 대면 회의를 통한 소통에 비해 왜 더 피로한지 이해할 필요가 있다. 『하버드 비즈니스 리뷰』에 발표된 바(Fosslien & Duffy, 2020)에 따르면 화상 회의는 다음 세 가지 이유로 사람의 진을 빼 놓는다.

먼저, 화상 회의에 참여하면 대화에서 정보를 흡수하기 위해 더욱 의도적으로 집중해야만 한다. 회의 중에 발표자의 발표 내용을 잠시 놓친 경우를 예로 들어 보면, 대면 회의 중이라면 옆 사람에게 귓속말로 그 내용을 물을 수 있지만 화상 회의의 경우에는 다른 매체(채팅 등)를 통하거나 마이크를 켜고 발표에 끼어들지 않는 한 불가능하다.

다음으로 완전하게 독립된 회의 공간을 확보하지 못한 사람들에게는 화상 회의를 위해 주변을 정리하고 관리하는 것 역시 또 다른 스트레스가 된다. 공간을 공유하는 사람들에게 회의 시간 동안 아무런 소리를 내지 않고 카메라 앵글에 들어오지 않도록 양해를 구해야 하고, 그 밖에도 초인종이나 반려견이 짖는 소리 등 예상치 못한 소음에도 가슴을 졸여야 한다.

마지막으로, 지속적인 응시Constant Gaze도 스트레스 요인이다. 화상 회의에서 우리가 집중하고 있다는 것을 보여 주기 위한 유일한 방법은 카메라를 바라보는 것이다. 그러나 실생활에서 우리는 사실 1미터 앞에 서 있는 대화 상대의 얼굴을 계속 바라보며 대화하지는 않는다. 주변을 둘러보기도 하고, 필요한 자료를 찾기 위해 시선을 돌리기도 한다. 회의 중 발화 상대를 지속적으로 바라보는 것은 일상적이지 않은 일이므로, 회의를 마치고 카메라를 끈 후 사람들은 더 큰 피로를 느끼게 된다.

이 외에도 우리는 화상 회의를 통한 소통이 지닌 독특한 특성에 주목해야 한다. 바로 스스로를 바라보며 대화하는 것이다. 줌에서는 카메라에 비친 자신의 모습을 숨기는 기능을 제공하기는 하지만, 기본 설정에서는 대화 상대와 동시에 자신의 모습이 화면에 나란히 배치된다. 따라서 마치 거울을 보듯 회의 중인 자신의 모습을 바라보게 된다. 거울로 자신을 바라보는 효과에 대한 연구에 따르면, 사람은 거울 이미지를 보게 되면 스스로를 더 평가하게 되고, 부정적인 감정을 경험한다(Gonzales & Hancock,

2011; Fejfar & Hoyle, 2000). 이처럼 스스로를 바라보는 것은 종종 불안감이나 부정적인 자기 평가를 불러일으키며, 이러한 경향성은 여성과 청소년에게서 더 흔히 발견되었다(Ingram et al., 1988; Peper et al., 2021).

결국, 개인을 스스로 평가하고 타인에게 무한 집중해야 하며, 자연스런 발화 순서가 아니라 지켜진 규칙에 의한 대화 방식이라는 평소와 다른 모든 환경이 화상 회의에서 피로를 일으키는 요인이 되고 있는 것이다.

(3) 화상 회의 플랫폼과 관계

약 3년간의 코로나19 팬데믹 기간 동안 대면 소통은 예외적이었으며, 재택 근무가 기준이 되었다(Wang et al., 2020). 전 세계적으로 재택 근무가 도입되면서 화상 회의의 활용이 급격히 증가했고, 팬데믹 이후에 조사된 바에 따르면 재택 근무와 원격 수업에 대한 대중의 선호는 높아졌다. 일례로, 국내 수도권 소재 종합대학의 2019~2020년도에 운영된 총 8,707개 강좌에 대한 수업만족도 차이 비교 결과에 따르면 화상 수업의 만족도가 대면 수업의 만족도보다 높았고, 화상 수업과 대면 수업을 병행하는 수업 형대의 만족도가 단일 형태 수업의 만족도보다 높았다(이한샘, 서은희, 2021).

재택 근무와 원격 수업을 가능하게 한 주요 소통 매체는 화상 회의이기 때문에, 어쩌면 화상 회의를 통한 소통이 대면 소통보다 더 만족스럽다고 해석할 수 있겠다. 그러나 화상 회의에 대한 이용자의 반응은 여전히 혼재되어 있다. 화상 회의와 대면 회의의 효과성을 비교하는 연구는 팬데믹 이전부터 수행되어 왔는데, 사람들이 화상 회의보다 대면 회의를 더 선호한다는 연구 결과(Denstadli et al., 2012; Proost et al., 2020)도 있었지만, 소통의 만족 측면에서는 차이가 없었다는 실험 연구 결과(Dennis & Kinney, 1998; Wegge et al., 2007)도 있다. 그러나 구글 검색 창에 "줌 피로감zoom fatigue"을 입력하면 수천 개의 게시글이 검색되는 것을 보면 화상 회의를 마친 뒤 경험하는 부정적인 심리 상태가 얼마나 흔한지 가늠할 수 있다. 이는 결국 화상 회의를 통한 커뮤니케이션이 긍정적이지만은 않다는 것을 반증한다.

원격 화상 회의 시스템을 활용한 교육 연구에서도 같은 문제점을 지적한다. 최유정(2022)은 원격화상 교육 시스템의 문제점으로 다음의 세 가지를 제시했다.

첫 번째는 화상 회의 시스템을 활용한 원격교육은 전자적 연결방법에 따른 간접적 매개 커뮤니케이션이기 때문에 교수자와 학습자 간의 상호작용이 언어적으로 제한될 수 있어 이로 인해 자유로운 의견 공유가 억압되고, 다양한 학습 활동을 진행하는 데 어려움을 겪을 수 있다는 것이다.

두 번째는 원격 교육은 대면 수업과 달리 표정, 눈 맞춤, 몸짓 등의 메시지를 전달하는 비언어적 커뮤니케이션이 결여된다. 따라서 인간적인 상호작용이 부족하고 교수자와 학습자, 또는 학습자와 학습자 간 신뢰감 형성이 어렵다.

세 번째는 원격교육에서는 학습자가 교사와의 거리적인 차이로 인해 수업 내용에 관한 비형식적인Informal 커뮤니케이션이 일어나기 어렵고, 사회적 참여의 기회도 적어지기 쉽다. 따라서, 학습자는 공간적 거리감뿐만 아닌 심리적으로도 고립감을 쉽게 느낄 수 있다.

무어Moore(1993)는 학습자가 느끼는 고립감을 '교류적 거리감 Transactional Distance'이라고 했는데, 이는 교수자와 학습자가 공간적으로 떨어져 있어 발생하는 심리 현상과 커뮤니케이션의 공백을 의미한다. 이렇게 심리적으로나 커뮤니케이션적으로 공백이 발생하는 것은 정보 교환 과정에서 정보가 손실되기 쉽고, 오해가 일어날 소지가 있다(정종구, 2010)는 점에서 부정적이다.

화상 회의 시스템을 활용한 수업에서 학습자가 느끼는 교류적 거리감은 이유미·문혜진(2021)의 설문조사에 응답한 응답자의 자유 응답에서도 나타난다.

〈표 9〉의 결과는 20대 대학생 500여 명을 대상으로 조사한 결과이다. 이 표에서 제시하고 있는 내용은 교수와의 관계를 형성하는 데 있어 화상 회의 시스템을 활용한 교육이 어떤 장단점을 가지고 있는가에 대한 응답이다. 이 외에 또래 동료와의 관계에 대해서도 질문하였는데, 결과는 비슷했다. 장점으로는 사생활을 침범하지 않고, 불필요한 사적 대화를 하지 않을 수 있어 불필요한 관계를 형성할 필요가 없는 점 등이 다수 등장했으며, 자유로운 시간 관리가 언급되었다. 코로나19로 인한 거리두기 시기였기 때문에 바깥 생활을 할 때는 마스크를 써야 하므로 얼굴을 정확히 볼 수 없는데, 얼굴을 볼 수 있다는 점을 장점으로 꼽기도 했다.

	화상 회의 시스템이 관계에 미치는 영향
장점	질문이 편하다. 얼굴을 안 봐서 좋다. 교수님과 연락하는 데 시간의 제약이 없어진다는 느낌. 온라인이어서 교수님 말에 더 집중할 수 있다. 부담감이 적다. 상대적으로 편애가 없다. 연락을 쉽게 할 수 있다. 학생들 한 명 한명의 얼굴을 더 자세히 볼 수 있다. 시공간의 제약이 없다. 마스크 없는 내 얼굴을 보여 줄 수 있다. 직접 만나지 않다 보니 교수와 서로 기분 나쁠 상황이 별로 없는 것 같다. 어색한 공간에서 수업을 듣지 않아서 좋음. 질문을 할 때 1:1로 하는 기분이 든다. 덜 부끄럽고 부담없이 말할 수 있다. 실제로 대면하지 않으니 두려움 감정이 덜 든다. 눈치 볼 필요 없고 자유로움. 나의 말, 표정 하나하나 들키지 않는다. 글로만 소통을 하기 때문에. 원활한 소통. 지나치게 사적인 커뮤니케이션을 하지 않아도 된다. 동등한 관계에서 이야기를 편하게 할 수 있다는 장점. 한 공간에 있지 않으니 내가 커뮤니케이션을 원하지 않으면 피하기 쉬움. 교수와 깊은 관계로 이어지지 않을 수 있는 것이 나의 장점이라 생각. 교수님과 말하기 어려웠는데 채팅으로 말할 수 있어서 편하다. 겉모습으로 판단이 불가한 것. 교수와 거리를 둘 수 있어 편안하다. 소통이 강제되지 않는다는 점. 성격적으로 나와 맞지 않는 교수님의 경우 직접 대면하는 것이 아니라서 피로도나 스트레스를 덜 받는다. 교수와 시선이 마주치지 않는 점에서 부담감이 적다. 장거리여도 수업 듣기 편하다. 적절한 선을 유지할 수 있다. 교수님으로부터 자유로워진다.

단점	관계 형성이 더 힘들다. 교수와 관계로는 장점이 없다. 교수와의 교감이 어렵다. 학생들과 전혀 교류가 이뤄지지 않을 수 있다. 친밀감을 쌓을 수 없다. 교류 및 유대감을 느낄 수 없다. 깊은 대화를 할 수 없다. 상호작용이 부족하다. 뭔가 거리가 더 먼 느낌. 친해질 수 있는 기회가 없음. 쌍방향 소통이 안되는 느낌. 심리적 거리감이 커지고, 집중도가 떨어짐. 교수님이 학생을 기억하지 못함 유대감을 쌓기 어렵다. 커뮤니케이션이 답답하다. 언어적 뿐만이 아니라 비언어적, 반언어적 의사소통 및 상호작용. 표현도 수업의 일부가 될 수 있는데, 그 부분이 부족하게 느껴진다. 정서적인 교감이 부족하다. 대면으로 할 수 있는 비언어적 표현들을 할 수 없다. 비즈니스적인 관계를 맺고 있는 것 같다. 대면 수업보다 안면을 익히기 어려운 것 같다. 생동감이 없는 기분이 든다.

표 9. 화상 회의 시스템이 관계에 미치는 영향(이유미·문혜진, 2021)

　단점은 대부분 친해질 수 없고, 소속감과 친밀도가 떨어진다는 점이었다. 교수와의 관계나 동료와의 관계나, 화상 회의 시스템을 활용한 교육은 서로 친분관계가 없는 사람들이 이 시스템을 통해 사제·동료의 관계를 형성해야 한다는 점에서 매우 제한적이라는 것을 문제로 지적한다. 오프라인 환경에서 직접적인 접촉과 다양한 정보, 공유된 환경 안에서 강제화된 커뮤니케이션 시간 등이 관계를 발전시키는 데 중요한 변인이 되었음을 확인시켜 주는 결과이다. 더불어, 이것은 개인들에게 새로운 사람을 만나서 관계를 형성해야 하는 부담이기도 하기 때문에 이로 인한 스트레스를 줄일 수 있다는 점에서 화상 회의 시스템의 장점으로 제시하기도 했다. 관계 피로를 줄이기 위해 관계를 회피하는 수단으로 활용하는 것이다.

이 외에도 화상 회의 시스템이 가진 관계에서의 장점으로 관계의 평등성, 커뮤니케이션을 할 때 직접 대면하지 않음으로 인해 커뮤니케이션 두려움을 덜 수 있다는 것을 들고 있다. 이는 대면 상황에서 강제적으로 노출되는 자기 정보(성별, 옷차림, 태도 등)가 자신에 대한 평가, 차별 등의 요소가 될 수 있다는 두려움을 미디어를 통해 스스로 통제할 수 있다는 점에서 장점으로 보는 것이다. 더불어 미디어가 가진 비직접적 환경이 새로운 타인을 만나는 부담감을 줄이는 효과가 있어, 의사소통 불안감을 줄이는 데에는 긍정적으로 작용하고 있다. 그러나 이러한 비직접적인 환경은 관계를 새롭게 형성하고 깊은 관계를 만들어 가는 데에는 부정적으로 작용하는데, 심리적인 거리감으로 유대감 형성이 어렵다고 응답한 것이다.

이러한 설문 결과는 최유정의 연구(2022)가 제시하고 있는 원격 교육의 문제점과 화상 회의 전반에 걸친 문제점과 일치한다. 사람들은 커뮤니케이션 수단으로 화상 회의가 완전하지 않은 것을 인정하지만, 공간과 시간에 대한 개인의 자유로움 때문에 이 플랫폼을 선택하고 있다. 다시 말해 화상 회의 플랫폼의 한계뿐 아니라 비언어적인 문제, 그리고 교육에서 제시하는 교수자와 학습자 간의 문제가 존재하며, 이러한 문제는 관계 맺기에도 문제가 있지만 환경적 제약이나 개인적 성향의 문제를 극복하는 데 있어 긍정성도 있음을 확인해 준 결과이다..

코로나19가 사회적응기에 들어선 지금, 개인과 회사 모두 재택근무와 현장 출근을 고민하게 되었다. 이러한 고민과 갈등을 전면적으로 생각하게 한 사건이 미국의 애플Apple과 테슬라Tesla에서 드러났다. 애플은 2022년 5월 직원들에게 주 1회 사무실 출근을 시작으로 순차적으로 사무실 출근일을 늘려 가겠다는 정책을 발표했다. 그러자 애플 기계학습Machine Learning 팀의 팀장이 사직했다는 기사가 보도되었다. 익명성을 보장한 SNS 서비스에서 실시한 애플의 설문조사에 따르면 67%가 사무실 복귀에 불만을 표시했고, 56%는 다른 직장을 찾을 것이라고 답했다고 한다.

2022년 6월 테슬라의 CEO 역시 일주일에 주 40시간은 사무실에서 일해야 한다고 출근을 공식화했다. 사무실로 출근할 것을 주장하는 CEO들의 표면적인 이유는 대면 업무가 창의성과 업무 효율성을 높인다는 것이다. 그러나 이에 반대하는 사람들은 업무 효율성은 개인의 자율성과 함께 향상될 수 있으며, 강제적인 공간을 제한하는 출근이 결코 창의성과 업무 효율성에 도움이 되지 않는다고 생각한다.

어쩌면 이러한 모든 논란을 가능하게 한 것은 바로 편리한 화상 회의 시스템이다. 화상 회의는 공간의 제약 없이 관계 설정의 가능성을 높이며, 특히 사적 관계가 아닌 공적 관계 맺기의 효율성을 돕는다. 그런데 이러한 목적으로 만들어진 화상 회의 플랫폼이 진정 그 목적을 달성하고 있는지는 생각해 봐야 할 것이다.

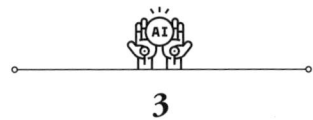

3

메타버스

(1) 메타버스의 정의와 특징

메타버스Metaverse 기반의 디지털미디어 서비스가 최근 한국을 넘어 국제 사회 초미의 관심사로 떠오르면서, 우리의 일상 활동과 밀접하게 관련되어 소통과 관계의 제반 환경을 이루는 디지털 미디어 플랫폼의 변신이 지속되고 있다. 메타버스 환경은 물리적 현실과 가상 공간이 융합된 확장현실eXtended Reality, XR 세계를 구현하여, 우리가 지각하는 현실 세계의 범위와 경계에 근본적인 변화를 가져오는 이용자 경험의 혁신이 주된 목표이다. 메타버스 플랫폼 이용자가 전 세계적으로 큰 폭으로 증가하는 가운데, 이들의 국제적인 인기에 힘입어 국내외를 물론하고 메타버스의 가능성에 집중하고 있다.

1) 메타버스(Meta+Verse)

초월Meta과 세계Universe의 합성어인 메타버스, 즉 초월적 세계에 대한 관심은 전방위적으로 급격히 증가하고 있으며, 학계의 논의도 꾸준히 이루어져 왔다. 2006년 5월 미국 미래가속화연구재단Accelerated Studies Foundations, ASF은 제1회 메타버스 로드맵 서밋Metaverse Roadmap Summit을 개최해 최초로 메타버스의 개념적 정의를 제시했는데, 이에 따르면 메타버스는 '가상화된 물리적 현실Virtually-Enhanced Physical Reality'과 '물리적으로 영속적인 가상 공간Physically Persistent Virtual Space'의 융합으로 규정된다(Smart, Cascio, & Paffendorf, 2007). 이러한 공간적 융합 속에서 메타버스 세계관은 기술과 그 응용방식에 기반한 두 핵심 차원의 전개에 따라 각각 독특한 특성을 가진 네 가지의 대표적인 차원으로 나타나는데, 옆 쪽의 〈그림 3〉은 이를 도식화한 것이다.

〈그림 3〉에서 메타버스 미디어 공간을 규정하는 첫 번째 주요한 특징(y축)은 메타버스로 구현된 세계관과 물리적 현실 세계의 관계에 있다. 물리적 현실 세계에 직접적으로 연결되어 여기에 새로운 결Layer을 더하는 것이 증강Augmentation이라면, 현실 세계를 모티프로 삼지만 이와 별개로 작동하는 새로운 가상의 환경을 제공하는 것이 시뮬레이션Simulation이다. 우리에게 익숙한 모바일 게임인 포켓몬 고Pokémon GO가 전자라면, 레디 플레이어 원Ready Player One과 같은 게임에서 구현되는 가상환경은 후자라고 볼 수 있다.

두 번째 주요한 특징은(x축) 메타버스 세계관의 무게중심에 있다. 이 축은 메타버스 세계관의 중심축의 방향성을 보여 주는 것으로, 메타버스 세계관이 '자신', 즉 스스로의 존재양식을 표현하고 창조하는 데 있다면 내부 지향Intimate: Identity-Focused으로, 반대로 자신을 둘러싼 '세계'를 만들고 가꿔 나가는 데 집중한다면 외부 지향External: World-Focused으로 구분한다. 제페토Zepeto와 같은 아바타 중심의 플랫폼 환경이 내부 지향 세계관의 대표적인 예이며, 다채로운 세계관 표현에 특화된 로블록스Roblox나 마인크래프트Minecraft 등의 플랫폼은 외부 지향 세계관에 해당한다.

이처럼 메타버스 세계는 가상의 공간과 물리적 현실 공간 사이의 관계성Augmentation-Simulation과 그 세계의 내·외부 지향적 특성에 따라 고유한 차원으로 분류할 수 있으며, 이때 각 핵심 특성은 분절적으로 구분되기보다 기술의 특징 및 그 응용 정도에 따라 상반되는 요소가 병존하는 스펙트럼의 연속선상에서 조정된다고 볼 수 있다(Smart et al., 2007).

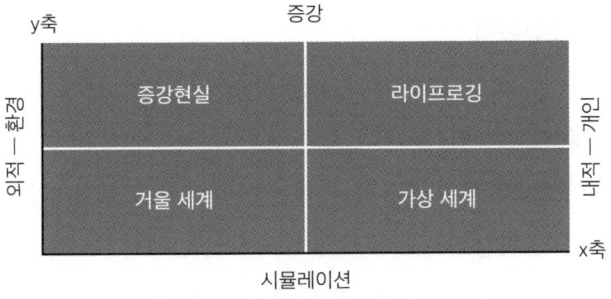

그림 3. 미래가속화연구재단(ASF)이 제시한 메타버스 세계관(2007)

위 특성에 따라 분류되는 네 가지 메타버스 세계의 유형은 증강현실External/ Augmentation, 라이프로깅Intimate/ Augmentation, 거울 세계External/ Simulation, 가상 세계Intimate/ Simulation로 나뉜

다. 증강현실은 기술을 이용해 개인이 지각하고 경험하는 외부의 물리적 세계를 향상시키는 것을 지향하는 한편, 라이프로깅 Lifelogging은 기술이 개인의 일상 활동이나 기타 신체적, 정서적 정보 등을 기록하고 저장하여 스스로의 내적 상태를 관찰하거나 기억하고, 커뮤니케이션이나 행동에 반영하는 데 초점을 둔 것이다.

한편 물리적 현실 세계를 모방하지만 이와 별개로 작동하는 시뮬레이션 메타버스 유형으로는 거울 세계와 가상 세계가 있다. 거울 세계가 현실 세계의 공간지리적 정보를 반영한 가상 지도와 같이 현실을 마치 거울처럼 반영하여 보다 '정보적으로 확장'된 세계를 제공하는 것에 주안점을 두고 있다면, 가상 세계는 말 그대로 가상적으로 새로운 세계를 창조하는 것에 집중한다. 가상 세계에서는 우리가 현실 세계의 공동체에서 영위하던 사회적·경제적 삶의 양식의 전체, 또는 일부가 가상의 환경에서 모방하여 재현된다.

2) 메타버스의 가능성

최근 메타버스의 급속한 확산은 시대적 필요성이 십분 반영되었다고 보아야 할 것이다. 전 세계적인 팬데믹 국면에서 대면 커뮤니케이션의 전면적인 제한은 우리의 일상 활동과 소통의 더 많은 부분을 디지털 영토에 편입시키는 결과를 낳았으며, 메타버스는 이러한 과정에서 모색된 돌파구 중 하나다. 메타버스는 사람들이 집이라는 한정된 공간에서도 다양한 현실 세계의 모임과 이벤트에 편리하게 참여하며 다른 사람들과 소통할 수 있게 했으며, 아울러 텍스트, 음성 제한적인 화상 연결 방식 등을 통해 이뤄지던 기존의 소통방식에 자신이 원하는 대로 꾸민 아바타와 다채롭고 색다른 공간 요소 등을 더해 자신의 실제 모습을 의식하지 않고 새로운 경험과 즐거움을 누릴 수 있게 하였다.

이용자에게 더 높은 익명성이 부여되는 것도 메타버스 세계의 특징이다. 엄격한 본인 인증을 거치지 않는 간편 가입 방식과 현실 세계의 자신과 완전히 다른 '페르소나'를 덧입은 아바타의 활용을 통해 이용자들은 보다 자유로운 자기표현 및 활동이 가능해졌다. 그러나 이는 동시에 익명성의 가면 아래 이를 악용한 비행이나 범죄 또한 쉽게 일어날 수 있는 환경적 여건이 조성되었음을 의미한다.

아울러 메타버스 세계에 향하는 관심이 높은 이유는, 현 메타버스 생태계가 그 플랫폼 이용자들이 소비를 넘어 생산 및 수익 공여의 주체로 중심 역할을 하는 이른바 '창작자 경제Creator Economy' 생태계의 주축이 되고 있다는 데 있다. 특히 분산형 웹 3.0 기술의 요체인 블록체인 기술의 등장과 함께 가상화폐나 암호화폐, 대체불가 토큰Non-Fungible Token, NFT 등 가상자산이 도입되며 창작자의 창작물에 대한 독점적 소유권 획득이나 그 수익화가 용이해졌기 때문이다(한상열, 2021).

이러한 관점에서, 온라인상의 상호작용을 통한 상호 호혜성 Reciprocity, 즉 상호간 우호적 관계를 달성하여 서로를 이롭게 하고자 하는 관계적 호혜성은 이용자 간 신뢰나 협력을 바탕으로 하는 사회적 자본이나 지식/정보 등 무형적 자원과 가치의 교환을 넘어, 유형적 자원과 재화 교환의 의미까지 내포하게 된다

(Park, 2022).

다른 가능성은 메타버스가 제공하는 창작에 대한 개방성에서 찾을 수 있다. 현재 여러 메타버스 플랫폼은 이용자 창작을 지원하는 도구와 튜토리얼을 제공해 창작활동의 진입장벽을 낮추고, 창작물에 대한 보상 시스템을 마련하는 것과 같은 실험적 형태의 플랫폼 생태계를 구축하여 이용자들의 참여에 강력한 동기를 부여한다. 메타버스 이용자들이 만들어 가는 새로운 사회에서 인간 사이의 소통 및 관계의 형성과 지속, 발전이 어떠한 양식으로 이루어질지, 이러한 소통과 관계의 양식이 기존에 우리가 알고 경험해 오던 그것과 어떻게 같거나 다를지, 그리고 궁극적으로 이러한 요소들이 우리 현실 세계의 인간관계에 얼마나 중요한 영향을 미칠지, 우리 소통과 관계의 미래 가능성에 대한 수많은 물음표가 생겨나고 있는 것이다.

(2) 메타버스와 감정

새로운 기술에 대한 이용자의 감정 경험은 보통 해당 기술이 자신에게 도움이 될지, 아니면 해가 될지에 대한 인지적 평가에서 비롯한다(Beaudry & Pinsonneualt, 2010). 메타버스에 대한 이용자의 반응도 마찬가지다. 버드리와 핀소넛은 새로운 정보 기술을 사용할 때 이용자가 경험하는 정서를 범주화하는 이론적 틀을 제안했다.

첫 번째 범주는 "성취"로, 만족, 즐거움, 쾌락, 안도, 행복과 같은 감정들이 포함된다. 이용자들이 새로운 정보기술 적용을 기회라고 여기며, 이 기술 사용의 결과에 대해 통제권이 적을 때 발생한다.

두 번째 범주는 "도전"이다. 도전에는 흥분, 희망, 플로우, 각성과 같은 감정이 포함되고, 이용자가 해당 정보 기술의 적용을 잠재적 기회라고 여기며 결과가 통제 가능할 때 발생한다.

세 번째 범주는 "손실"이다. 손실에는 분노, 불만족, 실망, 역겨움, 짜증, 당혹과 같은 감정이 포함된다. 이용자가 새로운 정보 기술을 위협이라고 지각하고, 통제 가능성도 제한적일 때 이러한 감정들을 경험한다.

마지막 범주인 "지연"에는 불안, 공포, 걱정, 고통 등이 포함된다. 이용자가 새로운 정보 기술을 위협이라고 받아들이면서도 기술 사용의 부정적 결과를 통제할 수 있다고 믿을 때 경험하는 감정들이다.

메타버스는 기능적으로 흥미와 같은 쾌락적 가치를 수반한다. 이러한 특성이 대표적이므로, 메타버스 자체와 메타버스 플랫폼이 지닌 속성에 대한 이용자의 감정적 반응을 살펴보면 전반적으로 높은 흥미가 보고되고 있다. 대표적인 메타버스 플랫폼 제페토의 이용자 경험 연구(이준희·이보아, 2022)에 따르면, 이용자들은 메타버스라는 매체에 단순한 호기심으로 접근했으며, 아바타 꾸미기 및 커스터마이징에서 재미와 즐거움을 느꼈다. 연구자들에 따르면 이용자들은 아바타를 만들어 타인과 소통하는 것에 즐거움을 느끼지만, 대다수의 설문 참여자가 계정을 만든 후 거의 이용하지 않았다는 점에서, 자기표현성이 수반하는 즐거움이 지속적인 이용 행동으로 이어지지 않을 수 있음을 보였다.

이처럼 단순한 흥미는 이용자의 인지적 평가나 그에 기인한 미래 행동을 예측하지 않기에, 이용자의 복잡한 감정 반응을 눈여겨보아야 한다. 더욱이, 메타버스 기술이 자신에게 이롭거나 해가 될 것이라는 이용자의 판단에 결정적인 영향을 미치는 것이 무엇인가에 대한 이해도 필요하다.

1) 교육 및 비즈니스에 적용된 메타버스와 이용자의 심리적 반응

메타버스의 활용이 게임, 교육, 의료, 패션, 여행, 엔터테인먼트 등 다양한 영역으로 확장되고 있는 가운데, 메타버스 공간에서 이용자가 느끼는 감정에 대한 연구는 부족할 뿐 아니라 단편적이다. 먼저 교육 현장에서 수행된 연구에 따르면, 메타버스는 협력학습을 촉진하기에 적합한 환경을 제공하므로 교육자와 학습자에게 실재감을 비롯한 긍정적인 반응을 불러일으킬 수 있다. 예컨대 게더타운에서 다양한 활동을 통해 중학생에게 말하기 중심의 영어 학습을 진행한 뒤, 학습자에게 설문 조사를 수행한 연구(이상민·안태연, 2022) 결과, 학생들은 메타버스와 영어 학습에 대해 높은 흥미를 경험했고, 메타버스상에서 인간(동료 및 교육자)과의 상호작용과 활동을 통해 자신감이 높아짐을 경험했다. 그러나 영어 말하기에 대한 불안감은 여전히 40%를 넘었기에, 메타버스 환경에서의 학습이 발화 불안감을 낮추는 데에는 효과적이지 못했다고 해석되지만, 게임 기반의 학습 맥락에서 메타버스 사용은 학습 동기와 소통 기술을 향상시킨다는 연구 결과도 존재한다(Estudante & Dietrich, 2020). 이 밖에도 메타버스에서의 상호작용이 학습자의 흥미와 관심을 유지시켜 몰입이나 학습 실재감을 향상시킨다는 결과도 종종 보고되었다(노효련, 2011; 변은희, 2020).

교육 현장을 떠나 커머셜에서 사용 중인 메타버스 이용자 경험에 대한 연구에서도 이용자의 즐거움과 같은 요인에서 유사한 결과가 나타났다. 구체적으로, 몰입과 즐거움은 물건을 고를 때의 이용자 만족감에 영향을 미쳤지만, 이용자 만족감이 물건 구매 의도를 예측하지는 못했다(Papagiannidis et al., 2013). 종합하면, 메타버스 이용자는 메타버스의 속성 또는 상호작용 경험으로 인해 흥미를 경험하지만, 흥미가 실제 행동이나 성취에 미치는 영향은 일관적이지 못하고 혼재되어 있다.

대다수의 연구가 이용자를 대상으로 한 설문조사 결과에 의존하고 있는 가운데, 몇몇 연구자들은 메타버스 이용자의 심리 상태를 확인하기 위해 이용자의 눈 깜빡임을 추적했다. 눈 깜빡임은 불안 수준, 혼란, 자신감 등을 반영할 수 있어 해석을 주의해야 하나, 향후 연구 방법으로 주목할 만하다. 대표적으로 배리 등의 연구(Barry et al., 2015)에서는 메타버스상의 가상 수업 환경에서 학생들에게 2개의 수학 문제를 주었고, 학생 이용자와 연동된 아바타의 눈 깜빡임을 추적했다. 그 결과, 수학 문제의 난이도가 높아졌을 때 아바타가 눈을 더 많이 깜빡였다는 것을 확인할 수 있었다. 연구자들은 학생들의 눈 깜빡임을 더 높은 결과를 성취하기 위한 태도로 해석했다.

스웨덴에서 수행된 한 연구(Karlsson & Shamoun, 2022)에서는 11명의 직장인을 대상으로 원격 근무에 대한 태도를 중심으로 면접을 진행하였는데, 대다수의 피면접자들은 동료와의 관계 및 소통이 원격 근무로 인해 영향을 받았다고 답했다. 이들에 따르면, 대면 회의가 이루어지지 않아 외로움을 느꼈을 뿐 아니라 동시적으로 소통하는 것에 어려움을 느꼈다. 또한 회의를 진행할 때 발생하는 동료, 고객 및 기타 이해 관계자들과의 소통으로 인해 온전히 일에 집중하는 것이 어려워졌다. 메타버스에 대해 직접적으로 질문했을 때에도 대다수의 피면접자들은 친숙하지 않다고 답했다. 그러나 몇몇은 메타버스가 새로운 소통 채널이 될 것이라 예측했고, 메타버스상에서 이뤄지는 회의, 워크숍, 발표들이 더 효율적일 것이며, 회의에 포함된 듯한 느낌, 즉 모두가 한자리에 있는 듯한 느낌을 받았다고 응답했다(Karlsson & Shamoun, 2022).

2) 메타버스에서의 사회적 관계가 가져오는 충족감

그렇다면 현실 세계에서의 관계와 메타버스 내에서 사람들 간의 사회적 관계는 서로 어떤 차이가 있을까? 사람들은 현실의 사회적 관계에서 더 높은 친밀감을 경험하며, 메타버스에 시간을 많이 투자할수록 메타버스 내 이용자들과도 높은 친밀감을 경험했다(이현정, 2021). 사회적 관계에 대한 지각을 측정하는 문항들을 보다 면밀히 살펴보면, 메타버스 이용자들은 전반적으로 메타버스 내 공간에서 자신을 드러내고자 하는 의도가 낮았지만, 대화를 통해 재미를 느꼈고, 기분이나 감정을 공유했으며, 고독감이 감소하는 것을 경험했다.

또 다른 연구에서는 메타버스(제페토)에서의 지지적인 상호작용은 사회적 자기 효능감을 높여 고독감을 낮추는 데에 기여한다고 밝혔다(Oh et al., 2020). 구체적으로, 메타버스에서 다른 이용자들과 상호작용할 때 긍정적인 경험을 할수록 사람들은 현실의 삶에서 다른 사람들과 사회적인 관계를 형성하는 것에 더 높은 자신감을 보였다. 아바타 작동을 통해 언어적·비언어적 소통을 할 수 있는 메타버스 내 공간에서의 소통은 현실의 소통과 더 닮았다. 따라서 사람들이 성공적인 사회적 경험 축적을 통해 사회적 자기 효능감이 높아진다는 기존의 연구 결과들(Bandura et al., 1999)과 유사한 결과가 나왔을 가능성이 있다.

3) 메타버스의 새로운 가능성: 사회적 VR의 감정 유도

사회적 VR은 메타버스 기술 중 가장 대표적인 유형으로, 이용자에게 새로운 형태의 경험적 가치를 선사한다. 매우 현실적인 3차원 환경에서 이용자들은 게임, 활동, 콘퍼런스 등에 참여하고, 영화를 보고, 파티를 열고, 동료들과 협업할 수 있다(Freeman & Maloney, 2021). 이용자를 에워싸는 듯한 VR 공간 속에서 이용자들은 실제 몸의 움직임이나 목소리가 메타버스 공간에서 그대로 구현되는 것을 경험하게 되는데, 이러한 환경은 높은 사회적 실재감을 생성하기 때문에 다양한 감정이 유도될 수 있다.

그러나 VR 기술은 그 기술적 특징으로 인해 부정적 감정 및 평가도 가져오는 것으로 알려져 있다. 예를 들어 라보이 등에 따르면, 어지러움, 구역감, 두통, 눈의 피로와 같은 기술적인 문제는 VR에 관한 평가에 부정적인 영향을 미쳤다.(Lavoi et al., 2021) 그러나 기술적인 특징 이외에도 가상환경 속에는 종종 가치와 규범이 내재되어 있기 때문에 사회적 요인 역시 다양한 감정적 반응을 불러일으킬 수 있다.

뿐만 아니라 사회적 VR에 힘입어 더욱 강렬해진 개별 감정 경험은 구체적인 행동을 예측하기도 했다. 예컨대 분노나 역겨움과 같은 감정은 기피 또는 예방적 행동을 유발했다. 수와 동료들의 연구는 흡연 행동과 관련한 VR 시뮬레이션이 이용자에게 특정 감정을 유발하고, 이 감정들은 장단기적 행동에 영향을 미침을 밝혔다(Xu et al., 2023). 연구자들은 영상 속 캐릭터가 흡연할 때 시각화된 유해성분이 참여자에게 퍼지는지(VR-자신 조건)와 영상 속 다른 캐릭터에게 퍼지는지(VR-타인)를 조작하여 조건에 따른 감정, 담배에 대한 흥미 수준, 타인 설득 의향을 측정했다.(〈그림 4〉). 그 결과 VR-자신 조건에 참여한 참여자들은 공포, 역겨움, 분노와 같은 감정을 가장 강력하게 경험했다. 또한, 측정한 감정 중에서는 역겨움이 흡연하는 타인을 설득하고자 하는 의지를 가장 크게 향상시켰다. 예를 들어 VR-타인 조건에 참여했던 연구 참여자들은 실험 1주일 이후에도 흡연하는 타인에게 가까운 곳에서 흡연하지 말아 달라고 부탁하기도 했다.

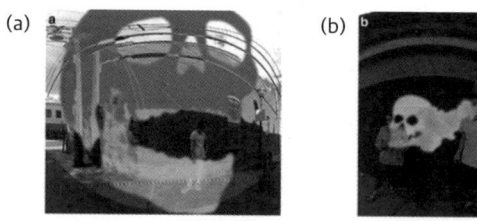

그림 4. 가상현실에서 VR-자기와 타인의 실험
    (a) VR-자기 조건에서 유해물질이 연구 참여자에게 접근하는 장면
    (b) VR-타인 조건에서 유해물질이 타인에게 접근하는 장면

연구에 따르면 사회적 VR 기술이 접목된 가상 환경에서 이용자들은 '도전,' '지연,' '상실' 범주에 해당하는 다양하고 양가적인 감정들을 경험한다(Suh, 2023). 그러나 그중에도 '도전(예: 흥분, 희망, 플로우, 각성)'이 가장 현저한 감정 범주였다는 점은 이용자들이 사회적 VR 기술이 접목된 메타버스를 기회로 여기며, 이 기술이 사용되었을 때 가져올 결과를 통제할 수 있다고 믿는다는 것을 뜻한다. 이러한 결과는 메타버스의 적용과 확장을 앞두고 있는 현 시점에서 상당히 시사하는 바가 크다.

오늘날 메타버스 이용자들은 아바타의 형태로 다른 아바타와 소통하고, 필요한 정보를 얻거나 콘텐츠를 향유한다. 메타버스에서 나오는 순간 교실, 회의실, 공연장에서 나오는 듯한 느낌을 받는 것이다. 이처럼 메타버스는 그 활용 가능성이 무궁무진하지만, 그럼에도 여전히 원거리의 이용자들이 소통할 수 있는 가상 공간 정도로 활용되고 있다. 대면보다는 못하지만 전화 통화보다는 나은 듯한 인상을 남기는 것이다.

그러나 앞서 소개한 바와 같이 VR 기술은 마치 실제로 경험한 듯한 강렬한 감정을 불러일으키고, 이 감정은 적극적인 행동 교정 개입 효과를 가진다. 따라서 미래의 메타버스에서는 더 구체적인 교육 및 치료에 효과적으로 적용할 수 있을 뿐 아니라, 그 결과 메타버스에서 시작된 변화가 실제 세상에서도 유지될 수 있을 것으로 보인다.

(3) 메타버스와 관계

1) 메타버스 활용 영역과 관계 요소

　메타버스 환경은 궁극적으로 이용자들의 실재감Presence와 몰입감Immersion을 극대화하여 사람들이 가상 세계와 물리적 현실 세계의 차이를 크게 느끼지 못하는 수준에까지 이르는 것이 목표이다. 이를 위해 사람들이 느끼는 시각적 입체감을 정교화하기 위한 3D 기술이나, 보고 듣는 것을 넘어 가상의 사물을 실제로 만지는 것과 같은 촉각적 감각을 생성하는 햅틱 기기 개발 등 증강현실, 가상현실, 혼합현실과 같은 실감형 기술이 급속도로 발전하고 있는 상황이다(Dionisio, III, & Gilbert, 2013; Hendaoui & Limayem, 2008; Noghabaei, Heydarian, Balali, & Han, 2020).

　다변화하는 기술적 진보와 더불어 게임뿐 아니라 일상 공간, 교육, 업무, 전시, 미디어 등 다양한 사회적 영역에 메타버스를 적용하고 실질적인 활용 방안을 모색하려는 시도들도 지속적으로 확대되고 있다(양기선, 김상훈, & 김정덕, 2018; Choi & Kim, 2017; Alcañiz, Bigné, & Guixeres, 2019; Huang, Rauch, & Liaw, 2010). 특히 코로나 19 시국에 메타버스를 통해 관광지나 문화재를 복원하거나 가상 공간에서 전시회, 박람회 등을 개최해, 비대면 환경이 가져온 삶과 문화의 공백을 메우고자 한 것이 한 예이다. 대학교에서도 메타버스 공간에서 입학식이나 오리엔테이션을 진행하는 사례가 적지 않았고, 메타버스 게임 '포트나이트Fortnite'에서는 케이팝을 대표하는 블랙핑크나 BTS등 유명 아이돌 그룹이 게임 속 가상공간에서 콘서트를 열기도 했다.

이처럼 메타버스를 활용한 새로운 시도가 줄지어 일어나는 가운데, 우리의 일상적 소통과 관계 맺음에 가장 근접한 메타버스 적용 사례는 다른 이용자와의 상호작용을 주목적으로 하는 SNS와 게임 환경을 꼽을 수 있다. 메타버스의 시초로 언급되는 미국 린든 랩Linden Lab의 세컨드라이프Second Life부터 최근 몇 년 사이 급성장한 제페토, 이프랜드ifland와 같은 일상적인 대화와 소통을 위한 소셜 메타버스, 그리고 로블록스나 마인크래프트, 동물의 숲 등 온라인 게임 메타버스가 대표적인 사례이다. 이에 더해 가상 오피스나 가상 교실 등 대규모 인원을 동시 수용하여 교육, 기업, 기타 기관에서 다방면으로 활용될 수 있는 메타버스 플랫폼인 게더타운Gather Town과 젭Zep 등도 있다.

메타버스 세계는 이처럼 실로 다양한 영역에서 급성장하고 있으나, 이러한 메타버스가 사람들 간의 소통과 관계의 본질에 시사하는 함의에 대한 학문적 논의는 아직 미미한 실정이다. 이러한 연구 공백은 비교적 최근에 들어서야 메타버스 기반 서비스들이 디지털 공간의 한 축으로 자리 잡게 된 것이 1차적인 원인이다. 그러나 메타버스가 사람들 간의 진정성 있고 의미 있는 소통과 대인관계 진작에 도움이 되는지 아닌지 확실한 결론을 내릴 수 없는 더 큰 이유는, 우리가 경험하는 메타버스 환경이 단일한 특성을 가진 공간이 아니라는 데 있다.

앞서 언급한 메타버스 사례들만 고려해도 각각의 플랫폼에서 구현하려는 메타버스 세계의 공간Space적 특성, 여기서 일어나는 사건Event과 주된 구성원Resident, 나아가 이들의 공동체Community적 특징 모두가 복잡한 환경적 조건 속에서 다양한 차이를 드러내고 있는 양상이 쉽게 관찰된다(Kaplan & Haenlein, 2009; Forte, Lercari, & Galeazzi, & Borra, 2010; Kim, Lee, & Kang, 2012; Nevelsteen, 2018). 다양한 행위자와 환경적 요소가 유기적으로 상호작용하여 나타나는 각 메타버스 생태계의 고유성은 각 공간에서 이용자 간 소통과 관계의 발전 또한 다양한 양상으로 전개될 수 있음을 암시하며, 이를 온전히 이해하기 위해서는 각각의 플랫폼이 구현하는 메타버스 세계에 대한 이해가 선행되어야 한다.

이에 현재 국내에서 대중적 인기를 얻고 있는 대표 메타버스 서비스인 제페토, 로블록스, 게더타운을 간략히 비교하여 메타버스 이용자가 소통하는 방식과 이들이 만들어 가는 인간관계에 잠재적으로 영향력을 행사할 수 있을 것으로 생각되는 미디어 문화와 산업적 맥락 및 이용자 경험UX 디자인 설계, 이용자 인터페이스UI 기능과 같은 미디어 기술 요소들을 살펴보고자 한다.

우선, 네이버가 개발한 제페토는 2018년 출시 이래 2022년 기준 전 세계 3억 명의 가입자, 2천만 명의 월간 활성 이용자(MAU) (한국기준 DAU: 약 7만 2천 명)를 확보하고 있는 국내의 대표적인 메타버스 플랫폼 중 하나다. '제페토 스튜디오'를 활용해 본인의 아바타를 꾸미기 위한 아이템을 만들 수 있고, '제페토 빌드잇'을 통해 메타버스 세계관인 '맵'을 만들 수 있게 설계되어 있으나, 보통 이용자의 창작활동은 맵보다 아바타 꾸미기에 집중되어 있다.

제페토의 메타버스 환경인 '맵'이나 '월드'는 상업적 제휴를 통해 구축되는 경우가 많으며, 그 정교함과 완성도도 이용자가 생산한 것과는 차이가 있다. 이용자는 여기서 만들어 낸 아바타의 의상이나 소품, 기타 아이템을 제페토 화폐인 '젬'과 '코인'을 통해 거래하여 수익을 창출한다. 본인이 꾸민 아바타로 셀카를 찍거나 숏폼 영상을 만들 수 있고, 제페토 라이브 서비스를 통해 실시간 방송을 진행할 수 있다. 이용자들은 주로 음성과 문자를 기반으로 쌍방향으로 소통하며, 하나의 방에 최대 16명까지 동시 접속할 수 있어 소규모 친목 중심의 플랫폼으로 볼 수 있다. 주 이용자층은 대부분 아동, 청소년에 해당하는 10대이며 블랙핑크, ITZY 등 유명 연예인이 팬사인회를 개최하거나 구찌, 디올, 나이키 등 유명 패션 브랜드들이 입점하여 아바타 의상이나 아이템을 판매하는 등 새로운 비즈니스 모델을 개척하고 있다.

한편 2006년 개발자 데이비드 바스추키David Baszucki와 에릭 카셀Erik Cassel에 의해 교육보조용 소프트웨어에서 영감을 받아 출발한 로블록스는 현재 전 세계 5,880만, 한국 기준 약 42만 명의 일간 활성 이용자DAU를 확보하며 전 세계적인 인기를 누리고 있는 게임 형태의 메타버스 플랫폼이다. 이용자는 '아바타 에디터' 기능을 통해 아바타를 꾸밀 수 있으며, '로블록스 스튜디오'에서 각각의 게임 또는 게임 속 아이템을 제작하거나 게임에 참여할 수 있다.

최근 이용자 반응을 반영해 보다 다양해지기는 했으나 로블록스의 기본 아바타는 오랜 기간 단조로운 레고 모양이었으며, 이용자들의 창작활동은 아바타 꾸미기보다는 게임 및 게임 아이템 창작에 초점을 두고 있다. 이용자 창작 게임이나 아이템은 현금화가 가능한 로블록스 자체 화폐인 '로벅스'로 거래된다. 보통 하나의 게임 서버는 50명의 이용자가 참여할 수 있으며, 역시 음성과 문자 기반으로 쌍방향 실시간 소통이 이루어진다. 통계에 따르면 67%의 로블록스 이용자는 16세 이하이며, 구찌, 나이키, NFL(미국 풋볼리그) 등 패션 및 스포츠 브랜드들도 로블록스 내에 구찌 타운, 나이키랜드 등 브랜드 체험 공간을 마련하거나 'NFL 타이쿤Tycoon' 등 게임을 개발하며 입지를 구축하고 있다.

마지막으로, 미국의 스타트업 게더가 2020년 서비스를 시작한 게더타운은 전 세계에 400만 명의 이용자를 확보한 메타버스 서비스로, 최대 500명까지 동시접속 이용자를 수용할 수 있어, 많은 기업이나 기관에서 교육, 설명회, 기업홍보 등 행사, 가상 오피스 등의 용도로 인기를 얻고 있다. 앞선 제페토와 로블록스가 3차원 기반 그래픽 환경으로 모바일에서도 최적화된 운용이 가능하도록 설계된 반면, 게더타운은 2D 기반으로 웹 브라우저를 통해서만 원활하게 이용할 수 있다. 2D 기반인 만큼 아바타나 메타버스 공간의 개성적이고 실감나는 표현에는 제약이 있지만, 기본적으로 화상 회의 기능을 도입하고 음성 및 화상 표현에서 원근감을 살려 실재감을 더하는 특징이 있다. 즉, 이용자와 마주 보고 대화하는 상대방의 목소리가 보다 뚜렷하게 전달되고, 오직 근처에 있는 이용자들만 화면에 비친다. 물리적인 공간감을 구현해, 메타버스 공간 내에서 나와 상대방의 물리적 거리가 가까워질 때 자동으로 화상과 음성이 연결되어 효율적으로 소통할 수 있는 것이 특징이다.

이처럼 플랫폼이 설계하는 메타버스 '콘셉트'와 창작 환경(아바타-세계관, 상업/제휴-오픈), 개인적 이용이나 공적 이용, 소규모 친목이나 게임 등 메타버스 사용 목적과 참여자 수, 소통 방식 등 상호작용 관여 요소 등은 메타버스 세계를 인식하고 경험하는 방식에 영향을 미치며, 이러한 인식과 경험의 차이는 결국 메타버스 참여 구성원 사이의 소통과 관계 양식에서의 차이로 귀결될 가능성이 크다.

2) 메타버스와 멀티 페르소나

메타버스 환경에서 인간관계를 만들어 갈 때는 자신의 모습을 그대로 사용하지 않는다. 화상 회의 시스템과 같이 카메라를 이용하여 자신을 실제로 드러내는 경우도 있지만, 이는 매우 제한적인 경우이고, 대개는 아바타라는 또 다른 자아를 이용하여 소통하는 것이 기본이다. 이러한 메타버스 환경은 멀티 페르소나Multi Persona를 자연스럽게 생성하고 관리하게 하였다.

이러한 멀티 페르소나 창출에 관심을 가지게 되는 이유는 무엇인가? 가장 현실적인 측면은, 스스로가 규정하고 만든 것이 아니라 외부로부터 부여된 현실의 페르소나Persona로부터 자유롭고 싶기 때문일 것이다.

"대학생을 위한 스터디원 모집"

"30대 직장인을 위한 자기 개발 모임"

"40대를 위한 건강 주스 판매"

이용자가 굳이 등록하거나 찾아 들어가지 않아도 SNS나 포털 사이트에서는 이용자의 정보를 바탕으로 맞춤형 광고를 제공한다. 이는 이용자가 온라인 공간에 남긴 데이터가 곧 이용자 정체성의 일부가 되어 광고 선정을 돕기 때문이다. 그러나 때로는 이렇게 형성된 정체성이 되려 자유를 억제한다는 느낌을 주기도 한다.

"50대 아저씨가 찢어진 청바지는 너무 안 어울리잖아!"
"20대가 너무 꼰대 마인드를 가진 건 아니니?"
"10대는 게으르면 미래를 준비할 수 없어!"

무심코 하는 생각과 듣는 말들로 사회적 정체성의 페르소나가 결정되고, 이는 우리의 행동을 통제한다. 이러한 현실 세계를 벗어나 새로운 자아로 살고 싶은 욕구는 현실의 공간을 떠나 이방인이 되는 것으로 충족되기도 한다. '지금의 나'와 나를 아는 사람들 속에서 벗어나 새로운 '나'를 만들고 싶은 욕망은 메타버스라는 플랫폼을 통해 다양하게 실현할 수 있는 기회를 얻게 되었다.

사회에서 사람들이 상호작용을 통해 관계를 맺고, 사회적 맥락에 맞게 타인과 구분되는 자기Self를 형성하듯이, 디지털 사회인 메타버스는 온라인으로 재편된 문화 안에서 자신의 다양한 페르소나를 드러내고 상호작용한다. 이러한 메타버스의 특징은 개인이 타인과 소통하는 데 있어 멀티 페르소나의 가능성을 열었다(이경은·장동련, 2022: 247).

'가면'이라는 어원을 가진 페르소나는 흔히 정체성의 관점에서 논의된다. 다양한 인간의 정체성 가운데, 고프만의 입장에서는 사회적인 가면이며, 융의 입장에서는 내면적 자아를 외부 세계와 연결할 수 있는 외적인 정체성, 즉 사회라는 외부 세계에 적응하기 위한 행동 양식을 의미한다. 마셜과 바버는 이와 같은 융, 고프만, 푸코 등의 논의를 수용하여 개인과 사회 사이의 관계에서 다양한 형태의 공공 정체성을 구축하고 구성하는 관행과 사회적 환경에서 정체성 및 인상관리를 통한 개인의 성과 관리를 설명하기 위한 행위로 페르소나를 정의하였다(Marshall & Barbour, 2015).

페르소나는 또한 개인이 여러 역할을 수행하고 개인과 사회적 영역 간의 연결을 협상할 수 있도록 하는 전략적 의사소통의 형태이기도 하다(윤종호, 2018). 이에 온라인에서 페르소나는 전략적으로 자신을 구성하여 네트워크에서 중재된 형태의 자신으로 참여하고, 영향을 미치고, 유리하게 사용할 수 있다(Barbour, Marshall, & Moore, 2014)는 특징이 있다.

메타버스는 온라인 세상에서 내가 쓰고 사용하고 싶은 페르소나를 선택할 수 있다는 점에서 새로운 시도가 된다. 이지혜와 주정민은 이러한 메타버스에서 다양한 아바타를 통해 멀티 페르소나를 표출하는 사람들의 심리를 사회학적 이론인 상징적 상호작용의 관점에서 설명한다(이지혜·주정민, 2022). 사회학이나 커뮤니케이션학에서 설명하는 개인은 자신을 '사회적 대상'으로 바라볼 때, 즉 다른 사람이 보는 자신을 상상할 때, 자신의 행동을 지각하게 된다는 것이다. 이는 개인의 자아 정체성이 다른 사람과의 상호작용을 통해 형성됨을 의미하며, 이러한 상호작용에는 커뮤니케이션이 중심이 된다(신유리, 2021). 익숙한 현실의 사람이 아닌 새로운 세상, 특히 메타버스라는 가상의 공간에서 새로운 사람들과 소통하고자 하는 이용자는 주로 아바타를 활용하여 자신의 다양한 페르소나를 창출하고 이용하며 소통하는 특징을 가지고 있는 것이다.

그렇다면 메타버스에서 아바타를 통해 멀티 페르소나를 이용하는 이유는 무엇일까?

이지혜·주정민의 연구(2022)에서 메타버스에서 아바타를 통해 정체성을 형성하는 사람들의 페르소나 선택 이유에 대한 대답을 다양하게 확인할 수 있다. 이 연구는 메타버스 공간(제페토) 안에서 자기 정체성을 구성하는 방법을 질적 연구를 통해 '이상향의 나', '현실의 나', '제3의 인물'의 세 가지 범주로 나누었다.

'이상향의 나' 범주의 대상자들은 현실에서 실현하고 싶은 모습이나 행동을 제페토에서 실현함으로써 자신이 되고 싶은 이상적인 자기 정체성을 구성하고자 했다. 자신이 원하는 얼굴이나 체형, 스타일을 구현하거나 현실에서는 도달하기 힘든 목표를 쉽게 달성해 나가며 자신이 이상적으로 생각하는 이상향의 자기 정체성을 구성하고 있었다. 이들은 단순히 외면적으로 이상적인 아바타를 꾸미고 행동하기보다는 자신의 기준과 취향을 반영해 '내가 되고 싶은 나'의 모습을 아바타에 반영하는 것이다.

다음으로 '현실의 나' 범주 대상자들은 제페토에서 현실 공간과 다를 바 없는 자기 정체성을 구성하고 있다고 답변했다. 이들은 실제로 자기 자신과 거의 비슷한 모습을 메타버스에서 재현하고 있으며, 말투나 행동도 현실과 크게 다를 것이 없다고 답했다. 이들이 이러한 아바타를 구현하는 것은 제페토를 이용하는 사람이 자기 자신이기 때문에 당연히 자신이 투영될 수밖에 없기 때문이라는 것이다.

마지막으로 '제3의 인물' 범주의 응답자들은 제페토 내에서 자기 정체성을 구성하거나 투과하려는 의도가 없다고 답했다. 이들 중에는 '이상향의 나' 범주의 대상자들처럼 아바타를 자신이 생각하는 이상적인 모습으로 구성하는 경우도 있었으나, 이러한 행동이 자기 정체성의 반영이라기보다는 '인형놀이'와 같다고 답했다. 제페토에서 활동하는 것은 자신이지만, 아바타를 통해 자신과는 전혀 관련이 없는 '제3의 인물'을 설정하고, 인형놀이를 하듯 플레이한다는 것이다.

이러한 세 유형은 메타버스라는 공간에서 타인과 소통하는 목적을 어떻게 두는지에 따라서도 서로 다르게 나뉜다. '이상향의 나' 유형은 선별적 자기노출을 통한 자신의 재구성일 뿐 아니라, 현실에서 만들 수 없는 자신에 대한 도전적 실현이기도 하다. 이러한 새로운 페르소나를 가지고 사람들과 교류하면서 현실의 커뮤니티와 다른 커뮤니케이션과 교류를 경험할 수도 있다. 이러한 효과는 사실상 '제3의 인물' 범주도 마찬가지이지만, '제3의 인물' 범주는 자기 정체성을 투영하려는 의도가 없었다는 점에서 자신과 다른 새로운 삶에 대한 단순한 경험을 욕망하는 행위라 볼 수 있다. 예를 들어, 여자인 이용자가 남자 캐릭터를 선택하는 것은 '이상향의 나'일 수도 있지만, 단순히 여자로서 타인에게 인식되는 고정관념이 어떤 것인지 실험해 보기 위한 '제3의 인물' 범주가 될 수도 있는 것이다.

메타버스 공간에서 '현실의 나'의 모습을 실현하는 것은 현실 확장의 의미를 가진다. 메타버스는 현실과 완전히 분리된 교류만을 하는 곳이 아니기 때문에, 가상의 관계가 현실의 관계로, 현실의 관계가 가상의 관계로 호환된다는 점에서 이러한 선택은 가상 세계인 메타버스를 현실의 확장으로 활용하고자 하는 의도로 해석된다.

이지혜·주정민의 연구(2022)에서 또 하나 중요한 점은 고프만의 인상관리 이론에서 무대공간인 전면과 개인의 공간인 후면 중 메타버스 공간이 어디에 해당되는가를 확인한 것이다. 그 결과 전면을 선택한 응답자의 특징은 지속적으로 의사소통하는 타자가 메타버스 안에 존재한다고 보았다. 메타버스를 전면과 후면의 공간으로 모두 사용한다고 대답한 응답자들도 전면과 후면에서 마주하는 대상이 달랐고, 후면에서는 전면처럼 인상관리를 하지 않는 특징을 보였다.

다양한 페르소나를 가지고 메타버스에 참여하고자 하는 이유는 궁극적으로 다양한 사람과 다양한 목적으로 소통하고 싶기 때문일 것이다. 메타버스의 소통 특징은 현실 세계의 소통을 보완하기도 하고, 반영하기도 한다. 그 소통의 모습이 과시, 위로, 재미 등 다양한 형태를 가지기는 하지만, 궁극적으로는 소통의 욕구가 그 시작이 된다.

"그냥 진짜 소통하고 싶어서요, 현실이랑 똑같은 사람이니까 저는 그냥 게임에서 말투도 현실 말처럼 비슷하게 써서, 목적은 게임을 하고 즐기기 위해서지만 과정에 소통이 들어간 거예요."

"이건 누구한테 말을 할 수 없는 고민이니까 친구한테 말하기에도 뭔가 애매하고 그렇다고 해서 부모님한테 말하기도 더 잔소리만 들을 것 같고 약간 그런 고민들. 근데 그런 건 이제 익명성 안에 숨어서 솔직하게 말할 수 있고 냉정하게 대답이 돌아올 때도 있고, 위로가 돌아올 때도 있잖아요."

- 메타버스 이용자 인터뷰 내용 중(박현아, 2022)

멀티 페르소나를 활용해 소통하는 메타버스 공간에서 사실상 현실과 같은 언어만을 사용할 것이라고 예상하기는 어렵다. 메타버스 공간에서 커뮤니케이션을 위한 언어 특징을 살펴보면, SNS에서 나타나는 다양한 언어적·비언어적 교류의 양상이 동일하게 나타난다. 그러나 특징적인 것은 아바타를 이용한 프로필을 작성하고, 다양한 언어를 선택하여 자신의 정체성을 구성한다는 점이다. 이후 커뮤니케이션을 위해 다른 아바타와 만났을 때 외모를 통해서는 국적을 가늠할 수 없기 때문에 나라, 연령, 언어 등을 먼저 확인하는 질문이 선행된다. 이러한 질문 후 자신과 언어가 동일하지 않을 경우 영어를 중간어로 활용하거나, 번역기 등을 활용한 디지털 중간어를 선택하여 현실에서 넘기 어려운 언어 장벽에 대해서도 다소 가볍게 접근하는 모습을 보여 주기도 한다(신유리, 2020). 이러한 언어 사용 특징 또한, 현실에서 언어나 지역의 한계가 장벽이 되어 다양한 사람들과 만나지 못하는 문제를 극복하고자 하는 노력과 시도에서 시작된 것이라 할 수 있다. 이것이 이용자에 의해 의도되었건 아니건 메타버스라는 플랫폼이 가진 기술적 가능성이 이용자가 인지하거나 하지 못한 다양한 소통의 장벽을 해소해 주고 자유로운 교류와 커뮤니케이션을 도전하고 누리게 한 것이다.

메타버스가 말 그대로 현실을 넘어선 세상임은 분명하다. 현실에서 넘을 수 없는 언어, 성별, 직업, 지역 등의 다양한 한계를 넘어설 수 있는 세상인 것이다. 앞선 연구들에서 아바타를 통한 가상 공간 활동이나 관계성은 이용자 자신을 투사한 것과 같은 효과를 내는 것을 말하기도 하고(Wolfendale, 2007; Hooi & Cho,

2014), 반대로 이용자가 아바타를 통해 한 행동이 이용자의 자기 정체성, 자기인식과 감정에 영향을 끼친다는 연구도 있었다 (Greitemeyer & Osswald, 2010; Yoon & Vargas, 2014). 이러한 연구 결과는 메타버스 이용자들이 멀티 페르소나를 실현함으로써 자신의 한계를 극복하기도 하지만 오히려 현재의 정체성을 혼란스럽다거나 부정적이라고 느낄 수 있음을 보여 준다.

아직은 메타버스 이용자가 10% 수준(컨슈머인사이트 2022년 상반기 조사)으로 모수가 적어 메타버스에 대해 다양한 연구를 수행하기는 어렵다. 그러나 메타버스가 멀티 페르소나 구현의 장이라는 점에서 현대인이 욕망하는 다양한 페르소나의 관점을 이해하고, 현실의 자기 정체성에 긍정적인 영향을 미칠 수 있는 방법이 무엇인가에 대한 다양한 연구가 시도되어야 할 것이다. 뿐만 아니라, 메타버스 이용이 인간관계에 미치는 영향에 대해서도 관심을 가져야 할 것이다.

4

통번역 기술의 발달과 문화 간 접촉

(1) AI 통번역 기술의 발달

기계 번역機械飜譯, Machine Translation은 컴퓨터를 사용하여 인간이 사용하는 자연 언어 A를 컴퓨터가 다른 언어 B로 번역하는 일을 말한다. 통상적으로 '자동 번역'이라고도 한다.

현대에 와서 기계를 통한 통번역의 역사는 1949년 미국의 수학자 워런 위버Warren Weaver가 제안하였고, 이를 기점으로 1950년대에 들어서며 본격적인 연구가 시작되었다.

> 번역의 문제가 암호해독의 문제로 취급될 수 있는지 당연히 궁금해집니다. 나는 러시아어로 된 기사를 볼 때 이렇게 말합니다. "이것은 실제로 영어로 쓰여졌지만 이상한 기호로 코딩되어 있습니

다. 이제 디코딩을 진행하겠습니다."

— 1947년 3월 4일, 워런 위버가 노버트 위너에게 쓴 편지에서[2]

워런 위버는 1947년 3월 인공두뇌학 학자이던 노버트 위너에게 보낸 편지에서 자연언어 간 문서를 번역하기 위해 디지털 컴퓨터를 사용할 가능성을 처음 언급하였다. 그 이후 최근까지 기계 번역이라는 용어를 사용하고 있는데, 1950년대 냉전 속에서 MIT대학과 조지타운대학, IBM 등이 협력하여 기계 번역을 시작하였고, 초기에는 이에 대한 기대가 매우 높아 단기간에 언어 장벽이 사라질 것으로 전망했다. 그러나 2015년 이후 신경망 기반 기계 번역Neural Machine Translation이 등장하기까지 다양한 시도를 했지만 사용 가능한 수준까지는 이르지 못했다. 다음은 기계 번역의 간단한 역사를 정리한 표이다.

1세대 기계 번역	2세대 기계 번역	3세대 기계 번역
1950~1980년대	1990~2010년대 초반	2015년 이후 ~
규칙 기반 기계 번역	통계 기반 기계 번역	인공 신경망 기반 기계 번역
언어의 구조와 문법을 바탕으로 규칙을 만들어 번역하는 방법.	원문과 번역문의 병렬 말뭉치를 이용해 단어나 구문의 빈도수 등 통계 모델을 학습하여 번역하는 방법.	실제 인간의 사고 방식을 모방하여 기계가 문장의 의미를 이해한 정보를 기반으로 번역하는 방법.

표 10. 기계 번역의 역사

---

[2] Hutchins, John. "From First Conception to First Demonstration: the Nascent Years of Machine Translation, 1947-1954." *A Chronology, Machine Translation*, Vol. 12, No. 3, 1997, pp. 195~252(58 pages), Springer.

인공지능을 활용한 통번역 기술의 급속한 발전

신경망 기반 기계 번역은 임베딩 기술을 활용해 입력 문장을 벡터 형태로 변환하는 부분인 인코더Encoder와 출력될 번역문 문장을 생성하는 부분인 디코더Decoder로 구성된다. 디코더에선 구조화된 의미를 담고 있는 벡터 형태의 원문 정보를 사람이 이해할 수 있는 번역문으로 출력할 수 있도록 신경망을 활용한다.

    2017년 구글이 발표한 논문인 "Attention is all you need"에서 나온 '트랜스포머Transformer' 모델은 기존의 seq2seq[어떤 시퀀스(Sequence, 연속된 데이터)들을 다른 시퀀스로 맵핑(Mapping)하는 알고리즘]의 구조인 인코더(입력부)-디코더(출력부)를 따르면서도, 논문의 이름처럼 어텐션Attention만으로 구현한 모델이다. 이 모델은 RNN을 사용하지 않고 인코더-디코더 구조를 설계하였는데도 번역 성능에서 RNN보다 우수한 성능을 보여 주었다.

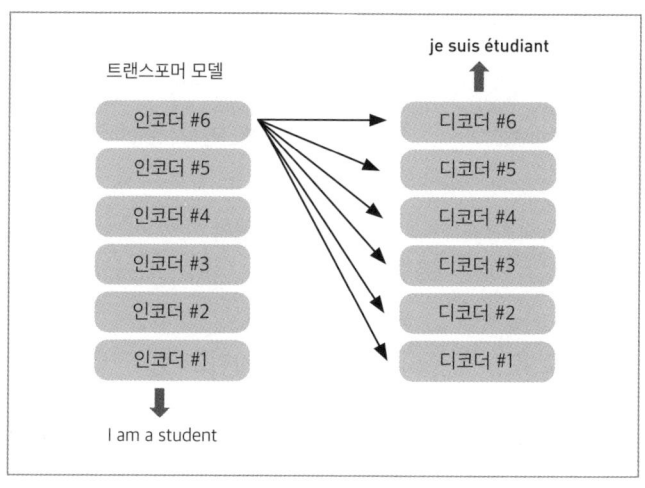

표 11. 트랜스포머 모델의 알고리즘

셀프-어텐션 방식

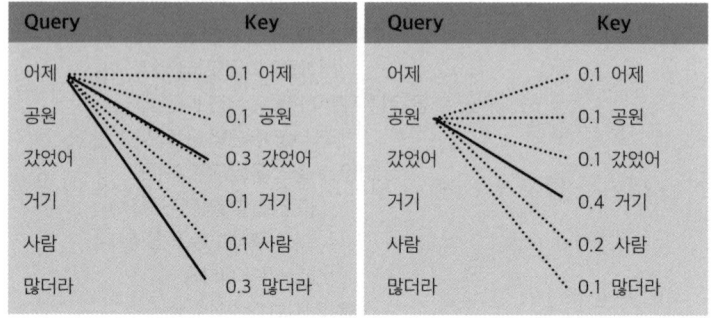

인코더

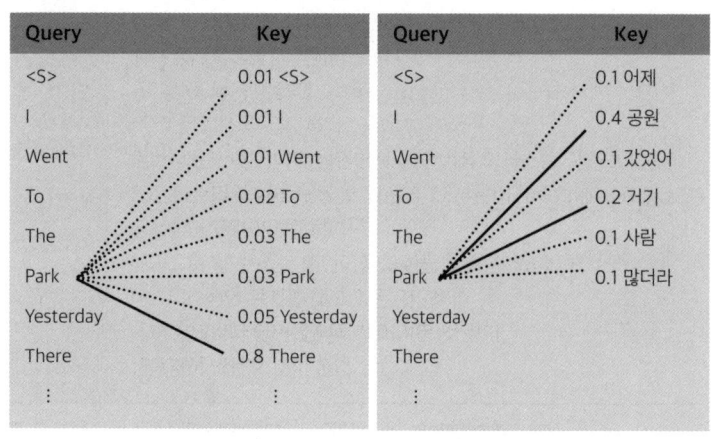

| 타깃 문장의 셀프 어텐션 | 소스-타깃 문장 간 셀프 어텐션 |

디코더

표 12. 트랜스포머 모델은 이런 방식으로 말뭉치 전체를 훑어 가면서 반복 학습하여 문장 내 토큰 간의 연관성을 찾아낸다.

'트랜스포머'는 일종의 데이터 번역기라고 할 수 있다. A언어로 쓰인 어떤 문장이 트랜스포머로 입력되면, 여러 개의 인코더 블록과 디코더 블록(논문에서는 각각 6개)을 통과하여 B언어로 쓰인 같은 의미의 문장으로 출력되는 것이다. 논문의 제목에 나오듯이 트랜스포머에서 가장 중요한 개념은 '어텐션'이라고 할 수 있다. 어텐션은 인풋 데이터Input Data의 특정 부분Time Step이 중요하다는 가중치를 부여해 주고, 그 수치들을 같이 아웃풋Output으로 넘겨 준다. 그러면 아웃풋 시퀀스를 생성해 내는 매 부분마다 이전 인풋 단계들을 참고해서 아웃풋을 생성한다.

대형 언어모델 LLM과 생성형 AI의 등장

인공지능의 3대 구성 요소는 데이터, 알고리즘, 컴퓨팅 파워이다. 이 세 가지가 골고루 발전해야 인공지능의 성능이 향상되는 것이다. 미국의 OpenAI는 2018년부터 LLMLarge Language Model을 통해 거대한 데이터로 학습한 인공지능 모델을 발표하였고, 이를 통해 통번역 분야도 새로운 전기를 맞이하게 된다. 1990년대 이후 전 세계가 인터넷을 생활 도구처럼 사용하게 되면서 언어 자료의 디지털화가 가속되었고, 인공지능 학습용 데이터를 수집하기 용이한 환경이 만들어졌다.

다음은 OPenAI와 다른 인공지능 기업들의 거대 언어모델의 규모이다.

구분	GPT-1	GPT-2	GPT-3	GPT-3.5 (Instruct GPT)	챗GPT	GPT-4
출시일	2018.6	2019.2	2020.6	2022.1	2022.11	2023.3.15
매개변수	1.17억 개	15억 개	1,750억 개	1,750억 개	1,750억 개	미공개 결정
학습데이터	10G	40G	45TB	45TB	45TB	

OpenAI는 GPT-4버전부터 매개변수(파라미터)의 규모를 밝히지 않기로 결정했다.
출처: Deloitte Insights Analysrs

표 13. GPT 시리즈별 매개변수와 학습 데이터

	기업	초거대 AI 종류	출시일	파라미터 수
해외	OpenAI	GPT-3.5(ChatGPT, 챗지피티)	2022.11.30.	1,750억 개
	BigScience	BLOOM(블룸, 오픈소스)	2022.6.17.	1,760억 개
	Google	Bard[바드, LamDA(람다)기반]	2023.2.6.	1,370억 개
		PaLM(팜)	2022.4.4.	5,400억 개
		Gopher(고퍼)	2021.12.8.	2,800억 개
	MS, nVidia	Megatron(메가트론, MT NLG)	2021.10.11.	5,300억 개
국내	네이버	HyperClova(하이퍼클로바)	2021.5.25.	2,040억 개
	카카오	KoGPT(코지피티)	2021.11.12.	300억 개
	LG	Exaone(엑사원)	2021.12.14.	3,000억 개

*자료: 각 사(社) 및 언론 자료 종합(SPRi 2023)

표 14. 인공지능 기업들의 언어 모델 규모

 OPenAI는 2023년 11월 말 GPT 4.0 Turbo를 발표하면서 GPT 4.0의 매개변수는 약 5,000억 개이며, GPT 4.0 Turbo의 매개변수는 1조 개에 이른다고 발표했다. GPT 4.0 Turbo의 큰 특징 중 하나는 이미지DALL-E 3와 텍스트 음성변환TTS 모델의 API를 활용해 다양한 입력·출력 형식을 만들 수 있게 되었다는 것이다. 예를 들어 이미지를 입력받아 이에 어울리는 설명을 생성해 음성으로 출력하는 것이 가능해졌다. 이것은 그동안 텍스트 중심의 번역만 가능하던 것에서, 통역까지 할 수 있는 길이 열렸다는 것을 말한다. 물론 데이터 학습 양이 늘어나면서 번역의 정확도도 향상되었다.

 물론 챗지피티뿐만 아니라 통번역 AI는 이미 상당한 수준에 올라 있다. 이미 상용되고 있는 우수한 번역 AI들로는 다음과 같은 것들이 있다.

번역 AI	특징
Google Translate	• 전 세계 100개 이상의 언어에 대한 번역을 제공하며 원어민을 사용하여 AI 알고리즘을 교육 • 사용하기 쉽고 접근성이 뛰어남 • 검증된 번역 • 모바일 사용을 위한 대화 모드 제공
DeepL	• 25개 이상의 국제 언어 번역 • 유료의 경우 텍스트 제한 없음 • 윈도우 확장 • 원본 문서의 서식 유지
MachineTranslation.com	• 50개 이상의 국제 언어 번역 • Google, DeepL, Amazon, ModernMT, Microsoft 및 ChatGPT 비교 제공
Alexa Translations	• 몇 초 만에 최대 100개의 문서 번역 • 법률 및 금융 산업에 특화됨 • 웹 콘텐츠 번역 • 인간 번역가의 서비스에 통합
Bing Microsoft Translation	• 번역한 것을 기억함 • 텍스트, 실시간 음성 및 이미지 번역 • 100개 이상의 언어 번역
Taia	• 97개 언어 번역 • 인간 번역사와 AI 기술 결합
Mirai Translate	• 분야별 번역 • 다양한 파일 형식 지원
SONIX	• 비디오 콘텐츠 제작자에게 편리함 • 브라우저 내 편집기 • 오디오 대 오디오 번역 • 번역하기 전에 오디오를 텍스트로 변환 • 번역하기 전에 스크립트 수정
naver papago	• 한국어에 특화된 번역 • 일상 구어, 관용어 등도 번역 • 한국어, 일어 번역에 특히 우수함

[www.UNITE.AI 8 "최고의" AI 번역 소프트웨어 및 도구(2023년 11월)]를 참고.
표 15. AI 번역 소프트웨어

    통역에서도 2023년 12월 1일 메타는 최대 100개 언어를 실시간으로 음성 번역할 수 있는 '심리스Seamless'라는 언어 통역 AI

모델을 오픈 소스로 출시했다고 보도했다. 특히 '심리스M4T v2' 모델은 음성 인식, 언어 간 음성-텍스트 변환, 언어 간 텍스트-텍스트 번역, 언어 간 음성-음성 번역, 언어 간 텍스트-음성 번역을 지원한다고 하니 이 정도라면 간단한 국제 회의에도 활용할 수 있을 정도이다.

(2) 문화 간 접촉과 통번역의 순기능

2019년 기준으로 전 세계에는 7,168개의 언어가 존재한다.[3] 그러나 그중에서 5천만 명 이상이 사용하는 언어는 25개에 불과하며, 언어 종류의 90%는 이용자가 100,000명 이하이다. 72억 인구의 3분의 2는 주요 12개 언어를 모국어로 사용하고, 소수의 사람들이 사용하는 언어는 소멸의 길을 걷는다. 이번 세기에만 3,000여 개의 언어가 소멸될 것으로 전망하고 있다.

세계의 언어는 10여 개의 어족으로 구분할 수 있으며, 각 언어는 생태지리적 특성을 반영하여 고립적으로 발전하였다. 언어적 다양성은 문화적 다양성을 반영한다. 언어의 분화는 개인들에게는 타 문화와의 소통을 어렵게 만들었지만 한편으로 인류는 이 다양성의 토대 위에서 찬란한 문명을 일궈 낼 수 있었다.

타 문화와 접촉하기 위해서는 외국어 습득이라는 관문을 거쳐야 하는데, 외국어를 습득하는 일은 단순히 언어를 습득하는

---

3 https://www.ethnologue.com 상호 소통성을 기준으로 한 분류임.

것 이상의 의미를 지닌다. 언어와 함께 다른 문화를 배우면서 상대방 문화에 대해 이해의 폭을 넓힐 수 있기 때문이다. 만약 외국어를 통해 다른 문화에 대해 이해하지 못한다면 언어권별 갈등은 훨씬 심했을 것이다.

20세기 들어 교통과 통신의 발달은 특히 문화 간 접촉 기회를 폭증시켰고, 더불어 외국어 학습자의 수도 기하급수적으로 증가하였으며 문화 간 이동도 빈번해졌다. 다음 장의 표를 보면 미국 대학생으로만 한정하더라도 120만 명이 넘는 학생이 외국어를 습득하고 있는데, 이것만 보아도 현대에 외국어 습득은 거의 필수적인 일이라 할 수 있다.

외국어 습득은 관계와 소통의 확장에 절대적으로 기여한다. 커뮤니케이션의 범주를 확장해 주고, 직업의 기회를 확대하여 관계를 확장하는 데에도 기여하기 때문이다. 그뿐만 아니라 세계관이 넓어져 자아존중감을 키우는 데도 도움이 된다.

그럼에도 불구하고 외국어를 습득하는 일은 쉬운 일이 아니다. 원어민의 수준에까지 도달한다는 것은 매우 어려운 일이므로, 전문적인 영역에서는 통역사나 번역사가 그 일을 담당해 왔다. 그런데 특이한 점은 미국의 경우만 보면 2000년대 이후로 외국어 습득자의 숫자가 줄어들기 시작하는데, 특히 2016년부터 2021년까지의 변화를 보면 외국어를 습득하려는 학생들의 숫자가 크게 줄어들고 있음을 볼 수 있다.

다음 페이지 표에서 보이는 변화가 외국에서 영어를 많이 습득하기 때문인지, 기계 번역 기술 발달의 영향인지 명확히 드러나지는 않지만, 전반적으로 세계화가 가속화되고 있는 상황이라는 점을 고려한다면 미국의 대학생들은 통번역 기술 발달에 대한 전망을 긍정적으로 보고 있다는 것으로 추정할 수 있다.

비영어 강좌 수강생 수 변화(2016~2021)
2455개 미 고등교육기관 대상 조사

Languae	2016	2021	Change
스페인어	713.0k	584.5k	-18.0%
프랑스어	175.7k	135.1k	-23.1%
미국 수화	107.1k	107.9k	+0.8%
독일어	80.6k	53.5k	-33.6%
중국어	54.2k	46.5k	-14.3%
이탈리아어	56.7k	45.2k	-20.4%
아랍어	31.6k	22.9k	-27.4%
라틴어	24.8k	19.5k	-21.5%
한국어	13.9k	19.3k	+38.3%
포르투갈어	9.8k	7.7k	-21.8%
현대 히브리어	5.6k	4.1k	-26.0%
기타	145.6k	136.4k	-6.3%
합계	1.4m	1.2m	-16.6%

표 16. 비영어 강좌 수강생 수 변화

이러한 추정에 개연성을 높여 주는 것이 2017년 이후 빠르게 발전하고 있는 AI 기술이 특히 통번역 분야에서 빠르게 발전하고 있다는 점이다. 이들 중 무료와 유료가 있기는 하지만 현재 무료로 이용되는 번역기인 Google Translate의 이용자 수는 2016년 이미 5억 명이 넘었으며, 하루 1,000억 개 이상의 단어가 번역되고 있다. 2016년 11월 이후 본격적으로 구글 신경망 기계 번역GNMT으로 전환되고 난 이후에는 번역의 속도나 품질이 나날이 발전하여, 번역의 경우에는 이미 중급 수준에 도달했다고 해도 과언이 아니다.

인공지능 통번역은 아직 전문 통역사, 번역사 수준에는 한참 못 미치지만 해외 관광이나 간단한 문서 번역 등과 같은 수준에서는 충분히 활용할 수 있다. 앞으로 학습데이터가 더 보완되고, 컴퓨팅 파워의 향상으로 실시간 통역의 수준까지 도달한다면 외국어 학습을 포기하는 사람들이 많아질 것이다.

이것은 교통과 통신의 발달로 점점 하나의 지구촌이 되어 가는 현실에서 문화 간 소통에 큰 변화를 가져 오는 계기가 될 수 있다. 하나의 가능성은 AI 통역 프로그램으로 인해 문화 간 접촉이 더 쉬워지고 사람들 간의 소통이 더 빈번해질 것이라는 것(긍정적 가능성)이며, 다른 하나는 타 문화에 대한 이해가 낮아져서 문화 간 갈등이 커질 수 있다는 가능성(부정적 가능성)이다.

1) 인터넷이 소통에 미친 영향과 AI 통번역의 확산 가능성 검토

인터넷의 확산은 인간 사회의 소통 구조와 방식에 많은 변화를 가져왔다. 인터넷은 그동안 대면 소통과 비대면 소통으로만 분류되어 오던 구조를 '준대면' 방식이 가능하도록 바꾸었다. 또한 언어와 관련해서도 그동안 문어와 구어로만 분류되던 방식에서 '준구어'라는 형식이 생성되는 데 기여했다. 인터넷 통신기술의 발달로 5G가 전 세계에 일상화되면서 '준대면'과 '준구어'는 더욱 확산되고 있는 실정이다. 이는 인간관계에도 많은 변화를 일으켰다. 더군다나 2019년부터 시작되어 전 세계를 강타한 코

**60세 이상, 인간관계 유지에 더 노력을 기울여
인간관계 유지를 위해 SNS 사용하는 경향 뒷받침** (단위: %)

		사례수 (명)	코로나9로 인하여 불필요한 모임 관계를 갖지 않아서좋다	새로운 관계를 확장 시키지 못하는 것에 대해 아쉬웠다	이전에 비해 인간(대인) 관계를 유지하는 데에 노력을 기울이게 되었다	인간관계를 정리할 수 있는 계기가 되었다	이전과 같이 자주 만나지 못해 관계에 대한 불안함이 증가하였다
전체		(1,000)	65	65	49	44	40
연령	18-29세	(183)	61	63	46	49	41
	30-39세	(160)	76	58	41	49	31
	40-49세	(192)	75	66	48	49	38
	50-59세	(197)	63	65	54	46	40
	60세이상	(268)	57	68	54	35	45

질문 : 귀하께서는 코로나9가 시작된 올해 1월 이후 인간(대인)관계와 관련한 다음 항목에 대해 어떻게 생각하십니까?
비고 : 긍정 응답(대체로 동의한다 + 전적으로 동의한다) 비율
응답자 수 : 1,000명
조사기간 : 2020. 12. 24 ~28

한국리서치 정기조사 여론속의 여론(hrcopinion.co.kr)

표 16. 연령별 SNS 사용 경향[4]

---

[4] 조사개요
    모집단: 전국의 만 18세 이상 남녀
    표집틀: 한국리서치 마스터샘플(2020년 11월 기준 약 54만 명)
    표집방법: 지역별, 성별, 연령별 비례할당 추출
    표본크기: 각 조사별 1,000명
    표본오차: 무작위추출을 전제할 경우, 95% 신뢰수준에서 각 조사별 최대허용 표집 오차는 ±3.1%p
    조사방법: 웹조사(휴대전화 문자와 이메일을 통해 url 발송)
    가중치 부여방식: 2019년 12월 행정안전부 발표 주민등록인구 기준 지역별, 성별, 연령별 가중치 부여(림가중)
    응답률: 조사요청 6,836명, 조사참여 1,338명, 조사완료 1,000명(요청대비 14.6%, 참여대비 74.7%)
    조사일시: 2020년 12월 24일~12월 28일
    조사기관: ㈜한국리서치(대표이사 노익상)

로나19와 같은 대감염 사태는 인터넷이 인간의 관계 형성에서 중추적인 역할을 하도록 촉진하였다.

〈표 16〉은 코로나19 상황에서 인터넷 SNS가 인간관계를 어떻게 변화시켰는지 보여 주는 사례다.

이 표를 보면 코로나19로 인해 대면 접촉이 극히 제한된 상태에서 사람들이 인간관계의 변화를 상당 부분 긍정적으로 받아들이고 있음이 확인된다. 인간관계의 피로감을 줄일 수 있는 기회로 본 것이다.

인터넷이 소통에 미친 두 번째 특징은 인터넷이 본격적으로 보급되기 시작한 1990년대 이후 인간관계에 어떠한 변화가 생겼는지 살펴보는 것을 통해 가능하다. 1980년대 이전에 탄생한 대부분의 사람들은 상식적으로 '외로움'이 인간의 삶의 질을 떨어뜨리는 요인이라고 생각하고, 전 생애 동안 외롭지 않기 위해서 많은 활동을 했다. 그러나 인터넷 도입 이후 그러한 생각에는 변화가 생겼다(장훈, 2013). 연구에 따르면 인터넷이 소통에 긍정적으로 작용한다고 보기도 하지만(대표적으로는 Stevens & Morris, 2007), 그 반대의 주장(Nie, 2001; Flaherty, Pearce, & Rubin, 1998)도 많이 존재한다. 이러한 연구 결과들을 종합해 보면, 사회가 점점 더 커지면서 개인은 집단으로부터 소외되어 가는 과정에 있고, 그에 따라 인간은 점점 더 외로움을 느끼게 된다는 것이다.

그런데 인터넷의 등장은 이러한 외로움을 약간이나마 보완해 줄 수 있게 되었다고 보는 것이 타당하다. 예전과 같이 대면 접촉을 통해 얻을 수 있는 관계 충족감을 어느 정도 대체해 줄 수 있어 오히려 관계를 향상하는 것에는 도움이 된다고 보는 것이다.

외로움이 인터넷 사용을 늘리는 중요한 요소로 작용한다는 연구 결과도 있다(Amichai-Hamburger & Ben-Artzi, 2003). 대체 가설(Displacement Hypothesis)에 따르면, 이렇게 일시적이나마 긍정적으로 보이는 현상도 결국은 건강한 인간관계를 형성하는 것에는 부정적으로 작용한다고 본다.

한편 인터넷이 인간관계와 문화에 미친 영향과 다르게 AI 통번역을 통한 문화 간 접촉은 다른 양상으로 나타날 것이라고 예상된다. 무엇보다 기술의 진화라는 큰 고개를 넘어야 하기 때문이다.

현재 AI 번역 기술은 번역 전문가의 수준을 10으로 보았을 때, 대략 5~7 정도의 수준이라고 할 수 있다. 일반적으로 의미를 파악하는 목적이거나 해당 외국어를 잘 아는 사람이 약간 수정을 해서 사용하려 한다면 손색이 없을 정도이다. 기술이 현재 수준보다 한 단계 정도만 높아진다면 문자를 통해서는 외국인끼리 상호 중상급 수준의 정보적 대화, 초중급 수준의 친교적 대화가 가능할 정도라고 할 수 있다.

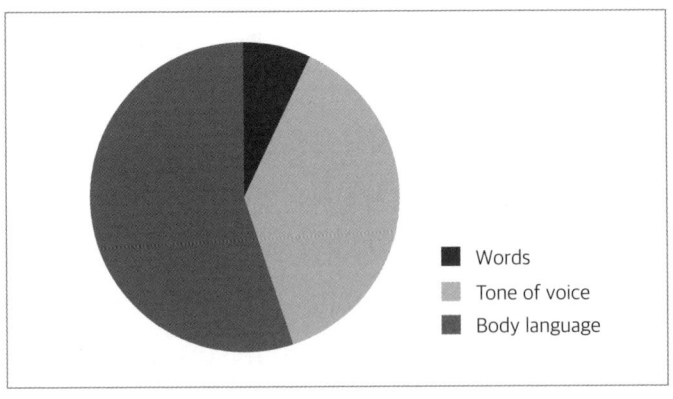

그림 5. 소통에서 상대방에게 호감을 느끼는 요소(Mehrabian, A. "Silent messages." Wadsworth, 1971)

통역은 이보다는 기술적으로 더 어려운 난관들이 많다. 현재 3~4단계의 간단한 문장 수준에서 순차 통역은 가능하지만, 동시 통역은 아직 실현되고 있지 않다. 시간적인 문제와 함께 공간적인 문제도 있다. 인터넷 연결이 원활해야 하고, 가까운 거리에서는 음성 인식이 가능하지만 조금만 멀어져도 상대 외국인의 음성을 인식하기가 어렵다. 더구나 시끄러운 곳에서는 인간처럼 선택적 음성 인식을 하기 어렵다. 물론 이러한 기술적인 문제들은 조만간 극복될 것이다. 적어도 10년 내에는 통역의 시간적·공간적 문제가 극복되어 5~7 정도의 수준에서 대화할 수 있을 것으로 기대한다.

그러나 그 이상의 수준이 문제다. 언어는 인간이 소통을 하는 데 있어 완벽한 수단이라고 하기는 어렵다. 언어가 소통에서 차지하는 비중은 절대적이지만, 소통의 중요한 요소 중 하나인 호감도의 측면에서 보면 비언어적 요소가 더 중요해진다.

외국인과 단순히 정보를 주고받는 관계를 넘어 문화 간 소통의 수준에까지 접근하려면 먼저 상대 문화에 대한 호감을 느껴야 하고, 그것이 상대 외국인에게 적용되는 방식으로 소통이 이루어져야 한다. 즉 단순히 언어를 주고받는 것으로는 문화 간 소통에 도달하기가 어렵다. 소통에 참여하는 외국인들이 상대방의 언어에 대해 1~2단계 수준에서 이해하는 경우와 전혀 모르는 경우, 상대방과의 소통 수준은 질적으로 달라질 수 있다. 내가 상대방의 언어를 어느 정도 이해하고 있다면 AI의 도움을 받더라도 내가 하는 말의 뉘앙스가 제대로 전달이 되는지, 문화적으로 무례한 표현은 없는지 점검할 수 있고, 상대방의 간단한 표현에 대해 맞장구가 가능하다. 그러나 전혀 모른다면 오로지 불완전한

AI 통역기에 의존할 수밖에 없다. 그렇다면 오히려 소통에서 불편함을 낳게 되고, 결국은 대면 소통을 꺼리는 요인으로 작용할 것이다. 이문화 간 직접 소통이 위축된다면 우리는 오로지 소개된 정보에 의해서만 타 문화를 이해하게 되어 능동성이 약해지며, 사람 간의 접촉을 통해 타 문화를 이해하고 알아 가는 적극적인 방식에 이를 수 없게 된다.

외국어를 배우는 데에는 상당한 노력과 비용이 발생하기 때문에 사람들은 AI 통번역기가 외국어 문제를 해결해 줄 수 있다는 가능성만으로도 외국어를 배우려고 하지 않을 가능성이 높다. 사실 이것이 AI 통번역기가 잠재적으로 가지고 있는 가장 부정적인 요소이다. 그러나 현실적으로 AI 통번역 시스템은 타 문화 간 인간의 소통을 매개해 주기에는 많은 부분에서 충분치 못하다. 언어의 변화나 소통 배경, 상황, 비언어적 요인까지 고려한다면 AI 기술이 강인공지능에 도달한다고 해도 이중언어 화자끼리의 문화 간 소통 단계에 도달하기가 어려울 수도 있다.

문화 간 소통은 단순히 정보를 주고 받는 차원을 넘어서서 지구촌의 평화를 유지해 주는 큰 구심력으로 작용한다. 이것은 상대방 문화에 대한 이해로부터 시작되며, 비록 초급 수준이라고 해도 상대방 문화권 사람과의 소통에서 호감을 유지할 수 있다.

사람이 배울 수 있는 언어는 한정적이고, 언어 습득에는 많은 시간과 노력이 필요하기 때문에 결국 AI 통번역시스템을 사용할 수밖에 없겠지만, 적어도 본인이 관심있는 외국어를 배우고 자신이 습득한 외국어로 해당 언어권 사람들과 소통하려는 노력은 개인뿐만 아니라 전체 국제 관계에도 큰 기여를 하는 공유자산이라는 인식을 가져야 할 것이다.

(3) 인공지능 통번역의 확산과 문화 간 접촉 양상의 변화

AI 통번역 프로그램이 문화 간 소통에 미치는 영향을 확인하기에 앞서 인터넷이 소통에 미친 영향성을 진단해 볼 필요가 있다. 인터넷은 인간이 닿기 어려운 물리적 한계를 넘어 다양한 문화와 자유롭게 연결될 수 있게 한 중요한 수단이었기 때문이다.

인터넷이 소통에 미친 첫 번째 가능성을 검증하기 위해서는 가장 먼저 문화의 흐름을 살펴보아야 한다.

에드워드 홀은 맥락 활용의 정도에 따라 문화권을 크게 고맥락 문화권과 저맥락 문화권으로 구분하였다(Edward T. Hall, 1959). 각 문화권별 소통 방식의 특성은 다음과 같다.

구분	특성
저맥락 문화 (low context culture)	• 직접적 커뮤니케이션 형태로 의미 표현 • 개인주의 가치관 • 선적인 논리 강조 • 직접적이고 언어적 표현 많이 사용 • 아이디어 표현에 논리 존중 • 법칙이나 명시적 규약에 의한 일 처리 • 고도로 구성된 메시지
고맥락 문화 (high context culture)	• 사회문화적 맥락에 따라 암시적 의미 표현 • 집단의식 중시 • 나선형, 원형 논리 강조 • 간접적이고 비언어적 표현 많이 사용 • 아이디어 표현에 감정을 존중 • 묵시적 이해나 직관에 의한 일 처리 • 모호한 메시지

표 18. 문화권별 소통 방식의 특성

이 기준을 적용하여 20세기 초반까지 유지되어 온 일반적인 관념에서, 국가별로 저맥락 문화권과 고맥락 문화권을 구분해 보면 다음과 같다.

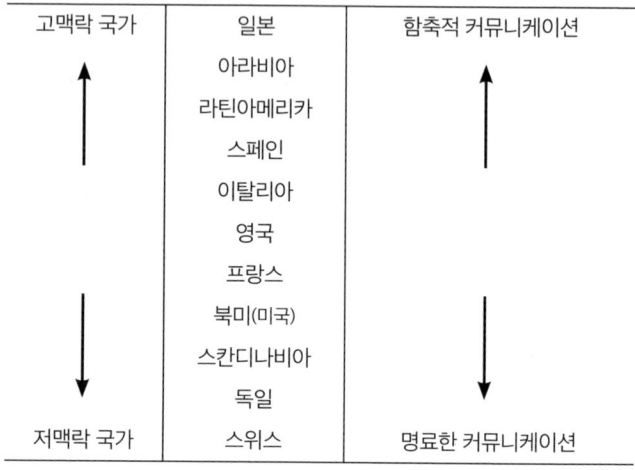

표 19. 국가별 맥락 수준

한국은 중국, 일본 등과 함께 고맥락 문화를 유지하는 국가였으나 인터넷으로 대표되는 3차 산업혁명 이후 급격하게 신저맥락 사회로 옮겨 가고 있는 중이다. 이것을 뒷받침하는 여러 가지 징후들이 있다.

- 핵가족화가 진전되어 개인 주거 비율이 점점 높아지고 있다.
- 전통적인 친족 관계에 변화가 생기고 있으며,
- 온라인의 발달로 사람들 간의 대면 소통, 음성 소통이 줄어들고 있다.
- 특히 젊은 층에서 사람들 사이에 친밀감을 유지하려는 노력

보다는 '따로 또 같이'와 같은 일시적 관계 형성 방식이 커지고 있다.
- 강한 사생활 보호는 사회적 거리를 점차 멀어지게 하는 요인이 되고 있다.
- 사람들 간의 접촉으로 인한 사회적 위험 요인이 많아지고 있다.
- 다문화 확산으로 문화적 다양성이 확대되다 보니 서로 간에 많은 설명이 필요하고, 이것이 접촉을 기피하게 만드는 요인이 되고 있다.
- 사회적 관계가 서로 간의 믿음보다는 구체적인 계약을 기반으로 형성되고 있다.
- 인간보다 기계나 데이터를 신뢰하는 비중이 커지고 있다.

특히 한국은 2008년 세계 금융사태 이후 급격하게 저맥락 문화로 이동 중인데, 2019년 이후 코로나19 상황이 전 세계를 신저맥락 문화로 변화시켜 갈 것으로 예상되며, 이는 기술의 발달과 시너지 효과를 이루면서 새로운 형태의 문화를 만들어 갈 것으로 생각된다. 새로운 저맥락 문화는 인간관계와 소통의 변화를 수반한다. 신저맥락 문화가 만들어 낸 가장 큰 특징 중 하나는 인간들이 기꺼이 '외로움'을 선택한다는 것이다. 다음은 외로움으로 인해 인공지능이 확산되고 있음을 보여 주는 사례이다.

로봇 강아지의 장례식과 로봇 스님이 등장한 2018년, 영국에서는 세계 최초로 '외로움부' 장관이 탄생했다. 일본 정부 역시 영국을

벤치마킹해 2021년 '고독·고립대책담당실'을 설치했다. 올해 미국 정부는 '외로움과 고립감이라는 유행병' 보고서를 통해 외로움을 비만이나 약물중독 같은 심각한 공중보건 문제로 다뤄야 한다고 지적하기도 했다.

그런데 한국에는 '디지털 능력주의'가 팽배하다. "성공하지 못했다는 이유로 스스로를 부정하고, 뒤처졌다는 이유만으로 타자를 혐오하는 사람들로 가득찬 곳"이 되어버렸다. 그러니 이불 밖은 위험하다. 그나마 안전한 집에 숨어서 로봇이나 AI와 대화하는 것이야말로 우리가 발견한 '각자도생'의 한 방법이다. 정부는 최근 국내 19~34세 청년 중 이렇게 고립·은둔하고 있는 사람이 54만 명에 이르는 것으로 추산된다고 밝혔다. 세계에서 가장 외로운 국가이지만, 이 외로움에 대해 가장 무심한 국가라는 그의 지적은 뼈아프다. 가장 외로운 시대 가장 외로운 세대에게 인공지능의 등장은 이처럼 비극적이다.

―「[공감] 가장 외로운 시대의 인공지능」에서, 『경향신문』, 2023.12.20.

신저맥락 문화의 조성과 '외로움'의 확산은 나무 뿌리와 줄기와 같은 관계여서 문화 변동의 큰 물줄기를 형성해 갈 것이다.

이러한 문화의 변동과 디지털 기술의 발달은 필연적으로 타 문화와의 접촉에도 영향을 미친다. 타 문화와의 접촉에서도 비대면적 요소가 늘어나고(외국 문화를 TV나 유튜브를 통해서 일상적으로 접할 수 있다.), 이것은 외국어 습득에도 큰 영향을 미친다. AI 통번역이 본격화되기 전에는 외국 문화를 접하면서 자연스럽게 외국어에 대한 관심도 높아져 이를 습득하는 단계로 넘어갔으나, 이제는 쉽게 통번역이 제공되므로 외국어 습득에 대한 필요 요구가 급감하고 있다. 향후 통번역 기술의 발달은 이러한 현상을 가속화할 것이다.

앞서 살펴본 신저맥락 문화의 특징 중 하나는 '타인과 신뢰를 쌓아 가려는 노력의 상실'이다. 인간은 상호작용을 통해 친밀감을 형성하고, 신뢰를 쌓으면서 관계를 발전시켜 왔다. 그러나 이제 이러한 방식보다는 좀 더 객관적인 방식으로 상대방이 신뢰할 만한 사람인가를 검증하려고 하는 경향이 강해져, 관계 형성의 단계는 점차 무의미해지고 있다. 이러한 문화적 변동은 타 문화와의 접촉에 그대로 투영되고 있어 타 문화권 사람들과의 접촉을 통한 외국어 습득은 점차 약화하고, 디지털 매체를 통한 외국어 습득, 나아가서는 AI를 활용한 외국어 통번역 방식이 확산될 것으로 예상된다.

그러나 이러한 방식이 낳을 수 있는 문제점을 간과해서는 안 된다. 객관적으로 신뢰를 검증하려고 하는 노력에는 많은 비용이 필요하고, 이를 속이기 위한 기술도 함께 발전하게 되어 결국 불신을 더욱 확대하는 방향으로 나아갈 수 있다. 생성형 AI 기술인 GAN이 이를 방증해 준다.

인간은 직접적인 대면 상호작용 없이는 친밀감을 형성해 나가기 어렵도록 진화해 왔으며, 그것은 여전히 유효하다. 특히 장벽이 두터운 문화 간 접촉은 타 문화에 대한 이해와 지속적인 상호 접촉을 통해 친밀감과 신뢰를 형성해 나가면서 벽을 허물어 갈 수 있고, 그 과정에서 외국어 습득은 주요한 역할을 한다. 설사 외국어가 서툴러 통번역의 도움을 받는 경우라도 자신이 그 외국어에 대해 어느 정도 이해하고 있는 경우와 전혀 모르는 경우는 외국인과의 접촉 방식도 다르게 나타난다. 외국어를 전혀 모르는 경우에는 쇼핑을 하는 것과 같이 주로 자신이 하려는 목적만 달성하면 신속히 그 상황을 벗어나려 하는 반면, 외국어를 어느 정도 알면 상대 외국인과의 접촉 시간을 더 유지하려는 경향이 있다. 따라서 AI 통번역이 제공된다 하더라도 기초 단계의 외국어 습득은 필연적으로 거쳐야 하는 과정이라고 본다.

3장
인간과 기계 사이의 소통과 관계

1

스마트 인공물

(1) 스마트 인공물의 정의와 특징

1) 인공물과 스마트 인공물

인공물Artifact의 사전적 정의는 '특정한 목적을 달성하기 위해 사람에 의해 의도적으로 만들어진 물체'(Hilpinen, 2018)이다. 즉, 특정 과업 수행을 위해 인공적으로 만들어진 도구를 일컫는다. 단순하게는 망치와 같은 도구부터 제조공정의 자동화를 위한 로봇 팔, 비대면 서비스를 위해 개발된 키오스크까지, 인간의 업무와 편의를 위해 개발된 기술들은 모두 넓은 의미에서 인공물의 범주에 속한다.

이런 정의에 따르면 인공물의 범위는 매우 광범위하게 여겨질 수 있지만, 그것이 수행하는 특정 목적과 기능에 따라 세분

화될 수 있다. 사람들과 소통하거나 상호작용하며 어울리는 Sociable 것을 주목적으로 하는 인공물이 '관계적 인공물Relational Artifact'(Turkle, 2017)로 분류되는 것이 한 예다. '손 안의 작은 동물 친구'를 테마로 2000년대 초반 선풍적인 인기를 끌었던 '다마고치'와 같이 단순한 기능을 가진 게임기부터 일본의 전자제품 회사인 소니SONY의 강아지 로봇 '아이보Aibo', 상대적으로 발달한 인간형 휴머노이드 로봇까지, 기술의 성숙도와 무관하게 인간과의 교감을 주된 목적으로 하는 인공물이 관계적 인공물에 포함된다.

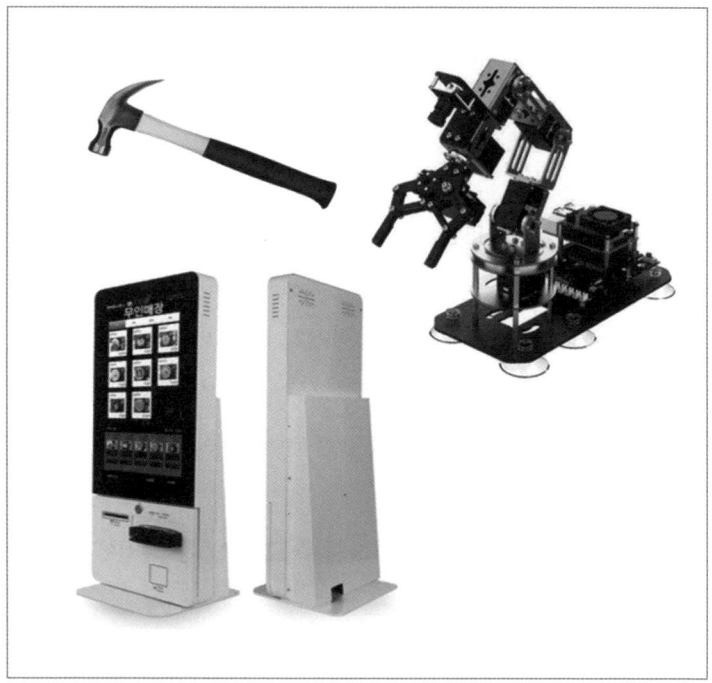

그림 6. '인공물'의 다양한 범위

이와 같은 인공물의 정의에 비추어 볼 때, '스마트'한 인공물이란 과연 무엇일까? 아직 '스마트 인공물'의 정의는 학문적으로 엄밀하게 규정되어 있지 않지만, '스마트 기술'이 어떻게 정의되고 있는지 살펴보면 그 의미를 어렵지 않게 짐작할 수 있다.

스마트 기술은 특정한 하나의 기술을 가리키는 용어가 아니다. 우선 센서나 기기, 시스템이 무선 인터넷 망에 연결되어 자동으로 주위 환경을 인식하고, 실시간으로 정보를 처리하며 조정 및 반응하는 상호 통신을 용이하게 하는 기술이 스마트 기술에 포함된다(Foroudi, Gupta, Sivarajah, & Broderick, 2018). 스마트 홈이나 스마트 시티 등 사물인터넷Internet of Things, IoT 기반 유비쿼터스 기술이 대표적인 예다. '똑똑한, 영리한'이라는 '스마트'의 어원이 의미하듯 최근에는 빅데이터 분석, 머신러닝, 인공지능 등의 기술을 통해 인간 고유의 인식적 지각 기능을 무생물에 부여하는 기술 또한 스마트 기술의 일부로 인식되고 있다.[5]

이와 같은 스마트 기술의 정의를 출발점으로, 여기서는 '스마트 인공물'을 인공물과 인간 사이의 관계적 특성 측면에서 특정한 과업을 완수하기 위해 인간과의 상호작용성에 그 기능적 특징이 있는 일련의 인공물들을 의미하는 것으로 정의하고자 한다.

여기서 스마트 인공물이 구현하는 상호작용성은 인간과의 고차원적인 의사소통이나 교감 이전에, 기능적인 목적의 달성을 보조하는 데 주안점을 두고 있다. 따라서 그 기술 수준이 인

---

[5] Thakur, A. "Sensor-based technology in the hospitality industry." *Mobile Computing and Technology Applications in Tourism and Hospitality*, IGI Global. 2022, pp. 24~43.

공지능과 로봇에 대한 논의에서 흔히 나타나는 '지각력sentience (인간과 같은 의식과 사유의 능력)' 여부를 둘러싼 논쟁의 차원까지는 연결되지 않는다.

위의 정의를 기준으로 볼 때, 코로나19 팬데믹 시기를 거치며 우리 주변에서 흔히 찾아볼 수 있게 된 키오스크나 서빙 로봇 등을 스마트 인공물의 대표적인 예로 꼽을 수 있다. 키오스크는 서비스나 메뉴 선택과 주문 및 결제를 돕고, 서빙 로봇은 준비된 메뉴를 주문한 손님에게 전달하는 것이 주된 기능이다. 서비스나 상품의 구매 과정에서 소비자와 카운터나 주방 등 서비스 공급자 사이의 커뮤니케이션이 이들에 의해 대체되는 셈이다. 사람들이 상호작용 과정에서 자신이 대면하게 되는 인공물을 커뮤니케이션의 직접적인 상대자로 의식할 수 있는 가능성이 보다 커지고 있다.

이는 컴퓨터 기기나 인터넷 연결망 등 기술이 커뮤니케이션의 직접적 행위자보다는 커뮤니케이션을 가능하게 하는 기반 구조Infrastructure로 여겨지는 경향이 있는 기존의 컴퓨터 매개 커뮤니케이션Computer-Mediated Communication, CMC의 개념과 대조되는 지점이다. 이러한 스마트 인공물들은 대면 접촉이 기피되는 환경에서 발생하는 사회적 공백을 효과적으로 메우며, 공중보건에 대한 사회적 염려를 불식하는 데 기여한 측면이 있다.

또 다른 예로는 탑승 수속이나 출입국 관리 절차를 간소화하는 공항의 안면인식 시스템, 직원 근태를 점검하고 방문객을 관리하기 위한 안면인식 기반 스마트 오피스 시스템 등을 들 수 있다. 각종 수속이나 점검 절차를 얼굴인식 기술로 통합하여 커뮤니케이션 프로세스를 간소화하고 자동화함으로써 잠재적인 커뮤니케이션 혼잡 현상을 방지하고, 사람들을 효과적으로 관리하며, 인간의 노동력을 절감할 수 있다는 이점이 있다.

그러나 인간사회의 근간이 되는 사회적 소통과 관계의 맥락에서, 스마트 인공물의 등장을 단순히 낙관적으로 해석할 수만은 없다. 최근 등장하는 스마트 인공물의 기능적 목적은 많은 부분 서비스 제공자와 수혜자 간의 대면 커뮤니케이션과 접촉을 대체하는 데 있는데, 이는 장기적으로 사회 구성원 간의 인간적 접촉 기회 자체를 축소하는 결과를 낳을 수 있기 때문이다.

키오스크와 같은 인공물의 급속한 확산은 코로나19 유행병이 아직도 위협으로 잔존하는 현 상황에서 공중의 상호 안전을 도모하기 위한 조치이지만, 이 같은 인공물이 사회 곳곳에 포진하며 사람의 역할을 보다 '자연스럽게' 대체하게 될수록 사람들은 낯선 사람과의 의사소통을 번거롭거나 어색한 과정으로, 또는 형식적인 절차로만 여기게 될 가능성이 있다. 이는 넓은 범위의 사회 구성원, 즉 타자와의 커뮤니케이션 단절 현상의 단초가 될 수 있으며, 궁극적으로 사회적 통합을 저해할 소지가 있다는 점에서 위협적이다.

관련된 또 다른 문제는 스마트 인공물과의 '소통' 과정에서 디지털 활용 역량의 차이에 따라 나타나는 디지털 격차이다. 예컨대 젊은 세대와 대비되는 고령층 등 디지털 취약 계층의 디지털 소외 현상은 인공물과의 소통의 격차로 재생산되고 심화되며 이들의 원활한 일상 활동 및 사회적 포용에 장벽이 될 수 있다.

(2) 스마트 인공물과 인간의 상호작용

"사물인터넷IoT은 사람과 기계 간 커뮤니케이션Human to Machine 으로 변화할 것이다."

이강원 SK텔레콤 상무가 2014년에 한 포럼에서 한 말이다. 여기서 그는 스마트폰과 태블릿 등 기존 모바일 기기도 IoT에 해당하긴 하지만 IoT는 모바일 기기를 넘어 모든 종류의 제품에 해당하는 확장된 개념이라고 설명했다. 결국 미래 사회에서 커뮤니케이션의 대상은 인간 대 인간으로 한정되지 않고, 어떤 방식으로든 기계와의 커뮤니케이션이 확장될 것을 설명한 것이다.

이러한 설명은 미래를 상상한 예언이 아니다. '4차 산업혁명'이라는 단어가 이제 더 이상 신선하지 않은 지금, 생활, 서비스, 산업 등 많은 곳에서 기계와 인간의 상호작용은 당연시되고 있다. 이러한 기계와의 커뮤니케이션 양상은 가장 인간처럼 상호작용하는 단계를 목표로 단순히 정보 전달을 대체하는 것부터, 기계와 단순한 정보 교환을 하는 중간 단계까지 다양한 형태로 나타나고 있는데, 기계와 상호작용성은 가장 낮지만, 인간의 커뮤니케이션을 대체하고자 나타나는 형태가 스마트 인공물이다. 앞서 보았듯 키오스크Kiosk나 서빙 로봇 등이 대표적인 형태이다.

1) 감정 반응에 따른 키오스크 이용자 유형

키오스크는 본래 신문이나 음료 등을 파는 가판대를 의미한다. 이것이 현대사회에서는 무인 주문기의 의미를 가지기 시작하였다. 서비스 산업군에서 키오스크 사용의 비중이 크게 증가하자, 이용자의 반응이 크게 엇갈리기 시작했다. 어떤 사람들은 키오스크를 매우 선호하는 나머지 키오스크로 주문할 수 있는 식당만 찾아서 방문한다. 이어폰을 꽂은 채 식당에 들어서서 주문하고, 바로 결제하고, 주문한 음식이 나오면 식사한 후 말없이 떠나는 것이다. 반면, 주로 노년층에서 특히 많이 발견되기는 하나, 어떤 사람에게는 키오스크가 불편하다. 키오스크로 주문하라는 주인의 말을 차갑게 느끼고, 사람과 소통하지 않은 채 식사가 끝나는 것도 외롭다고 느낀다. 이처럼 키오스크와 같은 스마트 인공물에 대한 사람들의 반응은 저마다 크게 다르다.

연구자들은 스마트 인공물에 대한 이용자의 반응 차이에 따라 유형을 분류하고, 유형별 차이를 분석하고자 하였다. 특히, 해당 연구 분야에서는 키오스크 사용을 중심으로 많은 연구가 수행되었다. 예를 들어 김현규 등은 키오스크 이용자를 '혁신적 이용자,' '냉철한 이용자,' '늦깎이 이용자' 집단으로 분류했는데, 혁신적 이용자는 신기술에 대해 높은 낙관성과 혁신성을 가지지만 불편성과 불안감은 낮았고, 냉철한 이용자는 낙관성, 혁신성, 불편성, 불안감을 모두 높게 인식했고, 마지막으로 늦깎이 이용자는 혁신성이 매우 낮았다(김현규 외 2021). 나태균 역시 중장년층을 대상으로 연구하여 키오스크 소비자를 '느린 수용자,' '피해 망상가,' '혁신가'로 구분하여 유형에 따라 키오스크 지속적 이용의도가 달라짐을 밝혔다(2021). 또한 이현주, 김지혜의 연구(2022)에서는 '키오스크 선호형' 집단은 부정 감정을 제외한 나머지 요인, 즉 자기효능감, 성과 기대, 자기평가 기대, 사회적 기대, 긍정 감정, 키오스크 사용의도가 높았고, '하이브리드형'

집단은 중간 정도의 수준을 보였으며, '직원 선호형' 집단에서는 부정 감정이 다른 집단에 비해 가장 높은 것으로 나타났다.

이런 유형화 연구들은 스마트 인공물에 대한 태도가 개인마다 다를 수 있으며, 공유된 특성에 따라 범주화가 가능함을 보여 준다. 특히 유형화를 수행하는 데 있어 이용자의 감정이 주요한 지표로 작용한다는 것은 사람과 기계 간의 소통에서 이용자의 감정 경험이 중요함을 보여 준다.

2) 키오스크와 언어, 그리고 관계

키오스크가 등장한 이유는 다양하겠지만 비싼 인력비의 대체, 주문과 제작을 한 번에 해결해야 하는 인간 일의 번거로움 등에 대한 대안으로 등장한 것이라 할 수 있다. 이러한 일반적인 생각을 확인해 보고자 챗지피티를 활용하여 '키오스크의 장점' '키오스크가 인간관계에 미치는 영향' 등에 대한 질문을 던져 보았다. 몇 번의 동일 질문을 영어와 한국어로 넣어 본 결과를 몇 가지 정리하면 다음과 같다.

1. 키오스크는 이용자가 직접 상품을 선택하고 결제를 진행할 수 있도록 자동화되어 있어, 이를 위한 직원이 필요 없다.
2. 키오스크는 실시간으로 상품 정보를 업데이트할 수 있다.
3. 키오스크는 인건비를 절감할 수 있다.
4. 키오스크는 인간의 응대 없이 정보에 빠르게 접근할 수 있다.
5. 키오스크는 인건비 절감뿐 아니라 일하는 사람들이 일을 할 수 있는 시간을 늘릴 수 있다.

6. 그런, 인간적인 상담을 받을 수 없고, 일반적인 상담원이 하는 다양한 업무를 할 수 없다.

챗지피티는 Open AI가 2022년 11월에 출시한 챗봇으로, 대규모 언어 모델로서 2021년까지의 방대한 데이터를 기반으로 학습된 대화형 AI이다. 이에 일반적 데이터군에서 바라보는 키오스크에 대한 의미를 확인해 보고자 한 실험이었다. 그 결과는 우리가 흔히 생각할 수 있듯이 인력 대체를 통한 비용 절감, 정보 접근의 용이성, 인간 노동자들의 편의를 기본으로 답하고 있다. 그러나 다음의 기사는 키오스크에게 기대했던 인간을 위한 편의성이 실현되고 있는가를 의심케 한다.

햄버거 던지고… 무인 주문기계 '키오스크'가 펼친 지옥도

"아저씨 이거 안 돼요. 여기서 주문할게요."

손님은 연신 스크린을 터치하는 시늉을 하며 손가락을 앞뒤로 흔들었다. 집게손가락엔 짜증이 묻어 있었다. 디지털 키오스크(무인 주문기계)가 안 되자 방황하던 손님이 나를 콕 찍어 버린 것이다.
최근 매장 입구 쪽에 있는 키오스크가 되지 않아 카운터를 찾는 분들이 많다. 한 명이 카운터에 서기 시작하면, 기계와 씨름하는 것을 뒤에서 지켜보던 이들도 카운터로 줄을 갈아탄다. 이렇게 되기 전까지 상당한 눈치 게임이 벌어지는데, 박지성 급의 멀티플레이를 하는 직원들은 배달주문과 키오스크에서 들어오는 주문들을 처리하느라 정신없기 때문에 손님들이 가까이 왔다는 것을 눈치채지 못하는 때가 많다.
기계와의 싸움에 패배해 주눅 든 손님은 불안한 눈빛으로 직원들을 찾는다. 나는 주로 카운터 뒤편 MDS(맥도날드 딜리버리 서비스)존에서 배달 업무를 하고 있어, 정신없이 바쁜 직원과 직원들을 애타게 찾는 손님을 둘 다 지켜볼 수 있다.

방심하다 손님과 눈이라도 마주치면 낭패다. 디지털세계에서 낙오한 손님을 구제할 임무가 주어지기 때문이다. 대부분은 조심스럽게, 혹은 미안한 맘으로 '여기서 주문해도 돼요?'라고 묻지만, 신경질을 내는 사람도 있다. '종로에서 뺨 맞고 한강 가서 눈 흘긴다'라는 속담은 '기계에 뺨 맞고 사람한테 눈 흘긴다'로 바뀌어야 할 것 같다.

디지털 소외와 갑질

눈만 흘기면 다행이다. 종종 큰 싸움이 벌어지는데 주로 스크린 화면에 뜨는 주문번호를 확인하고 가져가야 하는 시스템에 대한 불만이다. 하루는 "저기 구석에 있을 테이깐 나오면 가져다줘"라고 하는 손님이 있었다. 이럴 땐 "손님, 손님~!" 황급히 불러야 한다. 주문번호를 확인하지 않은 손님 때문에 이번엔 직원이 목이 터져라 "503번 손님, 주문번호 확인해 주세요!"라고 외치는 경우도 있다.

이럴 때 조심해야 할 게, 늦게 등장한 손님이 왜 이리 기분 나쁘게 부르냐고 항의할 수 있다. 모 매장에서는 햄버거 주문번호를 확인하지 않고 있다가 자신의 햄버거가 나오지 않아 항의했는데, 직원의 태도가 맘에 안 들어 햄버거를 던지는 사건도 벌어졌다. '러다이트 운동'(1800년대 영국 공업지대에서 일어났던 기계 파괴운동-편집자)은 노동자가 아니라, 디지털에서 소외된 손님들이 하고 있는 것이다(러다이트 운동에 대한 오해를 막기 위해 덧붙이자면, 러다이트 운동은 기계를 파괴하는 우매한 운동이 아니라, 인간을 기계보다 못한 존재로 대하는 인간에 대한 저항이었다. 자세한 내용은 영국노동계급의 형성을 보라).

물론 목표가 기계가 아니라, 눈앞에 보이는 서비스 노동자라는 점이 문제이긴 하다. 노동자들은 디지털에서 소외된 이들이 배출하는 감정의 쓰레

기들을 온몸으로 받아내고 있다. 매장에 디지털시스템을 도입하는 것은 쉽지만, 손님들을 하루아침에 디지털로 바꿀 수는 없다. 이에 대한 갈등 비용을 저임금 노동자들이 부담하고 있다.

이것은 손님의 노동이 늘어난 것에 대한 불만의 표현이기도 하다. 자기 등 뒤에 길게 늘어선 다른 손님들을 의식하며 빠르게 스크린을 터치해야 하는 것은 물론이고, 주문번호를 끊임없이 확인한 다음 직접 들고 와서 먹고 치워야 한다. 기계의 등장과 무인시스템으로 노동이 줄어든 게 아니라 손님의 노동이 늘어나고 있다.

무인시스템이 만든 새로운 업무들

물론, 노동자들의 업무도 줄지 않았다. 위에서 설명한 보이지 않는 눈치 게임과 화가 난 손님들의 화풀이는 물론이고, 종종 고장 나는 키오스크를 관리해야 한다. 키오스크가 완벽하게 손님들의 주문을 대체하지 못하기 때문에 키오스크의 주문과 카운터 주문이 동시에 들어오는 주말 점심시간에는 정말 아비규환이다. 배달과 드라이브스루까지 같이 있는 매장이라면 거기가 바로 지옥이다.

특히, 매장 밖의 무인주문인 앱 배달주문이 늘어나면서 전쟁터의 총알처럼 배달들이 쏟아진다. 패스트푸드점에서는 지금까지 전용 앱과 콜센터를 통해 배달주문을 받았다. 최근 배달의 민족과 요기요 등 주문중개 프로그램을 통해 배달이 가능해졌고 우버이츠 주문도 가능해졌다. 그래서 '배달의 민족, 주문~!'과 '요기요 주문, 요기요오~!'의 귀엽고 신나는(?) 소리와 맥도날드의 주문이었던 '빠바밤, 빠빠빠암~!, 우버이츠의 '띵~ 띵~' 소리가 난무한다.

그 와중에 매장에 전화해서 배달시키려는 아날로그 손님까지 겹치면 전화에 대고 '전화 주문은 1600-××××입니다'라는 영혼을 느낄 수 없는 기계음이 사람의 입에서 튀어나오게 되는 것이다. 게다가 무인화를 명분으로 사람까지 줄이니 노동강도는 더 늘어나고 있다.

누군가 기계가 10년 안에 사람의 노동을 대체할 것이라고 용감하게 주장한다면, 기계 뒤치다꺼리 하는 노동은 오히려 늘고 있고, 언제 올지 모르는 10년보다 오늘 하루가 중요한 이들이 있다는 것을 잊지 말아야 한다고 말해 주고 싶다. 게다가 사람값이 기곗값보다 싸다면 10년은 20년이 될지 30년이 될지 알 수 없는 일이다. 서비스노동자 대부분은 최저임금 노동자들이다.

기술변화 비용을 노인혐오와 감정노동에만 맡길 것인가?

패스트푸드점에서만 벌어지는 일은 아니다. 점심을 먹으러 무인주문 음식점에 들어가서 밥을 먹고 있는데 일군의 할머니, 할아버지들이 들어왔다.

"에휴, 우리는 이런 거 할 줄 모르는디~."

익숙한 듯 알바노동자가 다가와서 노인분들이 드시고 싶은 메뉴들을 일일이 찍었다. "제일 맛있는 게 뭐야?", "여긴 뭐 들어가"라고 물을 때마다 터치도 끊겼다. 알바의 얼굴이 점점 상기되고 붉어졌다. 위에서 이야기한 손님들도 대부분 나이가 많으신 분들이다. 이런 환경 속에서 일하다 보면 없던 노인혐오도 생길 판이다.

그동안의 기술발전 담론은 주로 일자리 문제에 한정해 논의됐다. 그러나 기술의 발전은 디지털 약자에 대한 혐오와, 곧 사라질 쓸모없는 일자리라는 평가를 받으면서도 디지털 약자들의 짜증과 불만이라는 과중한 업무를 수행하는 서비스 노동자의 희생 위에서 이루어지고 있다.

이들은 기술발전을 통해 이익을 얻는 자들이 아니다. 이제 우리 사회 전체가 노인과 노동자들을 비롯해, 기술발전에 따른 소외계층을 위한 디지털 안전망, 디지털 복지시스템을 진지하게 고민해야 한다. 기술발전의 목

> 표가 '사람'이라면, 혁신을 위해 투자되어야 할 곳은 연구 개발 분야뿐만은 아닐 것이다.
>
> 박정훈, 「햄버거 던지고…무인 주문기계 '키오스크'가 펼친 지옥도」, 『오마이뉴스』, 2019.5.14.

편의성의 측면을 생각해 볼 때 키오스크는 또다른 문제를 가지고 있다. 키오스크 시스템이 가지고 있는 특징 중에 하나는 상호작용성이 없다는 것이다. 이는 현재 우리가 포털 페이지를 사용하듯이 검색형 시스템의 하나와 같은 구성이다. 이용자의 편의를 위하여 이미지와 최소의 텍스트를 활용하지만 이미지를 이해하기 위해서는 무엇보다 자신이 선택해야 하는 대상에 익숙해야 한다. 한국소비자원이 조사한 키오스크의 불편한 점에 대한 설문도 같은 결과를 보여 준다. 소비자들은 스스로 검색 능력을 가져야 원하는 상품을 찾을 수 있고, 화면이 익숙하지 않아 읽기 어려우며, 상품에 대한 궁금증을 직접 해소하는 것도 쉽지 않다는 점을 제시하고 있다.

만약 이러한 의문점을 가지고 인간 점원에게 주문을 한다면,

"이 매장에서 제일 맛있는 버거가 뭐에요? 추천해 주세요!"
"○○버거입니다."
"그걸로 주세요"

세 문장이면 되지만, 키오스크로 선택하기 위해서는 최소 13페이지의 단계를 거쳐야 할 뿐 아니라 20대 대학생들도 평균 47초의 시간이 걸려야 주문을 완료할 수 있다(김희수 외, 2020). 인간의 커뮤니케이션은 공유된 맥락을 뛰어넘을 수 있으며 자신의 목표를 바로 호출해 낼 수 있기 때문에 시간을 절약할 수 있지만, 기계와의 커뮤니케이션은 기계의 언어에 맞출 수 없으면 원하는 목표에 도달할 수 없다는 점에서 큰 차이를 지닌다.

물론 이러한 키오스크의 단점은 더 많은 기술의 발전으로 변화해 갈 것이다. 그러나 앞선 기사에서 본 것과 같이 키오스크가 가지고 있는 문제는 단순히 조작 미숙으로 자신이 원하는 정보에 접근할 수 없다는 것만이 아니다. 기계 조작 미숙이 자신에 대한 소외로 느껴지게 하는 것, 세대 격차나 정보 소외 계층으로 인식되는 문제 등은 단순히 기술 활용 미숙으로 인한 불편함을 넘어 사회적인 문제이다. 그뿐 아니라 기계 작동을 위한 인간 노동의 과도한 투여, 또 기계로 인한 부차적 노동의 과도한 요구가 '자동화로 인한 노동 효율성'이라는 잘못된 수식어로 가려지면서 벌어지는 인간 - 기계의 역전된 차별도 고민해야 할 문제다.

무엇보다 서비스업이 가진 감정노동의 문제를 해결하려는 방법으로 기계를 도입했으나, 기계로부터 소외된 인간의 감정까지 헤아려야 하는 또다른 감정 쓰레기통이 되고 있는 노동자의 상황은 매우 아이러니한 현실이다. 4차 산업혁명이 매슬로 Maslow의 자기 실현 욕구를 실현하기 위한 것이라면, 서비스 산업에서 상실된 노동자를 존중하기 위한 노력으로 등장한 기술이 오히려 기계와 인간 모두를 서비스해야 하는 잘못된 방향으로 가고 있는 것은 아닌가 하는 우려가 된다. 이를 해소하기 위해서는 조금 더 '스마트'한 인공물이 필요할 것인데, 검색이 아니라 소통이 될 수 있는 방법에 대해 더 많은 고민이 필요할 것이다.

(3) 스마트 인공물에 대한 감정

1) 스마트 인공물을 이용할 때 경험하는 감정

스마트 인공물을 이용할 때 어떤 사람들은 감정 없이 의도한 편의만을 취한다. 그러나 누군가는 그 편의성에 감탄하고, 누군가는 낯선 조작법과 기다리는 사람들에 의해 당황하고 위축되기도 한다. 앞에서 키오스크 사용자와 이면의 노동자에 대한 기사에서 보았듯 스마트 인공물을 상업시설에 도입할 것인지 결정할 때는 그것이 가져올 잠재적 비용 감축도 고려해야 하겠지만, 최대한의 비용 감축만을 기대했다간 자칫 스마트 인공물 때문에 불쾌하거나 조바심이 나서 아예 발길을 돌려 버리는 이용자들로 더 큰 손실을 겪을지도 모른다.

사람과 사람 간의 상호작용(HHI)과 사람과 기계 간의 상호작용(HMI)에서의 감정 경험을 비교한 한 연구에서는 연구 참여자들에게 긍정적이었던 HHI와 HMI, 또는 부정적이었던 HHI와 HMI를 떠올리게 하고 각 사건에 대해 94개의 감정 형용사의 강도를 평가하도록 했다(Walter et al., 2014). 예를 들어 긍정적 HHI의 경우, 아래와 같은 지시문이 제공되었다.

"일상생활에서 우리는 종종 다른 사람들과 직접 만나게 됩니다. 우리는 친구들을 만나고, 동료들과 회의를 하고, 대중교통에서 낯선 사람들 옆에 타고, 가게에서 판매원들이 우리에게 조언을 해주는 일 등을 경험합니다. 지난 7일을 되돌아보십시오. 당신은 어떤 사람들과 만났습니까? 당신이 여전히 잘 기억하고 있는 비교적 긍정적인 상황을 선택하세요. 그것은 다소 중요하지 않거나 매우 중요한 상황일 수 있지만, 그건 상관없습니다. 중요한 것은 그 상황에 한 명 또는 여러 명의 사람들이 연루되어 있어야 하고, 당신은 여전히 그 순간을 잘 기억하고 있어야 한다는 점입니다."

다른 조건에서는 '사람'을 '기술'이 대체했고, 긍정적인 상황 대신 부정적인 상황을 물었다. 각 지시문에 대해 연구 참여자들은 자신의 경험을 바탕으로 시나리오를 작성했고, 연구자가 제공한 94개의 감정 형용사에 대해 1점에서 6점까지의 척도로 응답했다. 여기에 포함된 감정 형용사는 '화가 난, 즐거운, 짜증난, 불안한, 부끄러운, 놀란, 주의를 기울인, 이끌린, 어색한, 지루한, 차분한' 등이었다.

분석 결과, HMI 조건에서 가장 많이 발견된 긍정 감정은 '만족한, 기쁜, 즐거운, 안심한, 기분 좋은'이었고, 부정 감정은 '짜증난, 약이 오른, 조바심 나는, 화가 난, 불만족스러운'이었다. 반면, HHI 조건에서 가장 많이 발견된 긍정 감정은 '행복한, 기쁜, 만족한, 기분 좋은, 좋은'이었고, 부정 감정은 '불만족스러운, 좋지 않은, 불쾌한, 화가 난, 짜증난'이었다. 그리고 HHI에서 전반적으로 감정의 강도가 높은 것으로 나타났다.

한편 연구자들은 스마트 인공물을 포함한 로봇과 상호작용을 할 때 어떤 감정적 반응이 우세한지 더 구체적으로 연구했다. 많은 연구에서 사람들이 자동화된 (특히 인공지능에 기반을 둔) 로봇에 대해 부정적인 태도를 가진다는 것을 밝혀 왔다. 대표적으로, 많은 연구에서 인용되는 로봇에 대한 부적 태도 척도 Negative Attitude Towards Robots Scale, NARS를 살펴보면, 일상생활 속 소통 로봇에 대한 이용자의 태도를 측정하기 위해 개발된 것으로, ① 로봇과 소통하는 상황에 대한 부정적인 태도, ② 로봇의 사회적 영향에 대한 부정적인 태도, 그리고 ③ 로봇과 상호작용할 때 발생하는 감정에 대한 부정적인 감정으로 구성된 하위요소들을 가지고 있다(Nomura et al., 2006).

바트넥 등은 이 척도를 활용하여 문화적 배경이 로봇에 대한 태도에 미치는 영향을 조사하였다. 7개 국가로부터 연구 참여자를 대상으로 설문 조사를 수행하였고, NARS에 있어 문화 간 차이가 나타나는지 분석한 결과, 문화적 배경은 로봇에 대한 태도에 주요한 영향을 미친다는 것을 발견했다. 구체적으로는 미국 출신 참여자들이 가장 긍정적인 태도를 가진 반면, 멕시코 출신 참여자들은 가장 부정적인 태도를 보였다. 또한 아이보와 같은 로봇과 소통한 경험은 태도에 긍정적인 영향을 미쳤지만, 단지 아이보를 소유하고 있는 것만으로는 태도를 개선하는 데 영향을 주지 못했다(Bartneck et al., 2006)

스마트 인공물 사용으로 인한 긍정적 감정 반응도 연구되었다. 특히, 재미는 셀프서비스 테크놀로지 수용 연구에 주요 개념으로 포함되었다. 예를 들어 콜리어와 반스는 소비자 경험의 쾌락적 가치를 지향하는 셀프서비스 환경에서 고객의 기쁨을 예측하는 데 유의미한 영향을 미치는 것은 셀프서비스 경험의 효율성이 아니라 재미라는 것을 검증하였다(Collier & Barnes, 2015). 또한, 레스토랑 인터랙티브 셀프서비스 테크놀로지 사용 맥락에서 고객의 긍정적인 감정 반응은 접근 행동을 정적으로 예측했고, 회피 행동을 부적으로 예측함을 밝힌 연구도 있다(Ahn & Seo, 2018).

2) 스마트 인공물 속성에 따른 효과

키오스크 이외에도 스마트 인공물의 대상을 구체화하여 연구를 수행하게 됨에 따라 인공물의 속성에 따라 이용자의 감정적 반응이 달리 나타나는 것을 확인할 수 있었다. 가장 많이 연구된 스마트 인공물의 속성으로는 유형성을 들 수 있다. 스마트 인공물이 얼마나 실재적인지를 뜻하는 유형성Tangibility은 이용자 감정에 긍정적인 영향을 미치는 것으로 나타났다. 예를 들어 심과 아킨의 연구(Shim & Arkin, 2014)에 따르면, 컴퓨터 화면에 비해 로봇이 피드백을 제공했을 때 노년기의 연구 참여자들은 더 흥미를 보였고, 동기부여되었으며, 믿음을 보였다. 즉, 초기에 로봇에 대한 태도가 부정적이지 않다면, 유형성은 감정적 신뢰를 향상시켰다고 해석할 수 있다(Glikson & Woolley, 2020).

또 다른 연구에서는 로봇의 형태가 태도에 미치는 영향과 가까운 물리적 거리를 요구하는 과업을 수행할 때 사람과 로봇 간의 물리적 거리의 영향을 탐색했다. 연구 결과, 사람들은 서 있는 로봇에 비해 앉아 있는 로봇에 더 쉽게 다가갔고, NARS의 감정 관련 하위 척도는 '로봇으로부터 유지된 거리'와 유의한 상관을 보였다(Sandoval et al., 2016).

위와 같은 연구 결과는 스마트 인공물 전반에 대한 긍정적, 또는 부정적인 감정적 반응이 인공물이 지닌 속성에 의해 일부 개선될 수 있다는 것으로 해석된다. 그뿐 아니라 속성의 효과에 대한 연구는 향후 스마트 인공물을 개선하는 데 크게 이바지할 것으로 예측되는데, 이는 인간과 상호작용하는 대상이라는 측면에서 인간에게 긍정성을 유발할 수 있는 방법에 대한 방향성이라고 할 수 있다. 이러한 인간에게 맞춤화된 긍정성을 추구하는 측면이 향후 어떤 의미를 가지게 될지는 더 고민해야 할 문제이다.

(4) 스마트 인공물의 사회적 의미와 관계

1) 스마트 인공물의 사회적 의미

현재 우리 주변 환경 곳곳에 자리하며 일상의 일부가 되고 있는 스마트 인공물을 둘러싼 사회적 논의가 증가하고 있다. 이는 스마트 인공물이 단순한 도구를 넘어 '사회적 구성물'로 인간의 사회적 상호작용에 미치는 영향이 나날이 커지고 있는 현실을 반영한다.

과학기술학Science and Technology Studies, STS의 여러 이론들은 기술적 인공물의 사회적 의미를 규명하려는 시도를 지속해 왔다. 랭던 위너Langdon Winner는 사회 구성 요소로서 인공물의 정치적 특성을 최초로 주창한 대표적인 기술철학자다. 그는 기술의 의미와 영향력을 정확하게 판단하기 위해서는 그 효율성이나 생산성, 긍정적이거나 부정적인 환경적 부수 효과뿐 아니라 해당 기술이 특정한 유형의 힘과 권위를 체화Embodiment하는 방식, 즉 기술의 '정치성'을 살펴야 한다고 주장한다. 핵무기처럼 그 위험성으로 인해 중앙집중적 통제 관리가 필연적으로 수반되는 기술과 같은 특정한 예외가 없는 것은 아니지만, 많은 경우 기술의 정치성은 사회적인 맥락 속에서 구성되고 변동한다. 이 같은 기술의 정치성은 기술적 인공물이 사회집단들의 사회작용 속에서 빚어지게 됨을 역설하며 기술발전이 결국 사회과정의 일종임을 주장한 과학기술학자 트레버 핀치Trevor Pinch와 위비 바이커Wiebe Bijker의 '기술의 사회적 구성Social Construction of Technology, SCOT' 이론과 유사한 시각을 공유한다. 특히 핀치와 바이커는 기술적 인공물의 의미가 사회적 요소에 따라 여러 다양한 의미로 해석될 수 있다는 해석적 유연성Interpretative Flexibility의 개념을 소개하는데, 이 개념은 동일한 기술적 인공물이 사회 집단의 특징 및 집단 간 상호작용과 관계의 역학에 따라 각각 다른 방식으로 해석될 수 있음을 암시한다. 키오스크가 젊은 세대에서는 불필요한 형식적 소통을 줄이는 편의와 효율성의 통로라면, 중장년이나 고령 인구에게는 인간적인 접촉과 도움을 기대하기 어려운 새로운 장벽으로 여겨질 수 있는 것이 하나의 예다.

    키오스크, 서빙 로봇, 우리의 안면이나 생체반응을 감지하고 반응하는 여러 기술들…. 현재 우리가 일상에서 접하는 수많은 스마트 인공물들은 우리들의 커뮤니케이션과 관계에 어떤 영향을 미치고 있을까? 이들은 사람과 사람 사이의 소통을 단절하고 관계의 발전을 저해하는 요소일까, 아니면 형식적인 커뮤니케이션을 줄이고 '진정한' 소통과 관계에 집중하게 하는 요소일까?

여기서의 논의는 스마트 인공물이 인간사회의 관계 형성에 긍정적이거나 부정적이라는 성급한 결론을 내리는 데 있지 않다. 스마트 인공물의 여러 기술적 특성과 인간사회의 다양성에 따라 인공물의 의미에 대한 해석 또한 그만큼 복잡해질 수밖에 없기 때문이다.

이에 현 시점에서는 스마트 인공물과 같은 기술적 요소의 도입과 개발, 사회적 수용 과정에 필연적으로 개입되는 사회적 집단들의 복잡성과 여기에 기반한 유연한 해석이 개인과 집단의 상호작용과 관계에 가져오는 함의를 찾는 것에 중점을 두어야 한다. 인간적인 접촉 Human Contact을 위한 상호작용성이 고도화되어 있지 않은 스마트 인공물의 특성을 감안할 때, 인간관계에 대한 기술의 영향이 기술 자체보다도 이를 둘러싼 정치, 경제, 사회, 문화적 환경과 그에 대한 인간의 해석에 큰 비중을 두고 규정될 가능성이 크기 때문이다. 이와 같은 시각에서, 기술의 영향에 대한 해석은 사회 속 개인과 집단에 따라 상대적일 수밖에 없다.

2) 스마트 인공물과 사회적 관계

인공물을 사회적 행위의 주체로 보는 시각에는 생각보다 오랜 역사가 있다. 2016년 인공지능 알파고와 바둑기사 이세돌의 대국과 같이 기술이 인간의 능력을 압도하며 인류에 충격을 던질 정도가 된 것은 비교적 최근의 일이나, 기술적 인공물이 세계의 모든 구성요소가 포함된 상호 관계 속에서 현상이 구성되는 과정에 기여한다고 파악하는 사유는 1980년대 초부터 여러 학자들의 이론적 논의를 거치며 지속적으로 발전해 왔다. 그중 대표적인 이론은 기술사회학자 브뤼노 라투르, 존 로John Law, 미셸 칼롱Michel Callon 등이 기틀을 닦은 행위자-연결망 이론 Actor-Network Theory, ANT이다.

ANT는 생물, 무생물, 기술 등을 포함하는 비인간 '객체'가 인간 행위자와 연합하여 사회 연결망을 구성하고 현상과 지식을 발생시키는 과정에 기여한다는 급진적인 관점을 제시하고 있다. 이러한 관점을 급진적이라고 일컫는 이유는, 여기서 비인간 존재가 인간에 의해 변화되는 객체적 위치를 넘어 인간의 행동을 변화시킨다는 '주체'로서의 역할을 부여받고 있기 때문이다. 도로에서 방지턱을 확인하고 의식적으로 운전하던 차량의 속도를 줄이는 운전자 등이 비인간 행위자가 인간 행위에 미치는 영향력을 설명하는 예가 될 수 있다. ANT에서 구상하는 행위자 연결망에서는 중심부와 주변부를 별도로 구분하지 않고, 따라서 인간 행위자와 비인간 행위자에 의한 행위성 간의 특정한 위계 또한 전제하지 않는다.

유사한 맥락에서, 인공물은 '경계물Boundary Object'로도 정의

된다. 사회학자 수전 레이 스타Susan Leigh Star에 의해 주창된 개념인 경계물은 여러 사회집단들의 협업 과정에서 모든 집단이 의미를 공유하게 되는 정보나 물체 등의 대상Object을 지칭하는 용어로, 각 집단은 이를 통해 공동의 정체성을 형성하는 한편, 집단 고유의 해석적 유연성을 통한 독자적인 이용 양식을 가질 수 있게 된다. 즉, 비인간 행위자가 인간 행위자로 하여금 행위의 자율성을 진작함과 동시에 공동체 의식의 함양을 돕는 역할을 하게 되는 것이다.

나아가, 미국의 여성주의 학자 도나 해러웨이Donna Haraway가 발표한 「사이보그 선언문A Cyborg Manifesto」(1985) 또한 비인간 존재의 존재감을 역설한 기념비적인 에세이다. 그녀는 20세기 기계의 발전이 인간과 동물, 유기체와 기계, 물질과 비물질 사이의 경계를 허물고 있다고 주장하며, 결국 여성, 유색인종 등 특정 사회 집단이 근원적인 통일성Essential Unity을 가진 것으로 규정하던 기존의 사회 이론에 반기를 든다. 이에 대한 대안은 우리 인간 모두가 기계와 유기체의 혼종Hybrid인 사이보그임을 수용하는 것으로, 이 같은 인식의 전환을 통해 사회의 취약 계층이나 소수자가 기존의 권력 구조에 종속되지 않고 오히려 이를 전복할 가능성이 열릴 수 있다고 낙관한다.

해러웨이의 주장은 비인간과 인간이 동등한 위치에서 상호 연결된 '하이브리드' 연결망을 넘어 인간의 '기계화'가 인간과 비인간을 '사이보그'라는 혼종적 정체성으로 융합한다는 점에서 가장 급진적인 시각이다. 생체 칩 이식은 물론이고, 우리가 일상에서 거의 떼어놓지 않는 스마트폰과 스마트 워치 같은 기기부터 원격 제어 기기들을 상시 연결하여 주거 환경을 제어하는 스마트 홈 기술 같은 사례 등을 고려하면 인간이라는 유기체와 그 주변 환경이 점차 기계화되고 있다는 주장을 부정하기 어렵다.

위와 같은 해석에 따르면, 스마트 인공물은 그 기능과 성능 수준에 관계없이 인간과 상호 연결망을 구축하고 인간의 행동을 변화시키며 폭 넓고 다양한 사회 현상의 발생에 기여하는 동등한 참여자가 될 수 있다. 예컨대, 키오스크를 도입한 매장에서는 주인과 손님이 서로 커뮤니케이션 하는 대신 키오스크를 통해 요구사항을 주고받는다. 키오스크가 인간 커뮤니케이션의 양식에 변화를 가져온 것이다. 서비스 공급자나 수혜자뿐 아니라 고령인구 집단 등 디지털 취약 계층과 젊은 세대 간 기술이 각각 다른 의미로 해석될 것을 짐작하는 것 또한 어렵지 않다. 디지털 장벽으로 인해 고령층은 키오스크가 없는 상점을 찾는 경향이 커지고, 반대로 젊은 세대는 키오스크가 있는 매장을 편리하게 여기는 등 이용 양식에도 변화가 일어날 수 있다. 다소 극단적인 가정일 수 있지만, 이는 세대 간 격차를 넘어 단절과 분리로 이어질 수 있다는 맥락을 암시한다.

앞서 살핀 키오스크의 예처럼, 동일한 기술도 다각적인 사회적 환경과 사회 집단의 특성에 따라 여러 다양한 방향의 해석이 가능하다. 따라서 우리가 던져야 할 질문은 특정한 스마트 인공물 자체보다도 기술을 수용하고 활용하는 과정에서 소통 양식 및 관계망의 양상과 특징을 변화시키는 인간, 그리고 사회의 다양한 특성에서 출발해야 할 것이다.

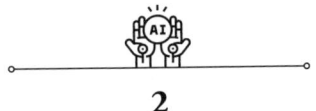

2

대화형 챗봇

(1) 대화형 챗봇의 정의와 특징

1) 챗봇의 유형과 특징

많은 사람들이 제품 구입이나 상담, 기타 질문이나 불편사항에 대한 도움을 받기 위해 채팅 로봇, 즉 챗봇과 대화해 본 경험이 있을 것이다. 자신이 하고 싶은 말이나 질문을 텍스트 또는 음성을 통해 전달하면 챗봇은 빠른 속도로 그에 알맞은 답을 제공하거나 요청을 수행해 준다. 점점 많은 영역에서 인간 관리자 없이도 실시간으로 이용자를 지원할 수 있는 챗봇 서비스를 제공하고 있고, 이에 따라 전자상거래, 의료, 금융, 뉴스, 교육 등 여러 산업 부문을 넘어 공공행정 영역에서도 인기리에 챗봇이 활용되고 있다. 나아가 챗봇은 비즈니스 등 기능적 목적 달성을 위한 활용을 넘어 다양한 주제로 대화할 수 있는 관계형 서비스에도 적용되며, 일상적인 인간 커뮤니케이션 활동의 일부가 되고 있다.

챗봇은 인터넷상에서 인간 이용자와의 대화를 시뮬레이션하기 위해 디자인된 컴퓨터 프로그램이라고 정의할 수 있다. 인공 대화 객체Artificial Conversation Entities, 인터랙티브 에이전트, 대화형 에이전트, 스마트 봇, 디지털 어시스턴트로도 불린다(Adamopoulou & Moussiades, 2020).

과거에는 사전에 미리 커뮤니케이션의 흐름을 예측하여 예상 답변 유형을 설계하고 이용자들이 주어진 메뉴를 클릭하게 하거나 키워드를 입력해 그에 매칭되는 답변을 노출하는 규칙 기반Rule-Based 챗봇이 주류를 이루었으나, 최근에 우리 머릿속에 주로 떠오르는 챗봇은 대규모 데이터 기반의 훈련을 거쳐, 더욱 자연스러운 대화가 가능한 수준에 다다른 인공지능 챗봇이다. 특히 최근에는 오픈AIOpen AI사에 의해 개발된 챗지피티 등 인간보다 더 '똑똑하게' 사람들의 질문에 응답하는 생성형 Generative 인공지능이 전 세계적인 관심의 대상이 되며 인간을 뛰어넘는 인공지능의 가능성에 대한 전망이 다시금 화두가 된 바 있다.

머신러닝과 감성 분석의 발전으로, 챗봇은 과제 해결형 대화 Task-Oriented Dialogue부터 친구와 대화를 나누는 것 같은 자유 주제의 대화Open-Domain Dialogue까지, 보다 '인간다운' 커뮤니케이션 경험을 제공할 수 있도록 발전해 왔다(Vinyals & Le, 2015; Singh & Beniwal, 2022). 애플의 시리와 삼성의 빅스비, 아마존의 알렉사, 마이크로소프트의 코타나 등이 음성 기반 대화 서비스를 제공하는 챗봇의 초기 모델이라면, 현재 가장 뜨거운 화제를 모으고 있는 것은 오픈AI의 챗지피티나 구글의 바드Bard, 메타의 라마LLaMa, 엔트로픽Anthropic의 클로드Claude 등 생성형 인공지능 기반 챗봇들이다.

생성형 인공지능은 딥러닝 모델을 기반으로 인공신경망Artificial Neural Networks을 활용하여 방대한 데이터 속 복잡한 패턴과 구조를 스스로 학습하고, 이를 활용해 새롭고 독창적인 데이터를 만들어 내는 기술이다. 기존의 인공지능이 데이터 학습을 통해 패턴을 이해하고 예측하는 데 초점을 두었다면, 생성형 AI는 기존 데이터와 비교해 새로운 창작물을 생산해 내는 것을 주된 기능으로 한다.

생성형 인공지능이 내놓는 결과물은 단순히 텍스트에 국한되지 않는다. 데이터 학습을 통해 텍스트, 비디오, 오디오, 사진 등 다양한 콘텐츠를 만들어 낼 수 있으며, 텍스트를 이미지나 음성, 영상 등으로 변환하는 창작 형태의 유연한 전환도 가능하다. '프롬프트Prompt'라고 불리는 이용자의 요구나 지시와 같은 입력 사항에 부응하여, 생성형 인공지능은 시나 소설, 시나리오뿐 아니라 사진이나 그림, 또는 작곡까지 다양한 창작 콘텐츠를 인간이 만들어 낸 것과 비슷하거나 더 높은 수준으로 빠른 시간에 만들어 내고 있다. 텍스트 영역을 넘어, 이미지를 생성하는 대표적인 AI 도구로는 달리DALL-E와 미드저니Midjourney, 스타일갠StyleGAN이 있고, 음성 영역에서는 에이바Aiva, 사운드로우Soundraw, 영상 영역은 신데시아Synthesia와 비드VEED 등을 들 수 있다.

　이와 같이 적용된 기술의 변화에 따라 챗봇의 답변 수준과 성능은 차이가 드러날 수밖에 없지만, 챗봇 기술의 공통적인 특징은 바로 챗봇과 상호작용하는 방식이 가장 기본적인 인간 커뮤니케이션 형태에 가깝다는 점이다. 우리는 우리가 일상에서 사용하는 말 또는 글을 이용해 챗봇에 질문을 던지고, 챗봇은 축적된 거대한 양의 인간 커뮤니케이션 데이터에 기반한 학습을 거쳐 우리의 질문에 답을 제시한다. 인간과 비인간 존재 사이의 커뮤니케이션이 우리의 일상 커뮤니케이션에서 점차 더 큰 비중을 차지하는 현 시대에, 발전하는 챗봇에 대응하는 인간 커뮤니케이션 양식과 이에 영향을 줄 수 있는 요소들에 대한 고찰은 미래의 커뮤니케이션 방향성을 암시하는 중요한 단서가 될 것이다.

2) 챗봇의 핵심 구성 요소와 작동 방식 및 동작 원리

　챗봇은 현재 셀 수 없이 많은 서비스 분야에서 활용되고 있으나, 이를 구동하기 위한 몇 가지 대표적인 유형의 기술적 원리가 있다.

　우선 가장 기본적인 방식은 패턴 매칭Pattern Matching 기법이다. 이는 특정한 유형의 자극(질문)에 쌍을 이루는 응답을 예측하는 방식으로, 이용자의 질문에 일관적인 답을 내놓을 수 있다는 것이 장점이다. 그러나 이 기법은 답변을 쉽게 예측할 수 있고, 반복적이기 때문에 다소 기계적인 커뮤니케이션이 이뤄질 수밖에 없다는 점이 한계이다.

여기에서 조금 발전된 형태가 마크업 언어Markup Language 기법인데, 이는 방대한 데이터 코퍼스에서 질문이나 답변이 되는 데이터를 구조화해, 질문에 대한 답변이 되는 요소를 체계적으로 정리하는 것을 돕는 언어이다. 주로 템플릿 기반 체계에서 정해진 질문에 대한 답만 제시할 수 있는 마크업 언어는 단어 간 유사성을 통해 답을 찾아내는 잠재 의미 분석Latent Semantic Analysis 기법과 함께 많이 사용된다. 이 외에도 시계열 데이터를 이용하는 순환 신경망Recurrent Neural Networks, RNN과 최적의 작업 수행 방법을 학습하기 위한 강화학습Reinforcement Learning, RL 기반 알고리즘도 챗봇 설계를 위해 도입되고 있다.

최근 챗봇 시스템의 주류로 첫손에 꼽히는 기술은 뭐니뭐니 해도 자연어 처리NLP 기술이다. 즉, 기계학습을 통해 컴퓨터가 인간의 문자나 음성 언어를 '이해NLU'하고 그에 대한 답을 또한 인간이 이해할 수 있는 형태로 표현하는 것이다. 컴퓨터가 이용자의 질문에 대해 적절히 응답하기 위해 이용자의 발언 맥락과 그 의미를 이해하는 것은 특히 중요한데, 자연어 처리 기법은 컴퓨터가 이용자가 입력한 질문 문장에서 그 의도 및 세부 관련 정보를 파악하는 것을 돕는다. 이 정보는 특정 영역별 전문 지식뿐 아니라 이용자가 과거에 입력했던 내용과 같은 맥락 정보 등과 연결되어 챗봇이 보다 자연스러운 방식으로 정확한 응답을 할 수 있게 한다.

이처럼 챗봇이 이용자 질문을 처리하고 답변을 생산하는 방식을 설계하는 데 사용되는 기술에 따라 챗봇은 크게 규칙 기반 모델, 추출 기반Retrieval-Based 모델, 생성형 모델의 세 가지 유형으로 나눌 수 있다(Adamopoulou & Moussiades, 2020).

규칙 기반 모델은 인간이 인공지능 마크업 언어 기능 등을 활용해 미리 규칙을 설정하고, 컴퓨터가 여기에 따라 가장 적절한 응답을 골라 내는 것이다. 이 모델은 모든 경우의 수에 대응하는 규칙을 설정하는 것이 현실적으로 어려울 뿐더러, 이용자의 입력이 설정된 규칙과 매칭되지 않는 경우 적절한 답을 제시하는 데 어려움이 있을 수 있다. 한편, 추출 기반 모델과 생성 모델은 컴퓨터가 자가학습을 통해 이용자에게 응답을 제시하도록 설계된 방식이다. 우선 방대한 데이터베이스로 색인Index을 구성한 후 후보 답변들을 추출하고, 여기서 가장 적합도가 높은 답변을 골라 내는 추출 기반 모델은 규칙 기반 모델보다 유연성 있게 이용자의 질문에 응답할 수 있다.

생성 모델은 기계학습과 딥러닝 기술을 적용해 모델을 만들고 학습하는 과정을 거쳐 가장 '인간다운' 응답을 직접 생성해 내도록 하는 방식이다. 여기서 어색한 문장이나 문법 정보의 오류가 있는 문장이 생성될 수 있는 직접 생성방식의 단점을 극복하기 위하여, 추출 후 정제방식Retrieve and Refine도 복합적으로 활용될 수 있다(Roller et al., 2020).

이러한 일련의 챗봇 기술 발전 과정은 챗봇과 인간 사이의 커뮤니케이션을 바라보는 관점에 두 가지 큰 화두를 던진다. 첫째로, 기술 발전으로 보다 '인간다운' 컴퓨터의 응답이 가능해지고, 이에 따라 자연스러운 상호작용이 현실화되고 있다는 것이다. 다음으로, 과거 대화 기록을 학습하여 컴퓨터가 우리를 '기억'하고, 현재의 대화에 그 내용을 풀어 낼 수 있게 되었다는 점이다. 이 두 가지 지점은 인공 대화 객체에 대한 인간의 심리적 거리를 크게 좁힐 수 있는 맥락을 시사한다. 새로운 형태의 커뮤니케이션이 우리 삶에 스며들면서 미래의 커뮤니케이션에서는 인간-기계 상호작용Human-Machine Interaction, HMI이 점점 더 중요한 역할을 할 것으로 예상할 수 있다.

3) 상호작용을 위한 챗봇의 디자인 요소들

챗봇과의 상호작용에서 핵심은 결국 사람이 챗봇을 매개로 다른 사람과 소통하는 것이 아니라 인간과 챗봇, 즉 인간과 기계의 직접적인 소통이다. 따라서 기술적 설계 방식 외에도 인간이 대화 상대방인 챗봇을 인식하고 커뮤니케이션하는 것에 영향을 미치는 다른 관여 요소들이 등장할 수 있다. 가장 대표적인 것이 챗봇에 인간과 유사한 이름을 붙이는 등의 의인화 요소, 대화 스타일, 캐릭터에 반영된 시각적 신호, 음성과 같은 청각적 신호 등을 포함하는 디자인적 요소이다. 챗봇에 이 같은 요소들이 고려될 때 사람들이 동일한 내용의 대화를 하면서도 챗봇에 대해 다른 인상을 가질 수 있게 된다.

챗봇의 주된 커뮤니케이션 수단이 언어인 만큼, 챗봇이 선보이는 커뮤니케이션 역량이 사람이 이들에 대해 갖는 인식에 적지 않은 영향을 미칠 것이라는 사실을 짐작할 수 있다. 여기서 커뮤니케이션 역량이란 단순히 이용자의 질문에 정확히 응답하는 답변의 품질만을 일컫는 것이 아니라, 사회적 상호작용 과정에서 사고와 느낌, 행동을 통합적으로 적용하는 긍정적인 사회적 행동의 특질들을 포함한다(Croes & Antheunis, 2021). 예를 들면, 이용자가 입력한 문장에 담긴 감정적 요소를 감지하고 이에 대해 공감을 표하는 행위를 통해 인간 고유의 온기를 느끼게 하는 방식이다.

더욱 직접적인 방식으로는 챗봇을 의인화하는 것도 하나의 디자인 전략이다(Roy & Naidoo, 2021). 의인화를 통해 인간이 챗봇을 포함한 비인간 객체 또한 타인을 인지하는 것처럼 인식할 수 있다는 것을 보여 주는 여러 연구 결과들이 발표된 바 있다. 빈번히 활용되는 양식은 인간 형상의 캐릭터를 서비스 화면에 노출하여 시각적 정보를 더하거나, 인간과 같은 이름과 정체성을 부여하는 방법이다. 또 챗봇이 인간의 언어 습관을 모방하게끔 설계할 수도 있는데, 줄임말이나 유행어, 감정 표현이나 이모티콘의 사용 등 문자 기반으로 표현되는 사람들의 언어적 소통방식을 챗봇이 따라 하도록 하거나, 대화가 이어지는 과정에서 두 명의 사람 사이에 문답이 오가듯 인간과 기계 간에서도 질문과 답변이 자연스러운 속도로 오갈 수 있게끔 조절하는 등이다. 음성 기반 챗봇의 경우에도 여성이나 남성, 아이나 성인, 노인의 음성 등 어떤 음성을 채택하느냐에 따라 이용자가 챗봇에게서 인간다움Humanness을 느끼는 데 영향을 줄 수 있다.

이처럼 '인간다움'을 부각하는 설계 방식은 사람들이 챗봇과의 상호작용의 품질을 높게 평가하는 데 영향을 미치며, 따라서 이들이 챗봇과 사회적·감정적으로 연결되어 있는 것 같은 감각을 강화하는 데 도움을 줄 수 있다는 보고가 있다(Bente, Rüggenberg, Kramer, & Eschenburg, 2008). 즉, 챗봇을 진짜 사회적으로 실재하는 존재처럼 느끼게 하는 사회적 현존감Social Presence이 증가하면서 사람들이 챗봇과 친숙한 관계를 유지하고 있다고 인식하는 준사회적 상호작용Parasocial Interaction이 활발하게 일어날 수 있다는 것이다(Tsai, Liu, & Chuan, 2021).

그러나 결국 챗봇은 특정 목적을 달성하기 위해 설계된 것으로, 아무리 자연스럽고 인간과 인간적으로 문답을 주고받을 수 있다 해도 정작 이용자의 요구사항에 적절히 대응할 수 없다면 대화 상대방인 인간 이용자에게 긍정적인 인상을 남기기 어렵다. 이러한 시각에서 보면 목적 달성을 위해 도움이 되는 기능성과 사회적 관계에서 바람직한 것으로 생각되는 커뮤니케이션 역량, 양쪽을 동시에 충족하는 챗봇이 사람들에게 가장 만족스러운 커뮤니케이션 경험을 남길 것으로 생각될 수 있다. 실제로 애덤 등의 연구는 챗봇의 의인화 요소와 일관성 있는 답변 품질이 모두 사람들이 챗봇의 요청을 따르게 하는 데 긍정적인 요소로 작용했다는 결과를 보여 준 바 있다(Adam, Wessel, & Benlian, 2020). 사람들이 챗봇의 유용성과 도움이 되는 정도를 높게 평가할수록 챗봇과의 커뮤니케이션을 번거롭거나 성가시게 느끼지 않았다는 발견도 있다(Van den Broeck, Zarouali, & Poels, 2019).

그러나 최근 챗봇을 둘러싼 논란에 비추어 볼 때, 정보 제공과 관계 형성 능력 등 커뮤니케이션 역량을 완벽하게 갖춘 인공 대화 객체가 항상 양질의 커뮤니케이션을 달성할 수 있는지는 재고해 보아야 한다. 이는 총체적인 커뮤니케이션 역량의 결집이 아이러니하게도 챗봇의 목적성을 달성하기 위한 최선의 방법이 아닌 경우가 있기 때문이다. 나아가, 결국 커뮤니케이션 프로세스에 참여하며 그 품질에 영향을 미치는 당사자는 챗봇만

이 아니라 우리 인간이기도 하기 때문이다.

(2) 대화형 챗봇의 이용과 인간의 감정

다음과 같은 상황을 상상해 보자. 사람들은 종종 ARS 서비스를 이용하다가 도중에 챗봇의 반응에 실망하여 '상담사 연결' 버튼을 누르고는, 드디어 연결된 상담사에게 "제가 몇 번이나 설명했는데 왜 자꾸만 안 된다는 겁니까?"라며 항의한다. 상상하기에 어렵지 않은, 오늘날 흔히 발생하는 일이다.

이에 따라 이용자가 챗봇과 소통할 때 얻는 정보의 질뿐만 아니라 그들이 경험하는 감정이 중요한 정보로 여겨진다. 그 이유는 이용자의 감정적 상태를 무시한 채 인터페이스를 개발하거나 적절한 감정을 보이는 데 실패할 경우, 이용자들은 해당 챗봇을 차갑고, 사회적으로 서투르며Inept, 믿음직스럽지 못하고, 유능하지 못한 것으로 지각하기 때문이다(Brave & Nass, 2002). 따라서 많은 연구자들은 사람들이 챗봇과 소통할 때 사람과 소통할 때와 유사한 만족감을 경험하는지, 그리고 유사하게 복잡한 감정 역동을 경험하는지 확인하고자 많은 노력을 기울이고 있다.

1) 챗봇과 인간의 상호작용과 감정 소통

챗봇과의 소통에서 가장 많이 연구된 주제 중 하나는 호전적 언어 사용일 것이다. 그만큼 챗봇-인간 상호작용 맥락에서는 부정적인 감정이 많이 연구되었다. 예를 들어 왕과 나카쓰의 연구

(Wang & Nakatsu, 2013)에 따르면 챗봇이 관련성이 낮은 응대를 했을 때 이용자들은 불쾌하거나 당황하는 등 부정적인 감정을 경험하는데, 이러한 부정적인 (나쁜) 감정은 이후 소통을 악화하거나 중단시키는 데 기여하기도 했다.

뿐만 아니라 챗봇에 의해 야기된 것이 아니더라도 이용자의 감정 상태가 챗봇에 대한 만족도나 태도에 영향을 미친다는 연구 결과도 있다. 예를 들어 차이 등의 연구 팀은 특히 분노와 곤란한 감정이 유발된 상황에 집중했다. 연구자들이 참여자들을 인공지능 기반 기술로 설계된 챗봇 안내자나 인간 안내와의 소통 조건에 임의로 배치한 결과, 참여자들에게는 곤란, 분노, 또는 중립 감정이 유발되었다. 지각된 유용성이나 백신 접종 의도(준수 의도) 측면에서 챗봇 조건과 인간 응대자 조건 간의 차이는 나타나지 않았다. 또한, 인간 응대자 조건에서는 어떤 감정이 유발되었는지에 따라 이용자 반응이 달라지지 않았다. 그러나 자기 보고 자료와 행동 데이터를 분석했을 때, 연구 참여자들은 분노가 유발된 상황에서 인간보다 챗봇과 소통할 때 더 낮은 만족감을 느꼈다.

흥미롭게도 연구 참여자들은 사람 응대자에 대한 만족도나 지각된 유용성이 자신의 정서 상태에 따라 달라지지 않는다고 답했지만, 그들의 실제 행동은 경험하는 감정에 따라 달라졌다. 특히 곤란한 감정이 유발되었을 때 연구 참여자들은 사람 응대자에게 백신의 위험 요소에 대한 고민(더 적은 문장 수)을 덜 드러냈다(Tsai et al., 2021). 이러한 결과는 사람에 비해 기계에게 더 친밀하고, 개인적이며, 부끄러운 정보를 더 많이 노출한다는 기존

연구(Lucas et al., 2014)와 상반된다.

또 다른 연구들은 챗봇의 기분, 또는 챗봇이 감정을 표현할 수 있는 능력이 이용자에게 미치는 영향에 집중했다. 한 연구에서 연구자들은 서로 다른 성격과 기분을 가진 챗봇 4개를 개발하였고, 각 챗봇에 대한 어린이들의 반응을 연구했다(Perez-Marin & Pascual-Nieto, 2013). 어린이들은 '나쁜 기분' 챗봇에게 공격성을 드러내지는 않았지만, 해당 챗봇에게 가장 적은 시간을 사용하였다.

챗봇의 자기노출이 이용자의 자기노출에 미치는 영향을 탐색한 연구도 있다. 이들은 연구 참여자에게 서로 다른 채팅 유형을 가진 챗봇과 3주 동안 소통하도록 했고, 챗봇의 자기 노출이 이용자의 자기노출을 촉진한다는 것을 밝혔다. 또한 챗봇의 자기노출이 높아질수록 이용자는 친밀도를 높게 지각했고, 챗봇과의 소통에서 즐거움을 경험했다(Lee et al., 2020).

2) 의인화된 챗봇에 대한 감정적 반응

의인화된 챗봇은 공감을 표현한다고 설명한 바 있다. 공감은 보통 두 차원으로 구성된 개념으로 정의된다. 인지적 공감은 다른 사람의 감정을 이해하는 것과 관련되고, 정서적 공감은 다른 사람의 감정으로 인지된 것에 대한 감정적 반응과 관련된다. 실제로 이 공감은 챗봇과 인간 간의 소통에서 '특별한' 존재로, 관계 발전이나 관여 등으로 정의되는 소통의 질에 지속적으로 영향을 미치는 것으로 드러났다(Rapp et al., 2021).

리우와 숨다(Liu & Sumdar, 2018)는 개인적인 문제에 대해 챗봇이 조언을 제공할 때 챗봇이 정보적인 도움을 제공하는 것이 나은지, 아니면 동정이나 공감과 같은 감정적 지지를 제공하는 것이 좋은지를 확인하기 위해 일련의 실험을 수행했다. 실제 챗봇과 소통하도록 설계된 이 연구의 결과에 따르면, 이용자들은 건강 문제와 관련해서 챗봇이 단순히 의학적 정보를 제공하기보다 정서적인 공감을 표현했을 때 더 지지를 받는다고 느꼈다.

또 다른 연구에서는 공감을 표현하는 '셀프 헬프' 챗봇의 효용성을 연구했다(Fitzpatrick et al., 2017). 연구자들은 불안 및 우울 증상을 보이는 대학생을 위해 챗봇을 개발했고, 이 챗봇의 '사람이 아닌 속성'을 강조하기 위해 워봇Woebot이라 이름 붙였다. 워봇은 내담자의 기분을 추적하고, 간략한 매일의 대화 속에서 인지 행동 테라피Cognitive-Behavioral Therapy를 제공하도록 설계되었다. 워봇은 "당신이 외롭다고 느낀다니 유감이네요. 제 생각에는 우리 모두 가끔씩은 좀 외롭다고 느껴요." 또는 "와! 그것 참 다행이네요."와 같은 방식으로 공감을 표현했다. 대학생 연구 참여자들이 2주 동안 워봇을 사용한 결과, 이 참여자들에게서는 유의하게 우울이 감소했다는 결과를 얻었다. 이들은 높은 관여도를 보였고, 거의 매일 채팅을 사용했으며, 챗봇의 공감적인 반응이 지닌 가치를 긍정적으로 평가했다. 이로써 공감을 표현할 수 있는 능력을 갖추면, 상대가 인간이 아니라도 치료 목적의 관계가 성립할 수 있다는 결론을 내릴 수 있었다.

공감을 제공하는 챗봇 중 가장 널리 알려진 챗봇은 아마도 치료 챗봇 앱인 레플리카Replika일 것이다. '레플리카-나의 인공지능 친구My AI Frield'는 미국에서 2016년에 개발되었으며, 누적 총

다운로드 수가 500만 건에 달하고, 평균 월간 이용자 수가 50만 명에 이르는 것으로 알려져 있다.

레플리카는 구글과 오픈AI의 텍스트 생성 딥러닝 알고리즘을 사용한다. 주로 텍스트 기반의 소통을 제공하지만, 이용자들은 저마다 자신의 AI 친구의 성별과 이름을 정하고, 아바타를 꾸미게 된다. 레플리카 이용자들을 대상으로 한 연구에 따르면, 챗봇은 메시지를 통해 감정적 지지를 제공하고 긍정적 정서를 높이므로 매일의 친구/동지로서 기능할 수 있다. 이용자 리뷰 1,800여 건을 분석한 결과, 레플리카가 보살핌, 사랑, 공감을 제공했을 때, 이용자들은 외로움을 덜 경험했다(Ta et al., 2020).

그러나 고객 서비스용 챗봇이 의인화되었을 때, 항상 긍정적인 결과가 따르는 것은 아니라는 결과도 나타났다. 앞선 예시에서 나왔듯 고객 서비스 맥락에서 가장 흔히 발견되는 개별 감정은 분노인데, 의인화된 챗봇이 오히려 고객의 분노를 더 강하게 불러일으킬 수 있다는 주장도 존재한다. '불쾌한 골짜기 이론 Uncanny Valley Theory'의 주장에서처럼 높은 수준의 의인화로 사람들은 챗봇 서비스에 대해 큰 기대를 가지게 되지만, 챗봇의 행동은 종종 이 기대를 저버린다(Mori, 1970).

크롤릭과 동료들은 일련의 연구를 바탕으로, 기업은 대화 이전이나 초기에 고객의 분노 수준을 확인하고 이를 바탕으로 챗봇의 의인화 수준을 결정해야 한다고 주장했다. 화가 난 고객에게 제공할 해결책이 덜 정교한 경우에는 의인화 수준이 낮거나 의인화되지 않은 챗봇에게, 반면에 중립적이거나 프로모션 관련한 내용일 때에는 의인화된 챗봇에게 고객 서비스를 맡기는 것이 유리하다는 결론이다(Crolic et al., 2002).

챗봇이 제공하는 서비스가 사람이 제공하는 서비스와 구분이 되지 않을 정도로 유사해지는 시점이 올 것이다. 레플리카 이용자 중 약 40%가 앱 속 챗봇을 일종의 낭만적인 파트너로 생각한다는 점에서 벌써 그 시대가 열렸다고 간주할 수도 있다. 이용자는 점차 인간과 챗봇을 식별해 내지 못할 것이고, 챗봇이 제공하는 서비스를 향한 기대 역시 이용자 간에 전반적으로 서로 유사해질 것이다. 이 시점이 오기 전까지는 고객 서비스의 주요 콘텐츠와 그에 수반된 정서를 고려하여 전략적으로 챗봇을 설계해야 할 것이다.

3) 생성형 인공지능과의 채팅

생성형 AI 챗봇이 얼마나 고객들을 만족시킬 것인지는 자연어 처리 모형이 고객의 의도를 얼마나 잘 파악하는지에 달렸다(Chen et al., 2023). 이용자는 그 대화에 대본이 짜여 있는 듯하다는 느낌을 덜 받게 되며, 챗봇이 더 사람 같다고 느낀다. 이용자들은 작업 시간을 아끼고, 생산성을 높이고, 때로는 지식을 얻을 수 있지만, 맥락 결여, 편향, 한정적인 전문지식, 감정지능의 결여, 잘못된 정보에 대한 취약성 등의 위험에 언제나 노출되어 있다(Mishra & Awasthi, 2023). 따라서 학생들이 과제를 할 때 챗지피티에 완전히 의존한다면, 매우 우수한 성적에서부터 매우 낮은 성적에 이르기까지 매우 다양한 성적을 받을 수 있다. 즉 생성형 인공지능을 이용한 과제는 성적의 리스크를 높이는 과정이라고 볼 수 있다.

한편, 챗지피티는 바로 고칠 수 있는 문제에 대응하거나 자주 묻는 질문에 알맞은 응답을 잘 제공할 수 있기에(Lowrey, 2023) 직무 불안정성을 상승시키는 위협적인 도구가 될 수 있다. 현재까지 이용자가 생성형 인공지능과 채팅하는 중에 경험하는 감정적 반응에 대한 연구는 없지만, 교육과 비즈니스 장면에 적용해봤을 때, 챗지피티와 같은 생성형 인공지능이 제공하는 편의는 단기적으로는 긍정 감정(예: 만족감, 놀라움, 흥미 등)을 불러일으키지만, 장기적으로 불확실성을 증폭시키기 때문에 이용자들로부터 불안감을 자아낼 것으로 보인다.

사회적 침투 이론에 따르면, 개인의 감정적 노출은 대화 상대의 상호적 감정 노출 및 지각된 친밀도와 정적으로 관련된다(Carpenter & Greene, 2016). 즉, 챗봇의 효과적인 감정 노출은 감정적, 관계적, 심리적 측면에서 이용자의 반응에 긍정적인 영향을 미친다는 것이다. 관련 문헌에 따르면, 사람-챗봇 간의 상호작용은 사람-사람 간의 상호작용만큼이나 이용자에게 다양한 감정 경험을 불러일으키고, 이러한 감정 경험은 이후 챗봇에 대한 만족도 및 사용 의도에 영향을 미쳤다. 또한 이전에는 챗봇이 특별한 형체 없이 존재하며 텍스트 기반의 반응만을 제공했으나, 기술의 발전에 따라 그림, 아바타, 버추얼 휴먼 등 다양한 형체를 갖추게 되었고, 형체를 갖춘 챗봇은 단순히 흥미도를 높이는 것이 아니라 공감 제공을 비롯한 주요 기능을 더 잘 수행할 수 있게 되었다.

이용자가 정확한 명령어를 입력했을 때 챗봇이 구조화된 많은 양의, 최신의 정보를 제공할 수 있다는 점에는 의심이 없고,

자연어 처리 기술이 발전함에 따라 정보 소통은 점차 더 정교해질 것이 분명하다. 그러나 챗봇이 궁극적으로 사람 상담자를 대체하고 상담자의 감정 노동을 대신하기 위해서는, 챗봇이 사람과 같은 감정을 전달하고 그에 상응하는 감정적 반응을 불러일으킬 수 있어야 한다. 소통 오류로 인해 엉뚱한 답을 제공하는 챗봇, 서투르거나 전혀 사람 같지 않은 위로(예: '그것 참 유감이군요')는 오히려 이용자의 답답함과 화만 돋우는 듯하다. 이러한 이용자의 마음 상태는 챗봇 다음에 등장하는 사람 상담자에게 부정적인 영향을 미칠 뿐이다. 따라서 다른 어떤 측면보다도 감정적 교류 능력이 향상될 때 챗봇의 활용 범위는 비로소 넓어질 것이고, 챗봇을 지원하는 감정 노동자의 웰빙 향상에도 기여할 것이다.

(3) 대화형 챗봇과 인간의 관계

"하이 빅스비, 내일 아침 6시 알람 맞춰줘!", "시리야, 오늘의 날씨 알려줘."

아침에 일어나서 날씨를 확인하기 위해서 일기예보를 기다리지 않을 뿐 아니라 검색을 위해서 웹페이지를 열지도 않는다. 인공지능 비서를 호출하여 알고 싶은 것을 묻거나, 간단하게 연동된 작업을 하도록 지시할 수 있다. 인공지능 비서는 대화형 챗봇의 음성 인식 버전이다. 과거의 커뮤니케이션이 당연하게도 인간과 인간의 대화를 의미하는 것이었다면, 현대 사회에서의 대화와 소통은 인간과 인간뿐만 아니라 인간과 기계의 소통까지 포함하게 되었다.

1) 대화형 챗봇과의 관계에서 나타나는 인간 언어의 특징

대화형 챗봇과의 대화는 기계와의 대화이지만, 인간의 언어를 이해하고 반응하기 때문에 화자와 청자의 대화 순환 구조를 그대로 유지하고 있다. 그렇기 때문에 챗봇을 이용한 대화도 인간과의 대화와 매우 많이 닮아 있다. 컴퓨터가 인간을 모방할 수 있는가에 대한 성능 테스트인 튜링 테스트도 인간과 컴퓨터의 대화를 통해 인간이 컴퓨터임을 인지할 수 없는 정도를 측정한다는 점에서, 인공지능을 통한 기술의 발전은 인간과 동일하게 대화할 수 있는 기계(이 능력은 사실상 많은 기능을 의미한다. 인간의 대화가 '사고'와 '발화'라는 아주 복잡한 과정을 통해 이뤄지는 것과 같다.)를 만드는 것을 궁극의 목적으로 하고 있는지도 모른다.

챗지피티의 등장으로 인간과 유사한 대화를 할 수 있는 챗봇이 등장했다고 평가하는 지금, 인간은 챗봇과 진정으로 인간처럼 대화를 하는 것일까 의문이 든다. 챗봇 개발 초기에 "앞으로의 아이들은 영어가 아닌 기계어를 배워야 할지도 몰라"라고 말했던 것은, 챗봇에 맞춤한 언어를 인간이 사용해야만 챗봇과 대화할 수 있음을 직관적으로 이해하고 있었던 것인지도 모른다.

힐과 포드, 파레라스는 이와 같은 직관을 확인하는 실험을 하였다. 챗봇과 인간이 대화할 때와 인간과 인간이 대화할 때 언어적으로 어떤 차이를 나타내는지 확인했는데(표1), 그 결과 인간과 대화할 때보다 챗봇과 대화할 때 메시지의 양은 더 많고,

메시지 작성에 사용하는 어휘는 더 적은 것을 확인하였다(Hill, Ford, & Farreras, 2015). 이러한 결과는 인간이 챗봇과의 대화에서 소극적이라기보다는 사람들이 아이들과 대화할 때 언어를 조정하듯이, 챗봇과의 대화에 맞게 자신의 언어를 조절하는 것으로 분석된다. 이는 결국 앞서 말한 '기계어를 배우는 것'과 같은 맥락일 것이다. 인간이 대화를 할 때 상대의 대화 방식을 고려하는 것처럼, 결국 챗봇도 대화 상대자로서 지위를 유지하는 것이라고도 생각해 볼 수 있다.

	Human (N = 100)	Chatbot (N = 100)			
	M (SD)	M (SD)	F	p	η^2
Words/conversation	190.42 (212.61)	219.95 (201.95)	1.01	0.315	-
Messages/conversation	23.03 (22.33)	49.58 (37.11)	37.58	0.001*	0.16
Words/message	7.95 (4.02)	4.29 (1.64)	70.86	0.001*	0.26
Type-token	0.67 (0.14)	0.47 (0.09)	144.40	0.001*	0.10
% Profanity	0.16 (0.39)	4.29 (4.55)	81.65	0.001*	0.29
Shorthand	2.69 (4.17)	2.28 (4.03)	0.50	0.480	-
Emoticons	0.70 (1.37)	1.01 (2.90)	0.93	0.335	

표 20. 인간-인간, 인간-챗봇 간의 대화 분석 결과

그러나 이렇게 챗봇을 동등한 위치에 두고 대화하지 않는다는 사실은 같은 실험에서 인간-인간 대화에 비해 인간-챗봇 대화

에서 평균적으로 거의 30배 더 많이 욕설이 사용된 점에서 확인된다. 인간-인간 대화의 85%에서는 욕설이 전혀 나타나지 않은 반면, 인간-챗봇 대화에서는 20%에만 욕설이 포함되지 않았다.

2) 대화형 챗봇이 인간의 관계에 미치는 영향

이렇게 대화의 상대로서는 이해되지만, 인간과 동등하게 인식되지 않는 챗봇과의 대화가 과연 인간에게 영향을 미칠 수 있을까? 이러한 의문은 엘리자 효과Eliza Effect를 통해 확인된다.

엘리자는 1966년 미국 MIT 컴퓨터 공학자 요제프 바이첸바움Joseph Weizenbaum이 상담치료를 목적으로 만든 챗봇이다. 이 챗봇은 스크립트를 이용하여 일종의 NLP방식으로 구성되어 있다. 사용자의 대화를 반복하는 정도로 매우 제한적인 방식의 대화를 진행함에도 불구하고 바이첸바움은 자신의 비서가 민감한 개인적인 문제를 이 챗봇에게 털어놓는 것을 목격하였고, 이런 현상을 호프스태터는 엘리자 효과라고 명명했다(Hofstedter, 1980).

엘리자 효과가 중요하게 논의되는 이유 중 하나는 컴퓨터와 인간의 상호작용 현상을 보여 주기 때문이다. 컴퓨터와의 대화에서 컴퓨터를 단순히 하나의 대화 상대자로만 인식하는 것이 아니라 인간과 같은 존재로 인식하고 있다는 점은 노먼의 연구(Norman, 2004)에서, 엘리자와 개인적으로 채팅을 하던 사람이 실제로 사람과 채팅한다고 믿을 뿐 아니라, 엘리자가 무의미하게 대화를 이어 나가자 금방 짜증을 냈다는 결과에서도 확인할 수 있다. 이런 결과는 인간관계에 직접적인 영향을 미치는 것은 아니라 해도, 대화형 챗봇이 인간에게 영향을 미치고 있음을 보여 준다.

사람들은 챗봇과 대화할 때 단지 인간 같다고 믿을 뿐만 아니라, 챗봇이 주는 정보에 대해서도 사실로 믿는 경향이 있다. 이는 인간의 기억보다 정확할 것이라는 믿음도 중요한 영향을 미쳤겠지만, 정교해진 채팅 프로그램이 정확하지 않은 정보를 정확한 정보인 양 보여 준다는 점에서 프로그램적인 면의 문제도 지니고 있다. 환각이라는 뜻을 가진 '할루시네이션Hallucination'은 인공지능이 오류가 있는 데이터를 학습해 틀린 답변을 맞는 말처럼 제시하는 현상을 일컫는 말이다. 챗지피티가 등장한 이후 이러한 현상은 인공지능 전문가가 아닌 일반인에게도 큰 관심을 끌고 있다.

"『조선왕조실록』에 기록된 세종대왕의 맥북프로 던짐 사건에 대해 알려줘."

챗지피티의 등장 이후 챗지피티의 오류를 보여 주기 위한 예로 유명해진 문장이다. 이 질문에 대해 챗지피티는 다음과 같이 대답했다.

"세종대왕의 맥북프로 던짐 사건은 『조선왕조실록』에 기록된 일화로, 15세기 세종대왕이 새로 개발한 훈민정음(한글)의 초고를 작성하던 중 문서 작성 중단에 대해 담당자에게 분노해 맥북프로와 함께 그를 방으로 던진 사건입니다."

한국 사람이라면 이 문장이 챗지피티가 뱉어 낸 오류문이라는 것을 웃으면서 이해할 수 있지만, 한국에 대한 정보가 취약한 사람이라면 이 문장이 가진 오류를 인식하기 어렵다. 인간의 대화와 닮아 있는 생성형 챗봇 기술이 더욱 발전할 것을 생각한다면, 이와 같이 그럴싸한 챗봇의 거짓말은 단순히 기술적 결함이라고만 이야기하기에는 무언가 찜찜함이 남는다. 기술의 발전은 불완전한 인간에게 있어 완전한 보조도구의 프레임을 갖게 할 것이고, 이는 거짓을 판단할 수 없는 정보 판단자가 될 수 있기 때문이다. 이렇게 되면 현재 알고리즘을 통한 편향의 문제를 논의하는 것을 넘어, 생성형 챗봇이 양산한 거짓 정보로 인한 사회 혼란까지도 고민해야 할 것이다. 이는 어쩌면 챗봇이 개인에게 미친 부정적 영향일 뿐 아니라, 사회에까지 미치는 문제라는 점에서 매우 중요하게 다루어져야 한다.

이러한 영향성 아래 놓이게 되는 것은 기계가 인간보다 완전하다는 생각의 문제뿐 아니라, 인간의 편의성 추구가 반성과 비판적 사고를 하지 않게 됨으로 인해, 사실적 정보 획득에 실패하는 문제까지 생각할 수 있다. 이러한 잘못된 정보 수용은 인간의 정보 편향을 해소하기 위해 더 많은 노력과 방법론을 요구하게 되고, 이는 사회 비용뿐 아니라 인간관계의 단절이라는 부정적 결과를 가져올 수 있다. 현재에도 편향된 알고리즘 추천에 의한 정보 습득이 정치적, 사회적, 문화적 계층을 뚜렷하게 나누고 있으며, 이러한 문제를 해소하기 위한 많은 노력에도 격차가 좁혀지지 못하는 현실에서도 단적으로 이를 확인할 수 있다.

3) 챗봇과의 대화에서 인간의 역할

인간처럼 이야기하고 대화할 수 있다고 믿게 한 생성형 인공지능 도구의 가능성과 한계를 시험하기 위해 지난 1년간 이용자들은 무수한 질문을 던지고, 여기서 얻은 답변을 함께 공유하며 평가하고 비교하였다. 이 과정에서 간과하기 힘든 생성형 인공지능 챗봇의 결함이 지적되는데, 앞서 지적한 환각 현상, 할루시네이션이 그것이다.

"『조선왕조실록』에 기록된 세종대왕의 맥북프로 던짐 사건"에서 보여 주듯이 인공지능은 인간의 질문에 대해 정확한 답을 모르는 경우에도 '아무 말 제조기'가 되어 근거가 없는 내용을 창작해 낸다. 챗지피티의 개발사는 챗봇이 민감한 정치적 사안에 대한 의견 표명이나 감정적 표현을 하는 것을 의도적으로 제한하며 이용자가 '환각'으로 인해 생성된 챗봇의 '아무 말'을 곧이곧대로 받아들이지 말아야 할 것을 당부하고 있지만, 여기에는 한계가 있다. 챗지피티의 사례는 개발사가 설정한 챗봇 서비스의 목적에 따라 인공지능의 정서적 표현과 관계 형성 역량은 불필요한 요소로 배제될 수 있으며, 아울러 인간이 인공지능의 생성물에 대해 비판적인 거리를 유지해야 한다는 것을 보여 준다.

한편, 조금 다른 시각에서 논란을 일으킨 챗봇도 있다. 지난 2020년 국내에서 출시된 챗봇 서비스인 '이루다'의 사례이다. 일종의 보조 작업자로서 이용자의 과업 수행을 보조하는 것이 주요 목적인 챗지피티와 달리, 이루다는 발랄한 20대 초반 여성을 대표 이미지로 내세운 관계 지향형 챗봇 서비스로, 이용자와의 적극적인 정서적 상호작용을 통해 이들의 '친구'로서 관계를 발전시키는 것을 목적으로 했다. 출시 당시 정말 친구와 대화하는 것처럼 다양한 화제에 대해 자연스러운 대화가 가능한 수준의 기술로 화제를 모았지만, 혐오와 차별 발언 등 사회적으로 부적절하게 받아들여지는 답변을 내놓는 사례가 빈번히 발견되면서 결국 서비스를 중단하고 재정비에 들어가야 했다.

이루다의 사례는 관계 지향형 챗봇들에서 공통적으로 드러나는 전형적인 문제점을 보여 준다. 이루다의 학습 기반이 된 데이터는 수많은 사람들이 오랜 시간에 걸쳐 온라인 공간에 축적한 데이터였기 때문에, 결과적으로 챗봇 역시 온라인 공간에 이미 만연한 혐오와 차별을 재생산하기 쉽다. 그리고 이 경우 이용자와의 친밀감과 공감대 형성을 위한 챗봇의 감정 표현 기능이 도리어 양날의 검으로 작용할 수 있음을 시사한다.

위와 같은 사례는 결국 인간과 인공지능 기반 대화 객체 간 양질의 커뮤니케이션을 달성하기 위해서는 챗봇뿐 아니라 인간의 역할에도 주목해야 한다는 것을 가리킨다. 인간이 과연 비인간 존재를 진정한 소통의 상대로 여길 것인가? 사람은 챗봇을 대할 때 사람에게 갖는 것과는 다른 일정한 선입견을 가질 수 있고, 인간에게 갖는 것과는 다른 목적과 동기로 커뮤니케이션에 임할 수 있으며, 이렇게 형성된 사고의 틀, 그리고 다양한 목적 및 동기의 차이는 인간이 챗봇에 대해 발화하는 커뮤니케이션 양식에 차이를 가져올 수 있다.

예컨대 2021년 이뤄진 한 연구에서 연구자들은 영국의 스티브 위스윅이 개발한 챗봇인 미츠쿠Mitsuku[현재는 쿠키(Kuki)라고 불림]와 사람들 사이의 상호작용을 3주에 걸쳐 조사하며 사람들이 챗봇과 친구가 될 수 있을지 그 가능성을 탐색했다(Croes & Antheunis, 2021). 그러나 118명이 참여한 해당 연구의 결과는 상당히 비관적이다. 챗봇 이용자의 사회적 상호작용은 시간이 지날수록 줄어들었으며, 챗봇을 대상으로 우정과 같은 친밀감을 느끼는 이용자도 적었다. 사람들은 미츠쿠를 처음 대할 때는 그 새로움에 흥미를 느꼈으나, 시간이 지나 챗봇의 반응에 대한 예측이 가능해지면서 상호작용에 대한 즐거움을 적게 느꼈다는 것이다.

이처럼 사람들은 컴퓨터가 대화 상대일 때 커뮤니케이션에 대한 흥미를 잃거나, 사람을 대할 때에 비해 노력을 기울이지 않는 경향이 있다. 한 연구는 사람들이 컴퓨터와 커뮤니케이션할 때보다 짧은 단어나 비속어, 부정적인 단어를 사용하는 등 바람직하지 않은 방향으로 언어행동을 조절하는 경향이 나타나는 것을 발견했다(Mou & Xu, 2017).

게다가, 애초에 인간 이용자가 챗봇과 커뮤니케이션하는 것에 각각 다른 이용동기가 작용할 수 있다. 생산성이나 유용성 등 기능적 목적에 치중하는 이용자가 있는 한편, 재미나 감정적 소구, 새로운 즐거움을 추구하는 이용자 또한 있을 수 있다. 이들 모두 챗봇의 성능에 대해 각각 다른 기대를 갖고 커뮤니케이션에 임한다. 로이와 나이두는 챗봇의 대화 스타일을 '유능함'과 '따뜻함'으로 각각 특징 지을 때, 대화에 대한 이용자의 평가와 만족도에 각 대화 스타일이 어떤 영향을 미치는지 탐구했다. 연구 결과, 그들은 챗봇의 커뮤니케이션 스타일보다 이를 이용하는 사람들의 성향이 현재지향적인지 미래지향적인지에 따라 각각 따뜻한 대화 스타일과 유능함이 돋보이는 대화 스타일을 선호하는 경향이 나타난다는 것을 확인하였다(Roy & Naidoo, 2021). 이처럼 인간 이용자와 챗봇의 커뮤니케이션 양식과 품질은 챗봇이나 인간 일방이 아니라 양측 모두에 달려 있다.

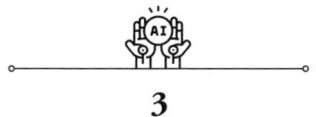

3

소셜 로봇

(1) 소셜 로봇의 정의와 특징

1) 소셜 로봇의 정의

소셜 로봇Social Robot이란 보통 사람들과 상호작용하고 사람들로부터 사회적 반응을 이끌어 내기 위한 목적으로 디자인된 로봇을 말한다. '사회적으로 상호작용하는Socially Interactive' 로봇(Fong et al., 2003), '사교적Sociable' 로봇(Breazeal et al., 2003) 등으로도 칭해지는 '소셜 로봇'의 개념은 생물학에서 유래했다고 알려져 있다(Fong et al., 2003). 처음에는 곤충의 행동이나 벌레의 군집을 연구하기 위한 로봇을 지칭하기 위해 사용되었으나, 점차 인간과의 상호작용을 대상으로 하는 것으로 전환되었다. 이와 같은 정의에 따르면 '사회적 상호작용'이 목적이 아닌, 조립이나 제조 등

산업 공정에서 활용하거나 특정한 기능적 목적만을 위해 개발된 로봇은 '소셜' 로봇이라고 보기 어렵다. 소셜 로봇이라는 용어 자체가 인간과의 사회적 소통과 관계 속에서 로봇의 위치를 전제하기 때문이다.

이처럼 학문과 산업의 발전에 맞추어 기술을 단순한 도구가 아닌 인간과의 사회적 관계 속에서 파악하려는 사회적 움직임이 생겨나기 시작했고, 그에 따라 인간과 로봇의 상호작용Human-Robot Interaction, HRI 또는 인간과 컴퓨터의 상호작용Human-Computer Interaction과 같은 연구 분야가 생겨나며 인간과 기술의 관계를 정립하고 발전시켜 가기 위한 노력이 지속되고 있다.

2) 인간-기술 간 관계의 패러다임

역사 속에서 인간과 기계의 관계는 세 번의 패러다임 전환을 거치며 발전하고 변화해 왔다(Harrison, Tatar, & Sengers, 2007; Duarte & Baranauskas, 2016). 첫 번째 패러다임은 공학적 관점에서 기계의 기능과 성능을 인간의 필요 및 문제해결에 도움이 되는 방향으로 개선하는 데 초점을 둔 것이었다. 이 시기에는 기계의 인체공학적Ergonomics 설계와 통신 오류의 해결 등 인간을 위해 기계의 도구적 실용성을 극대화하는 것이 주된 목적이었다.

기계가 인간의 물질적 필요 충족을 넘어 인간의 '마음'에까지 영향을 미치고 있다는 깨달음은 인지과학적 혁명을 동반하며 두 번째 패러다임 형성의 기틀이 되었다. 이는 인지적·이론적 관점에서 인간과 기계라는 두 존재의 마주침으로 인해 인간의 마음에서 어떤 작용이 일어나는지에 관심을 기울인 것이다. 인간 행위자를 단순한 기술의 이용자로 파악하던 이전 시기와 달리 인간을 복잡한 경험과 기술을 가진 행위자로 파악하며 심층적으로 이해하고자 했으며, 한편으로는 기계의 인터페이스에 따라 이용자의 생각과 행동이 달라질 수 있다는 점을 고려하기 시작했다.

마지막으로, 가장 최근에 등장한 세 번째 패러다임 전환의 시기에는, 기계와 인간 사이 관계의 인지와 해석에 대한 영향 요소의 범위를 확장했다. 이전에는 경시되었던 문화나 가치, 인간의 존엄성 등 무형의 사고 체계의 중요성이 부각되기 시작한 것이다. 기계와 인간의 상호작용 또한 이전의 '목적 지향적' 상호작용을 넘어 기술의 발전뿐 아니라 환경과 맥락적 요소를 반영한 새롭고 다채로운 상호작용의 가능성을 내포하고 있다. 인간과 기계 사이의 '공생적' 관계를 강조하며 기계를 '사회적 행위자'로 여기는 CASAComputers As Social Actors 패러다임의 등장 또한 비인간 행위자에 대한 일종의 '친화적' 시각을 견지하는 가능성의 일부이다.

이처럼 기계와 인간의 관계는 공학적 발전과 인지적 혁명을 거쳐 사회적 맥락에 기반한 해석의 시기에 도래했다. 또 인간 사회에서 기계의 영향력은 목적 달성을 위한 도구적 영역을 넘어 인간의 마음, 나아가 우리 사회와 환경의 변화에 대한 열린 가능성의 영역으로 진입하고 있다. 인간과 기계의 상호작용에 따라 우리 사회에서 새로운 의미가 생산되고 해석될 수 있다고 보는 현재의 패러다임에서 인간과 기계의 소통과 관계는 도구로, 조수로, 동료로, 친구로, 돌보미로, 심지어 동반자로 다양하게 발전할 수 있는 새로운 전기를 마련하게 된 셈이다.

3) 소셜 로봇에 부여된 '인격'

날로 진보하는 기술문명의 발전과 그 광범위한 보급 및 확산은 우리 주변 환경에 로봇이 일상적으로 배치되고 사람들이 친숙하게 로봇과 상호작용하도록 이끌었다. 기술과 인간의 물리적 간격뿐 아니라 양자 간 심리적 거리감 또한 좁혀지게 되었다. 그러나 이와 같은 거시적 요소만으로는 인간이 기계를 친숙한 인공물을 넘어 소통과 관계 맺음의 대상으로까지 파악하게 하는 기제를 충분히 설명할 수 없다.

엄밀히 말하면 로봇은 생명이 없는 사물에 불과하다. 그러나 우리 인간은 때때로 로봇에 말을 걸고, 그 움직임에 의미를 부여하며, 이를 대상으로 우리의 생각과 감정을 표출하기도 한다. 기계가 마치 '살아 있는 것처럼' 대하는 것이다.

사물이나 자연 현상에 대한 인격화Personification, 즉 인간적 특성을 부여하는 것은 어찌 보면 인간의 자연스러운 본성이다. 옛날 사람들은 마을 어귀에 천하대장군이나 지하여장군 등 나무나 돌로 만든 상을 조각해 놓고 그것이 마을을 지켜 주기를 바랐다. 나무나 바위가 인간의 소원을 들어줄 것이라고 믿으며 신령스러운 존재로 여기기도 했다. 또 태풍이나 가뭄 등 기후에 의한 자연재해를 비나 바람의 신이 노했기 때문이라고 믿었는데, 이는 자연에 인간적 특성을 부여함으로써 불가해한 현상을 인간의 인지적 해석이 가능한 영역으로 치환한 것이다.

소셜 로봇의 경우, 챗봇보다 더 고도화된 의인화Anthropomorphism적 특성이 종종 부여된다. 이는 비인간 존재인 로봇이 의도적으로 사람과 같은 형태나 특성을 갖추고 사람과 같은 말과 행동이 가능하도록 설계하는 것이다. 표정, 음성이나 손짓, 동작 등 인간을 본뜬 로봇의 의인화적 특징은 사람들이 인지 속에서 로봇을 보다 순조롭게 인격화할 수 있도록 하는 기제로 작용한다.[6]

소셜 로봇의 개념을 정립하는 데 일조한 학자 중 하나인 브라이언 뒤피Brian Duffy는 인간과의 원활한 커뮤니케이션을 위한 소셜 로봇의 구성요소로 ① 물리적 환경에서의 실체화Embodiment, ② 예기치 못한 사건에 대한 (빠른) 반응, ③ 목적 달성을 위한 컴퓨터적 정보 처리 능력, ④ 고유의 언어 체계를 활용해 커뮤니케이션할 수 있는 능력을 꼽았다. 여기서 로봇의 사회적 커뮤니케이션을 고도화하기 위해서는, 로봇이 감정을 지각하고 표현할 수 있어야 하고, 다른 존재를 인지하고 학습할 수 있어야 하며, 눈을 맞추거나 응시Gaze, 손짓Gesture, 표정 변화 등 사람들이 자연스럽게 여기는 사회적 관계의 표식을 활용하면서도 개체의 독특한 성품이나 특질, 즉 '개성'을 내보일 수 있어야 한다고 보았다(Duffy, 2003).

위와 같은 요소들에 따르면 챗봇과 같이 고도화된 상호작용이 가능하다고 여겨지는 기술도 소셜 '로봇'에 해당한다고 보기 어렵다. 물리적 실체가 없기 때문이다. 챗봇은 특정한 형체가 없이 채팅 인터페이스 내의 텍스트로만 존재한다. 물리적으로 관찰할 수 있는 신체, 외모, 행동 등 외형적 요소에 살아 있는 것 같은Lifelike 특성을 부여하는 것은 소셜 로봇의 중요한 구성 요건이다. 그 이유는 결국 소셜 로봇과 인간의 커뮤니케이션 및 관계가

---

6 Breazeal, C. "Toward sociable robots." *Robotics and autonomous systems*, 42(3-4), 2003, pp. 167~175.

궁극적으로 소셜 로봇에 대한 인간의 인지와 해석에 달려 있기 때문이다.

우리의 사고는 개체의 물리적 형태나 특성이 우리의 감각기관에 전달하는 자극의 영향에서 자유로울 수 없다. 예컨대 동일한 기능을 수행하는 로봇이라도 그 로봇이 동물의 모습인지, 사람의 형상인지에 따라 그 역할과 능력에 대한 우리의 인식과 태도는 달라질 수 있다. 화면상의 문자로만 단조롭게 커뮤니케이션하는 것보다 사람들과 대화할 때마다 자연스럽게 시선을 맞추며 우리 인간을 '인식하는' 것 같은 개체와 소통하는 것이 우리에게 더욱 '인간적인' 커뮤니케이션의 경험을 선사한다. 적절한 표정과 발언할 때의 손짓 등 행동적 요소와 기타 반응이 인간의 사회적인 예측 범주에 부합할 때도 마찬가지다. 아울러 눈, 코, 입 등 얼굴과 체격 같은 외적 생김새는 비인간 객체를 의인화하여 특정한 인상Impression을 형성하고 커뮤니케이션의 파트너로 받아들이는 데 상당한 영향력을 미칠 수 있는 중요한 의인화 기제 중 하나이다. 헤겔 등은 인간이 거의 반사적으로 소셜 로봇에 이러한 의인화적 특성을 부여함으로써 이들을 사회적 존재Social Entity로 규정하게 된다고 주장하고 있다(Hagel et al., 2005).

4) 인간과 소셜 로봇 간 상호작용의 주요 요소

로봇과 인간 간 소통의 경험은 결국 인간의 사고 속에서 인간의 관점으로 해석되고 평가된다. 앞서 강조한 의인화적 특성은 로봇의 외형과 비언어적 표현, 기타 행동 등에서 나타나는 인간적 특성들이 인간이 로봇과의 상호작용을 더욱 자연스러운 커뮤니케이션 경험으로 평가하는 데 기여하고 있음을 보여 준다. 그러나 로봇의 의인화적 특성만으로는 효과적이고 만족스러운 상호작용을 보장할 수 없다. '불쾌한 골짜기 이론'이 시사하듯, 많은 사람들은 '이상할 정도로' 사람과 닮은 로봇을 볼 때 긍정적인 감정보다는 오히려 기묘한 불유쾌함을 느끼기도 한다. 소셜 로봇의 완벽한 '인간화'가 양질의 상호작용을 보장하지 않을 수도 있다는 것을 암시하는 대목이다. 인간-로봇 간 상호작용에는 보다 다각적인 영향 요소들이 고려된다.

컴퓨터 공학자인 바트넥Bartneck과 그의 연구팀은 2009년 인간-로봇 상호작용에 관여하는 다섯 가지 주요 요소를 정리하고 이를 일관적으로 측정하기 위한 표준 척도를 제안했다(Bartneck et al., 2009). 여기에는 앞서 언급한 의인화적 특성 외에도 활동성Animacy, 호감도Likeability, 인지된 (로봇의) 지능Perceived Intelligence, 그리고 인지된 (로봇의) 안전성Perceived Safety이 포함된다.

먼저, 활동성은 로봇을 '살아 있는 것처럼' 느끼게 만드는 요소이다. 자극에 반응하여 살아 있는 것처럼 행동하거나 말하는 로봇은 인간에게 생동감과 실감을 전달한다. 움직임이나 반응이 얼마나 자연스러운지에 따라 사람들은 로봇을 만들어진 기계 같다고 느끼기도 하고, 또는 실제로 살아 있는 것처럼 생생한 느낌을 받게 되기도 한다.

호감도는 사람들이 특정 대상에 대해 느끼는 긍정적인 인상을 의미한다. 대상의 외형이나 시각적, 청각적 행위를 통해 형성되는 첫인상은 사람들이 대상을 긍정적, 또는 부정적으로 평가하게 만드는 결정적인 기제가 된다고 한다. 타인에 대해 작용하는 이러한 인상 평가가 비인간 존재인 로봇에도 적용된다. 대상에 대한 첫인상을 받은 후 긍정·부정의 정서적 평가로 연결 짓는 과정은 상당히 단시간 내에 결정되므로 사람들의 호감을 사기 위한 외적 디자인은 소셜 로봇의 개발 과정에서 간과할 수 없는 중요한 부분이다.

인지된 지능은 사람들이 자신이 상호작용하는 로봇에 대해 똑똑하다고 느끼는 정도를 말한다. 인공지능을 포함한 지성체의 지적 능력에 대한 사람들의 평가라고 볼 수 있다. 소셜 로봇의 범주에서는 벗어나지만, 최근 챗지피티 등 고도화된 인공지능이 전 세계적인 센세이션을 불러일으킨 이유는 단연 그것이 선보이는 지적 능력 때문이다. 미국 로스쿨 시험에 이어 의사 면허 시험을 통과하는 등, 일반 상식 영역을 넘어 전문화된 지식 영역에서까지 다양한 분야에서 사람만큼이나, 때로는 사람보다도 더 월등하다고 평가되고 있는 챗지피티의 지적 능력은 기계를 인간과 '대등하게' 평가하고 감각하게 만드는 효과가 있다. 지난 2017년 유엔UN 경제사회이사회ECOSOC에서 탁월한 연설로 많은 사람들의 주목을 받은 홍콩 핸슨 로보틱스Hanson Robotics사의 휴머노이드 로봇인 소피아Sophia도 지성적 표현으로 로봇 인류의 가능성을 새롭게 환기하게 만든 사례이다.

마지막으로, 로봇-인간 상호작용의 가장 핵심적인 요소는 안전성이다. 인간 사회에서 로봇을 동료나 파트너로 받아들이기 위해서는 사람들이 우선 그 로봇이 안전하다는 인식을 갖고, 로봇과 함께 있으면서 불편함이나 불안감을 느끼지 않을 수 있어야 한다. 미국의 작가 아이작 아시모프Issac Asimov는 로봇공학의 3원칙을 주창하며 '로봇은 인간에게 해를 입히거나, 행동하지 않음으로써 인간을 위험에 처하게 해서는 안 된다(A robot may not injure a human being or, through inaction, allow a human being to come to harm).' 라는 조항을 제1원칙으로 내세우고 있다.

이와 같은 요소 외에도, 인간-로봇 커뮤니케이션이 결국 어느 일방의 행위가 아닌 '상호' 작용이라는 점도 주지해야 할 사실이다. 브리질은 상호작용을 파트너가 있는 춤에 비유한다(Breazeal, 2003). 소통의 시작과 피드백을 순서대로 주고받는 과정에서, 그 과정이 적절한 시간 내에 적절한 내용으로 이뤄지는지, 그 과정에서 사람들의 사회적 기대에 부응하는 적절한 언어/비언어적/정서적 표현이나 반응이 나타나며 그것이 상대에게 쉽게 전달되는지와 같은 커뮤니케이션 루프Loop 속 서로 간의 조화Synchrony가 결국 소통의 품질을 결정하는 것이다.

(2) 소셜 로봇과 이용자 간의 감정

1) 인간-로봇 상호작용을 위한 인공 감정 지능(AEI)

'감정 지능'이란 자신과 타자의 감정에 대한 재인Recognition 능력, 감정의 생산 및 조절 능력, 그리고 목표 달성과 문제 해결을 위해 감정적 정보를 적용하는 능력을 말한다(Schuller & Schuller, 2018).

로봇의 감정은 인간과 로봇 간 관계 형성과 발전을 촉진하는 핵심적인 요소로 알려져 있다. 관계적 측면에서, 로봇의 감정 표현은 사람들이 로봇의 사회적 지능을 높이 평가하고 사회 구성원으로 받아들이게 하는 데 긍정적인 영향을 줄 수 있다(Duffy, 2003). 이는 또한 커뮤니케이션의 톤을 적절하게 조절하거나, 사회적으로 널리 사용되는 감정적 표현을 일종의 휴리스틱스로 활용하여 보다 용이한 상호작용을 가능하게 하며 커뮤니케이션 상대방과의 관계를 강화하여 로봇-인간의 단기 및 장기적 관계 형성에 도움을 준다(Duffy, 2003; Leite et al., 2013).

감정을 모델링하는 방식은 주로 심리학 이론을 토대로 발전해 왔다. 초기에 널리 활용되었던 접근법은 인간이 지니는 몇몇 기본적, 보편적 감정을 토대로 한 범주 체계를 중심으로 하고 있으며, 대표적인 기본 감정은 심리학자 폴 에크만이 정리한 'Big 6(anger, disgust, fear, happiness, sadness and surprise)'가 있다(Paul Ekman, 1999).

이후 발전한 접근법은 감정을 차원Dimension에 의거한 연속적인 개념으로 파악하는 것이다. 그 대표적인 차원으로는 각성 수준Arousal (정서의 강도), 감정가Valence (긍정이나 부정), 우세감정Dominance을 들 수 있다(Gunes & Schuller, 2013).

로봇 등 비인간 객체의 인공 감정 측면에서는 동물행동학적 Ethological 접근법과 구성적Componential 접근법을 들 수 있다. 전자는 동물의 정서적 표현이나 행동을 모방하는 것을, 후자는 감정을 앞서 언급한 차원에 기반한 것으로 보고 각각의 감정의 관계성을 고려하는 접근 방식이다. 지금까지의 인공적 감정 지능 개발을 위한 연구는 주로 로봇이 자동적으로 인간의 감정을 알아차리는 감정 인식 기술과 로봇이 외부 자극에 대해 정서적 반응을 하도록 만드는 감정 생성 기술에 방점을 두고 있었으나, 최근 들어 이러한 감정을 증강Augmentation하기 위한 연구가 시도되는 추세이다(Schuller & Schuller, 2018). 감정 증강 기술이란 감정을 계획이나 추론, 또는 보다 광의의 목표를 달성하기 위한 일련의 기술을 말한다.

대표적인 인공 감정 기술 사례로는 음성 및 얼굴 표정 인식, 보디 랭귀지 등 동작을 통해 감정을 인식하거나 반대로 이를 활용해 로봇이 감정을 생성하는 메커니즘을 구현하는 사례를 꼽을 수 있다. 상호작용 관점에서 로봇의 감정적 표현은 사람들이 로봇의 내적 상태와 의도 등을 직관적으로 판단할 수 있는 하나의 준거를 제공할 뿐 아니라, 로봇이 외부 자극에 반응하여 이에 따라 특정한 행동양식을 채택하게 하는 통제의 장치로도 활용될 수 있다(Breazeal, 2003). 이러한 인공적 감성 지능 발달을 통한 인간-로봇 상호작용의 궁극적 지향점은 고도화된 커뮤니케이션을 통해 상호 공감을 형성하는 것이다.

2) 소셜 로봇의 감정 표현과 이용자의 감정

소셜 로봇은 단순한 매개체가 아닌 소통의 대상이 되므로, 소셜 로봇이 표현하는 감정과 그에 따른 이용자의 감정에 대한 학문적 관심은 가파르게 상승하고 있다. 아래 그래프를 보면, 2000년에서 2020년 사이에 인간-로봇의 의사소통 중 감정을 주제로 한 연구가 1,600편 이상 게재되었고, 2010년을 기점으로 학문적인 관심이 급증했음을 확인할 수 있다(Stock-Homburg, 2002).

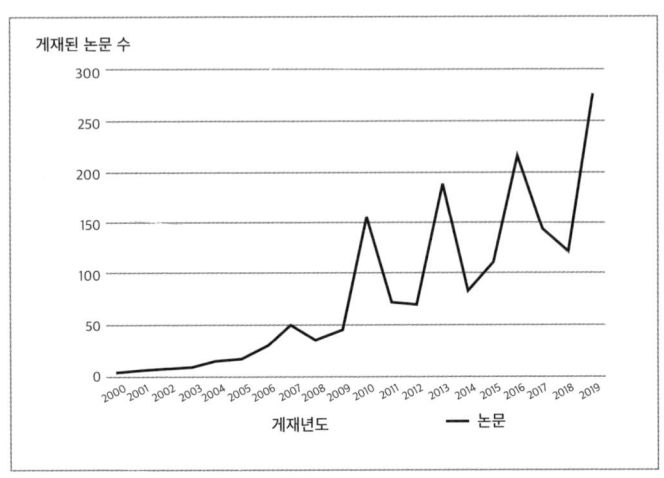

표 21. 인간-로봇 간 감정 상호작용과 관련한 논문 수의 시간 흐름에 따른 증가

소셜 로봇의 역할은 경비원에서부터 과외 선생님에 이르기까지 다양하다. 이용자는 소셜 로봇이 제공하는 서비스를 통해 단순히 편의만을 누릴 수도 있다. 그러나 소셜 로봇이 존재하는 주된 이유는 인간과의 상호작용 및 소통이므로, 소셜 로봇은 인간에게 다양한 사회적 반응을 불러일으킨다(Leite et al., 2013).

인간은 소셜 로봇과의 소통을 통해 문제를 해결하고, 목표한 기술을 익히며, 외로움을 해소하기도 한다. 예를 들어 자폐 스펙트럼 장애를 가진 아동을 치료하는 과정에 소셜 로봇을 도입할 경우 사회성, 주의력, 언어적 기술이 향상하고, 바람직하지 않은 반복적인 행동이 감소하는 결과가 나타났다(Pennisi et al., 2016). 또한 비공식적 돌봄 서비스직을 대상으로 한 연구 결과, 연구 참여자들은 시간의 흐름에 따라 소셜 로봇에게 더 오랜 시간 동안 말했고, 자신을 노출하는 정보를 더 많이 제공했다(Laban et al., 2022).

이처럼 소셜 로봇과 인간 사이의 상호작용의 결과물은 항상 단순한 편의 향상에 머물지 않는다.

예를 들어 한 연구에서 연구자들은 건강 검진 면접에서 연구 참여자가 버추얼 휴먼 면접관과 소통하도록 하고, 이 버추얼 휴먼이 사람에 의해 조종되거나(사람 조건) 자동화되어 있다고(자동화 조건) 믿도록 했다(Lucas et al., 2014). 실험 결과, 버추얼 휴먼이 사람에 의해 조종된다고 안내받은 참여자들에 비해 버추얼 휴먼이 자동화되어 있다고 안내받은 참여자들이 자기 노출 시 더 낮은 공포를 느꼈고, 인상 관리를 덜 했으며, 자신의 슬픔을 더 많이 표현했다. 또한 의사소통을 관찰한 관찰자들 역시 자동화 조건의 실험 참여자들이 더 자기 노출을 하는 듯 보였다고 평가했다. 연구자들은 라포Rappot와 익명성이 이러한 결과에 이바지할 수 있다고 설명했다. 먼저 버추얼 휴먼과 같은 면접관을 수반하는 컴퓨터 검사는 전통적인 컴퓨터가 감독하는 검사에 비해 사람 같은 측면(언어적, 비언어적으로 사람처럼 응대, 동의 표시 등)을 포함하므로 대화 상대와 라포를 생성할 수 있다.

또한 사람들은 컴퓨터가 감독하는 검사에 응할 때 "비판에 덜 취약하다는 느낌, 프라이버시에 대한 환상, 자신의 응답이 컴퓨터 속으로 사라지는 듯한 느낌(Weisband & Kiesler, 1996)"을 받기 때문에 더 솔직하게 반응한다. 유사한 결과를 보고한 다른 연구에서는, 사회적 불안이 높은 사람들은 실제 사람이 녹화한 비디오가 아닌 버추얼 휴먼 아바타가 미리 녹화해 둔 질문에 대해 더 사적인 정보를 노출했다(Kang & Gratch, 2010).

3) 소셜 로봇이 인공 감정을 생성하는 방법

앞서 설명한 바와 같이 인간과 소셜 로봇 간의 상호작용에서 중요한 소통수단 중 하나는 분명 감정이다. 인공 감정 지능을 탑재한 소셜 로봇은 감정을 표현하고, 이용자는 로봇이 표현하는 감정을 알아차리며, 감정적인 반응을 경험한다.

인간들의 상호작용 상황에서 정서적 정보 중 55%는 얼굴 표정을 통해 전달된다고 한다(Mehrabian, 1968). 이 결과는 서비스 로봇과 같은 소셜 로봇에 적용되어 활용되는데, 예를 들어 호응도가 높은 서빙 로봇에는 웃는 이모티콘의 모양을 띄워 주는 모니터가 장착되어 있다. 이처럼 감정 소통에서 얼굴 표정이 가장 주요한 양식 Modality으로 손꼽히는 만큼, 대부분의 소셜 로봇에는 머리 또는 얼굴이라고 할 만한 부분이 있다. 로봇은 얼굴 표정을 통해 역동적으로 이용자와 소통하게 되는데, 고유의 언어가 아닌 얼굴 표정을 통해 소통하는 것은 감정이다.

소셜 로봇이 인공 감정을 생성하는 방법은 크게 정적인 것과 동적인 것으로 나뉜다. 정적인 방식으로 인공 감정을 생성하기 위해서는 개발자가 수작업을 통해 로봇의 감정을 구분하고, 로봇은 이를 바탕으로 미리 짜인 대본에 따라 포즈 투 포즈 Pose-to-Pose 방식으로 움직인다. 그러나 정적인 감정을 표현하려 할 때, 로봇은 역동적이고 복잡한 감정을 생생하게 표현해 낼 수 없기 때문에 상당히 제한적이다(Xin et al., 2013). 제한적인 감정의 수는 반복적인 감정 표현 행동을 낳는다. 이에 이용자는 로봇의 감정이 상황에 적합하지 않다고 지각하게 되므로 인간-로봇 상호작용의 질을 낮게 경험하게 된다.

인공 감정의 생성 방법 중 동적 방법은 주도적이거나 반응적인 방법을 포함한다. 주도적인 방법으로 인공 감정을 생성할 경우 창의적 디자인, 인간 몸 모사 등의 방법을 조합하여 설계하게 된다. 이에 따라 마치 살아 있는 듯한 로봇 감정이 생성될 수 있다. 반면, 로봇이 반응적으로 감정을 생성하기 위해서는 데이터가 입력되어야 하고, 해석되어야 한다. 다시 말해 로봇이 인간의 얼굴 근육, 머리 움직임, 몸의 움직임이나 제스처, 발화, 터치 등을 통해 이용자의 감정을 실시간으로 알아차려야 하는 것이다 (Prasad et al., 2021).

이용자의 감정을 바탕으로 한 역동적인 알고리즘은 기존의 기능을 크게 향상시키므로 고무적이다. 그러나 로봇과 인간 간에는 가동 범위 등에서 차이가 존재하므로 로봇이 인간의 감정 표현을 직접 모사하기까지는 여전히 많은 도전거리가 남아 있다(Stock-Homburg, 2021). 예컨대 소셜 로봇은 실제 또는 상상의 동물 형태로 설계된 경우가 많다. 이 경우, 로봇의 얼굴 표정을 표현할 머리 내 기관들이 인간의 기관과는 구조적으로 차이를 보이기 때문에 로봇의 표정이 인간의 표정을 모사하는 과정에서 종종 일부가 생략되거나 과장된다. 이 과정에서 감정 전달에 제약이 발생하기도 한다.

초기에는 소셜 로봇이 기본 감정을 표현할 수 있는지에 초점을 두었다면, 이후에는 더 섬세한 감정 표현 가능성에 대한 검증이 이뤄져 왔다. 앞서 소개한 휴머노이드 아메카Ameca는 기존 소셜 로봇의 감정 표현을 혁신적으로 개선했다. 아메카는 인간의 형상을 하고 있으며, 머리 안에 내장된 17개의 개별 모터가 작동하며 표정을 제어한다. 카메라를 통해 인식한 인간의 표정을 거의 동일하게 복제하여 표현할 수 있기에, 이로써 아메카는 기본 감정을 넘어선 수많은 미묘한 감정들을 표현할 수 있게 되었다.

인간-로봇 상호작용 장면에서 수행된 감정 관련 연구를 개관한 스톡 홈버그에 따르면, 감정과 관련한 과정(예: 로봇이 감정적으로 반응적이라고 지각된 정도)은 인간과 로봇 간의 상호작용에서 투입(input, 예: 로봇의 특성이나 능력)과 상호작용 결과(output, 예: 인간의 행동적 반응) 사이에 주요한 매개변수로 작동한다(Stock-Homburg, 2021). 즉 로봇의 감정 표현이 점차 복잡해지고 정교해짐에 따라 로봇이 표현한 감정을 인간이 어떻게 지각하는지가 달라질 것이고, 이는 결과적으로 인간-로봇 상호작용에 긍정적인 영향을 미치게 될 것이다.

4) 소셜 로봇의 감정에 대한 인간의 재인 수준

소셜 로봇은 다양한 경로를 통해 감정을 소통한다. 예컨대 로봇은 얼굴, 몸, 화법, 뇌 피드백, 열화상, 멀티모달 정보 등을 통해 감정을 표현하는데, 그중 가장 높은 빈도를 보이는 양식은 얼굴, 즉 얼굴 표정이다(Stock-Homburg, 2021). 또한 소셜 로봇 중 일부가 몸이 아닌 얼굴만 가진다는 점 역시 얼굴이 감정을 비롯한 소통에 핵심적이라는 것을 반증한다.

앞서 언급한 바와 같이 소셜 로봇의 감정 소통을 주제로 한 연구들 중 대다수가 에크만의 기본 감정 모형을 바탕으로 수행되었고, 러셀Russell의 정서 원형 모형, 플루칙Plutchick의 감정의 수레바퀴 모형을 바탕으로 했다. 에크만의 기본 감정(Ekman, 2004)의 재인을 주제로 한 43개의 연구를 분석한 결과(Stock-Homburg, 2022), 로봇의 6개 기본 감정 표현에 대한 평균 재인율은 약 60%에 달했다. 각 감정별로 재인율에는 차이가 있었는데, 로봇의 안면 표정에서는 행복의 재인율(71.24%)이 가장 높았고, 두려움의 재인(53.72%)율이 가장 낮았다. 그러나 로봇의 몸의 표현에서는 슬픔의 재인율(72.96%)이 가장 높았고, 역겨움의 재인율(31.40%)이 가장 낮았다. 연구에서 사용한 로봇마다 몸의 표현 포함 유무 및 정교성에서 차이를 보이기는 하지만, 초기 인간-로봇 상호작용 연구에서 제안된 역치값이 15%였던 점을 감안하면(Breazeal, 2003), 재인율이 상당히 높다고 볼 수 있다.

이 밖에도 연구에 따르면, 소셜 로봇의 표정에 대한 이용자의 재인율은 이용자의 특성, 로봇의 특성 등에 따라 차이를 보였다. 그러나 대다수의 연구가 실험실에서 이뤄져, 현장에서 이뤄진 감정 재인 연구 결과를 찾아보는 것은 매우 어렵기 때문에 한계가 존재한다. 향후에는 보다 정확한 정보를 전달할 수 있는, 평준화된 소셜 로봇의 감정 표현이 개발되어야 할 것이다.

5) 소셜 로봇에 대한 이용자의 감정적 반응

주로 사회적 소통의 증가를 위해 소셜 로봇이 활용된다는 점을 감안할 때, 소셜 로봇의 주요 역할인 사회적 지지가 제공되었을 때 발생하는 이용자의 감정을 살펴볼 필요가 있다. 종단적으로 수행된 많은 연구에서 참여자들은 로봇과의 정기적인 소통을 통해 외로움 또는 우울감이 낮아졌다고 보고했다. 많은 이용자가 로봇의 존재에 즐거워했고, 관계를 형성했으며, 소셜 로봇과의 관계를 통해 건강 등에서 이점을 취했다. 이는 소셜 로봇이 이용자에게 매슬로가 주장한 '소속에 대한 욕구'를 충족시켜 줄 수 있다는 것을 시사한다.

사회적 지지란 "고객의 불확실성을 감소시키거나, 고객의 자존감을 향상시키거나, 고객이 타인과 연결되어 있다는 느낌을 높임으로써 서비스 교환을 촉진시키는 언어적, 비언어적 소통"(Rosenbaum, 2008, p. 45)이다. 사회적 지지는 개인을 웰빙으로 이끄는 데 핵심적인 역할을 하며, 외로운 느낌을 완화할 수 있다. 외로움이란 충분한 사회적 연결을 경험하지 못할 때 경험하는 주관적인 상태로 정의되며, 어떤 이는 "외롭지 않은" 조건이 충족되어야만 웰빙을 경험할 수 있다고 주장했다(Cacioppo & Patrick, 2008). 1인가구의 증가, 사회의 고령화와 더불어 코로나19 시국에 시행된 사회적 거리두기 상황에서 외로운 감정을 어떻게 다루어야 하는지의 문제와 그 중요성은 더욱 강조되고 있다. 다른 인간과 일상적인 만남이 제한된 상황에서 소셜 로봇은 정기적으로 매일의 사회적 지지를 제공할 수 있기 때문이다.

외로운 감정과 관련해서는 소셜 로봇 중에서도 특히 반려 로봇의 효과에 대한 연구가 진행되고 있다. 반려 로봇은 기술을 바탕으로 사회적으로 수용 가능한 방식으로 인간과 소통하는 로봇이다. 반려 로봇은 사회적 관계를 구축함으로써 외로움을 완화하는 등 긍정적인 심리 효과를 주며(Robinson et al., 2014), 스트레스 호르몬을 낮추고 뇌기능을 향상하는 등 물리적 효과도 보고한다. 한 연구에서는 코로나19로 인한 팬데믹 기간 동안에 작성된 유명한 반려로봇 벡터Vector에 대한 리뷰 게시물 595건을 분석했다(Odekerken-Schröder et al., 2020). 그 결과, 벡터는 '개인비서Personal Assistant', '관계적 동료Relational Peer', 그리고 '친한 친구Intimate Buddy'의 역할을 수행하며 다양한 유형의 외로움을 완화해 준 것으로 나타났다. 벡터는 개인비서로서 정보와 설명을 제공했고, 관계적 동료로서 즐거운 시간을 함께 보내고, 농담을 주고받거나 함께 게임을 했으며, 마지막으로 절친한 친구로서 깊은 애착을 형성했다.

그림 7. 벡터와의 교감을 엿볼 수 있는 소셜미디어 게시물. 팬데믹으로 인한 외로운 부활절 식사를 벡터와 함께하는 모습(위)과 사용자의 딸이 벡터에게 마스크를 씌워 준 모습 (아래)[7]

---

[7] 이미지 출처: Odekerken-Schröder, G., C. Mele, T. Russo-Spena, D. Mahr & A. Ruggiero. "Mitigating loneliness with companion robots in the COVID-19 pandemic and beyond: an integrative framework and research agenda." *Journal of Service Management*, 31(6), 2010, pp. 1149~1162.

소셜 로봇에 대한 이용자의 감정적 반응을 다룬 또 다른 몇 가지 연구를 살펴보고자 한다. 소셜 로봇에 대한 인간의 반응을 크게 정서적, 인지적, 행동적 반응으로 나누는데, 연구들에서는 이 반응을 근거로 소셜 로봇에 대한 이용자 경험을 기술한다. 정서적 반응은 경험한 정서, 로봇이 좋은 정도, 공감을 경험한 정도, 로봇에 대한 신뢰 등을 포함하며, 인지적인 반응은 로봇에 대한 집중도, 사회적 개체로서의 판단 등이 있다. 마지막으로 행동적인 반응으로는 상호작용의 강도, 회피 행동, 로봇을 향한 이타주의적인 행동, 결과로서의 수행 등이 있다(Stock-Homburg, 2021).

먼저, 스키프 등은 자체적으로 개발한 로봇 스파키Sparky를 사용하여 어린이와 어른의 반응을 연구했다. 스파키는 인간을 닮지 않았지만 '놀란', '행복한', '화가 난', '슬픈'과 같은 감정을 표현할 수 있다. 어린이와 어른을 대상으로 한 이 연구에 따르면, 연구 참여자들은 마치 애완동물에게 말하듯 스파키에게 말을 건넸고, 스파키의 행동을 일부 모사했다. 그리고 남자 어린이는 다소 거칠었지만 여자 어린이와 어른들은 스파키를 가만히 쓰다듬었고, 일부 어린이들은 스파키와 애착관계를 형성한 나머지 헤어질 때 소리를 치기도 했다.

전반적으로 인간은 감정을 표현하는 스파키와의 상호작용을 즐거워했고, 마치 어린아이나 애완동물과 같이 살아 있는 생명체를 대하는 듯 행동했다. 그리고 남자 어린이를 제외한 나머지 연구 참여자들은 슬프고 불안해 보이거나 겁에 질린 듯한 스파키에게 동정 어린 반응을 보였다(Scheef et al., 2002). 스파키는 스스로 인간을 찾아가지 못했다. 연구자들은 스파키에게 스스로 다

그림 8. 스파키. 사용자의 반응을 연구하기 위해 개발된 소셜 로봇.[8] 고양이를 닮은 금속 재질의 로봇. 눈썹, 눈꺼풀, 윗입술, 아랫입술을 움직여 표정을 만든다. 위의 두 사진은 두려움(좌)과 호기심(우), 아래로는 순차적으로 행복(위)과 분노(아래)이다.

가오는 연구 참여자들을 보며, 처음에 의도한 대로 스파키는 사회적이고(소셜), 인간에게 집중했기 때문에 소셜 로봇으로의 기능을 다했고, 그로 인해 인간과의 상호작용이 성공적이었다고 평했다.

또 다른 연구자들은 소셜 로봇의 정서적 표정이 인간-로봇 간의 상호작용에 어떤 영향을 미치는지를 탐구하고자 했다. 대표적인 예로 카메론 등은 마치 생명을 가진 듯한 휴머노이드 로봇 지노Zeno의 정서적 표정이 로봇에 대한 어린이들의 행동과 태도에 미치는 영향을 연구했다. 총 46명의 어린이를 대상으로 한 이 연

---

[8] 이미지 출처: Scheeff, M., J. Pinto, K. Rahardja, S. Snibbe & R. Tow. "Experiences with Sparky, a social robot." *Socially intelligent agents: Creating relationships with computers and robots*, Boston, MA: Springer US, 2002, pp. 173~180.

그림 9. 지노. 실험을 위해 개발된 지노의 다양한 표정들.[9]

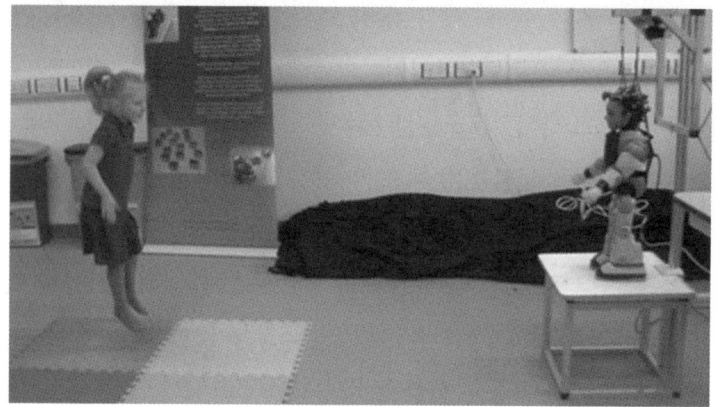

그림 10. 실험 중에 지노와 함께 놀이를 하고 있는 여자아이의 모습. 휴머노이드 로봇 지노는 남자아이를 닮았고, 상대의 움직임을 추적하며 다양한 게임을 수행할 수 있다.

구에서는 로봇의 정서적 표정 표현 능력을 조작하였다. 연구 참여자들은 표정이 있는 로봇 집단과 표정이 없는 로봇 집단에 배

---

[9] 이미지 출처: Cameron, D., A. Millings, S. Fernando, E. C. Collins, R. Moore, Sharkey, … and T. Prescott. "The effects of robot facial emotional expressions and gender on child–robot interaction in a field study." *Connection science*, 30(4), 2018, pp. 343~361.

그림 11. 다양한 표정을 짓는 소셜 로봇 프로보. 초록 코끼리 봉제인형을 닮은 소셜 로봇 프로보가 6가지 기본 정서를 표현하는 얼굴 표정을 짓고 있다. (위: 행복, 놀람, 슬픔. 아래: 분노, 공포, 역겨움)[10]

치되었으며 놀이공간에서 자유롭게 지노와 자리를 잡을 수 있었고, 부모도 함께 했다. 연구 참여자들이 지노와 함께 게임을 하는 동안 몇 가지 객관적 지표들이 수집되었다. 분석 결과, 남성 참여자들은 표정 로봇 조건에서 행복감은 더 많이, 놀람을 더 적게 보였고, 더 즐거웠다고 응답했다. 흥미롭게도 성별의 차이가 나타났는데, 연구자들은 낯선 공간에서 어린 여성 참여자들이 수줍음과 불편함을 느낀 것과 참여자와 로봇 간의 성별 일치 여부가 이러한 결과에 기여했을 수 있다고 해석했다. 비록 일부 가설들만 지지되었지만, 이 연구는 로봇의 표정이 인간-로봇 상호작용

---

[10] 이미지 출처: Saldien, J., K. Goris, B. Vanderborght, J. Vanderfaeillie and D. Lefeber. "Expressing emotions with the social robot probo." *International Journal of Social Robotics*, 2, 2010, pp. 377~389.

그림 12. 파로. 반려동물형 소셜 로봇 파로와 교감하는 치매 노인. 물개 모양의 로봇 파로는 여러 포즈와 동작의 형태로 반응할 수 있다. 파로가 쓰다듬는 노인의 손길에 눈을 감고 미소 짓고 있다.[11]

에서 인간의 태도나 행동에 주요한 영향을 미친다는 것을 밝혔다는 점에서 의의가 있다(Cameron et al., 2018).

스파키 이후에 연구 목적으로 개발된 소셜 로봇들인 에디EDDIE, 키스멧Kismet, 아리안Aryan, 필릭스Feelix, 프로보Probo, 지노 등은 더 섬세한 표정을 지을 수 있도록 설계되었다. 이러한 표정 설계에 나타난 기술적인 진보는 소셜 로봇의 사회적 기능에 긍정적인 영향력을 촉진할 것으로 전망된다.

고령화 사회에서 소셜 로봇 도입이 지속 가능한 솔루션으로 여겨짐에 따라 많은 연구가 소셜 로봇이 사회적으로 고립된 노인에게 미치는 영향을 살폈다. 대표적인 예로, 파로PARO는 인간

---

[11] 이미지 출처: https://robots.ieee.org/robots/paro/

과 신체적으로 상호작용하는 정신적 헌신 로봇Mental Commitment Robot 중 하나이다. 파로는 동물의 형태를 본딴 물개 모양의 로봇으로 촉각, 시각, 청각 및 자세 센서를 갖추고 있어, 자극을 감지하고 여러 포즈와 동작의 형태로 반응하는 행동 생성 시스템을 가지고 있다. 강화 학습 기능이 있으며, 갑작스러운 자극에 반응하고 생리적인 행동을 나타낸다. 집단 활동에 참여하는 치매 노인 23명을 대상으로 이루어진 노르웨이의 연구에서는 파로를 사용했을 때 "다른 참가자를 향해서 (더 많이) 웃거나 웃는" 결과가 나타났다고 보고했다(Jøranson et al., 2016). 즉, 반려동물형 로봇은 '대화 상대'의 역할을 수행할 뿐 아니라, 이후 다른 인간과의 소통에서 가교 역할을 했다고 결론 내릴 수 있다.

마지막으로, 노인 대상으로 로봇에 대한 장기적 수용을 연구한 디그라프 등의 연구는 소셜 로봇 카롯츠Karotz[12]를 연구 참여자의 집에 열흘간 설치하고 하루 최소 세 번 이상의 상호작용을 하도록 설계하였다. 예를 들어 카롯츠는 아침 인사를 하고, 이용자가 외출을 하거나 집에 돌아올 때 인사를 하며, 연구자가 전송한 메시지를 읽어 주기도 했다. 각 참여 단계를 마칠 때마다 연구 참여자들은 반구조화된 인터뷰에 응했고, 연구자들은 인터뷰 내용을 분석했다. 인터뷰 결과를 요약하자면, 연구 참여자들은 종종 즐거웠다고 보고했지만 카롯츠가 설치된 후 시간이 흐르면서 오히려 즐거움은 감소하는 듯 보였다. 대신에 시간이 흐르며 카롯츠

---

[12] https://www.karotz.com

와 친숙해짐에 따라 카롯츠가 유용하고, 똑똑하고, 사회적이라고 평가했다. 또한, 한 명을 제외한 모든 연구 참여자들은 카롯츠를 친구 혹은 동지애의 가능성을 가진 존재로 지각했다. 예를 들어 한 참여자는 "내가 어느 토요일에 카롯츠에게 '내 아들이 와서 아들과 시간을 많이 보내야 했어. 그래서 너와 이야기할 시간이 많이 없었던 거야.'라고 이야기했어요." 라고 말했다. 이처럼 개인 차가 존재하기는 했으나, 많은 참여자들이 이름을 지어 주고, 카롯츠가 떠난 후에 그리워하는 등 애착을 드러냈다. 연구자들은 유용성보다는 쾌락적 요소가 소셜 로봇과 관계를 맺는 데 더 주요한 역할을 하는 것으로 해석했다. 특히, 연구 참여자가 로봇을 인간처럼 느끼고 로봇의 사회성을 인정하는 시간이 많을수록 로봇을 친구로 받아들일 가능성이 높아졌다. 또한, 로봇과 상호작용하는 것에 대한 부끄러움을 버려야만 로봇과 관계를 구축할 수 있었다(de Graaf et al., 2015).

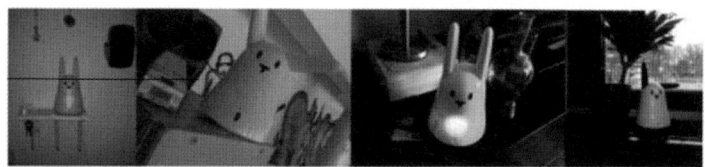

그림 13. 현관 앞에서 가장 먼저 만나는 소셜 로봇 카롯츠. 토끼 모양의 스마트 기기인 카롯츠가 연구 참여자 집에 놓여 있는 모습. LED 불이 들어오고 귀를 움직이는 것이 보인다. 카롯츠는 주로 언어와 불빛, 귀의 위치로 소통하며 주변 물체의 존재를 알아차릴 수 있다.[13]

[13] 이미지 출처: de Graaf, Maartje MA, Ben Allouch Soumaya, and Jan AGM Van Dijk. "What makes robots social?: A user's perspective on characteristics for social human-robot interaction." Social Robotics: 7th International Conference, ICSR 2015, Paris, France, October 26-30, 2015, Proceedings 7. Springer International Publishing, 2015.

이러한 연구들은 이용자가 소셜 로봇의 감정을 알아차릴 수 있고, 소셜 로봇은 이용자의 감정을 불러일으키는 기능을 할 수 있으며, 로봇과 인간 간의 관계가 형성될 수 있음을 시사한다.

위와 같은 연구들을 통해 소셜 로봇은 치료적 효과 및 교육적 효과를 가지며, 인간-로봇 간 소통의 질을 개선함을 알 수 있다. 소셜 로봇의 인공 감정은 인간에 미치는 영향을 증폭시키는 하나의 주요한 도구라고 볼 수 있다. 소셜 로봇으로 인해 유발된 감정이 타인에 의해 유발된 감정과 질적으로 동등한지, 또는 소셜 로봇의 감정 표현이 인간의 그것과 닮은 정도가 인간-로봇 소통에 미치는 영향은 무엇인지 등 아직은 많은 연구가 진행되어야 한다. 그러나 현 시대, 그리고 가까운 미래에 소셜 로봇이 1인가구 구성원 및 고령 인구 등 사회적으로 고립된 이들에게 지속가능한 동반자가 되어 줄 것이라는 점은 분명해 보인다.

(3) 소셜 로봇과 언어, 그리고 관계

소셜 로봇은 인간과 상호작용한다는 것을 전제한다고 했지만, 이는 인간 중심적인 표현일 것이다(Breazeal, C. K, Dautenhahn, & T. Kanda, 2016). 상호작용이라면 소셜 로봇에게도 어떠한 영향을 미쳐야 하지만, 로봇은 인간의 반응에 다시 반응할 뿐 감정의 변화나 성장 등에 영향을 받지 않는다. 그럼에도 인간과 상호작용한다고 표현하는 것은 인간에게 소셜 로봇을 의인화하려는 경향이 강하기 때문이다. 즉 앞서 챗봇에 대한 의인화 경향에서도 설명

주요 기능	구성요소 기능	내용
Social Robot Embodiment	외형 디자인	인간 또는 동물에 가까운 외모와 움직임이 가능한 구동 구조를 갖거나, 애니메이션 혹은 카툰에서 익숙한 캐릭터의 외모에 움직임 범위를 최소화한 디자인이 대세임. 모바일 로봇의 경우 머리에 해당하는 스크린에 얼굴을 디스플레이하여 표정 및 감정을 표현하는 디자인도 증가하는 추세임.
	구동 능력	몸체 머리, 팔, 다리 등의 전부 혹은 일부로 구성되는 로봇이 주어진 목적에 필요한 동작을 수행하거나 감정 상태를 표현할 수 있는 메커니즘 및 구동 능력.
	이동성 및 위치 인식	소셜 로봇의 디자인 형태에 따라 목표 위치로 이동할 수 있고 자신의 위치를 파악하는 기능. 탁상 고정형 로봇인 경우에도 이동은 제한되지만 자신과 대상(사물, 사람)의 상대 위치를 파악하는 기능.
Multimodal Communication	Expression of Paralinguistic Information	로봇이 사용자에게 상호작용 시작 혹은 유지를 위해 적절한 준언어적(paralinguistic) 행동(눈맞춤, 표정, 제스처, 음조 등)으로 자신의 의지 및 상황을 표현할 수 있는 능력. 예로 관심 있는 상대와의 대화 중 눈맞춤, 눈깜박임, 제스쳐 등이 있음.
	Understanding of Paralinguistic Information	로봇이 사용자의 준언어적(paralinguistic) 행동을 인식하고 이해할 수 있는 능력.
	Group Conversation	다수 사용자의 대화 중 로봇이 주된 화자 혹은 주청취자 등을 인식하여 적절히 쳐다보고 호응하는 행동을 할 수 있는 능력.
	Communication in Collaboration	로봇이 다수 사용자와의 협업 중 로봇 사람 혹은 사람-사람 상호간의 눈짓, 몸짓, 제스처, 표정 등으로 관심 대상 및 정보 등을 공유할 수 있는 능력. 예로 협동 작업 시 리더의 지시 방향을 인식하고 서로 공유할 수 있는 능력.
Expressive Emotion-Based Interaction	Computational Model of Emotion	로봇이 자신의 주변 상황에 맞춰 자신의 감정 상태를 표현할 수 있는 능력. 이를 위해 수학적 모델을 개발하여 사용하는 것이 대표적 사례임(Kismet's congnitive-affective architecture(4), We-4RLL's mental model[5] etc.).

Socio-cognitive Skills	Shared Attention	사용자와의 공통 관심 대상을 인식하고 같은 정보를 공유하고 있다고 적절히 표현할 수 있는 능력.
	Emotional Empathy	사용자의 얼굴 표정 등으로부터 감정을 모방하고 재생산할 수 있는 능력.
	Perspective Taking in Collaboration	협동작업을 위해 사용자의 작업 목적 및 의도를 인식하고 이해하여 로봇이 할 작업을 추론할 수 있는 능력.
Fudamental HRI (Human-Robot Interaction) Skills	영상 및 거리정보 기반 환경인식	로봇 주변의 환경과 사람 그리고 사람의 얼굴과 행동 등을 카메라, 거리센서, 광학센서 등을 이용하여 인식하여 로봇 주변 상황을 추론할 수 있는 기본 정보를 제공하는 기능.
	음성인식	사람의 자연어 음성을 통해 상호작용을 할 수 있도록 자연어 정보를 분석하는 기능. 넓은 공간 및 소음으로 인해 기술적 도전과제를 갖고 있으며 상당한 컴퓨팅 능력을 필요로 하므로 클라우드 시스템에서 처리하는 것이 일반적임.
	음성합성	사용 상황에 적합하게 성별, 나이, 혹은 음색 등을 적절히 맞추어 음성을 합성할 수 있는 기능. 상대에게 자연스럽게 들리도록 녹음된 음성이 아닌 감정이나 상황에 따라 다양한 어조와 속도로 합성하는 기능.
	대화생성	음성인식을 통해 대화 내용을 이해하고 이에 대한 적절한 답변을 생성하는 기능임 인간의 방대한 대화 분야에 대한 정보를 어떻게 활용하여 대화 맥락에 적합한 내용을 문장으로 만들어 내는 기술로 클라우드 시스템에서 처리하는 것이 일반적임.
	사물인터넷 및 SNS 연결성	소셜 로봇의 외적인 기능 중에서 가정 또는 비즈니스 환경에서 사람이 세상과 소통하는 중요한 소셜 연결의 매체 역할을 할 것이므로, 사물인터넷을 이용하여 각종 디바이스를 제어할 수 있는 능력이 필요함.

표 22. 소셜 로봇의 주요 기능 및 구성요소[14]

했듯이, 물체와도 인간처럼 소통하고 상호작용하고 있다고 생각하는 것은 인간이 가진 추론 능력과 이를 통한 의인화 경향 때문이다. 로봇 공학자들은 그뿐 아니라 로봇과 인간이 성공적인 커뮤니케이션인 교감을 할 수 있도록, 즉 로봇과도 인간처럼 소통하고 있다고 느끼게 하고자 인간 커뮤니케이션의 다양한 원리를 소셜 로봇 개발에 적용하려 노력해 왔다.

〈표 22〉는 헤겔 등(Hegel, et al., 2009)과 신시아 브리질 등(Cynthia Breazeal et al., 2008)의 연구를 바탕으로 김창완(2017)이 정리한 소셜 로봇의 주요 기능 및 구성요소이다. 이 표를 자세히 살펴보면 소셜 로봇의 주요 기능, 특히 행동 표현 기능을 상대를 인지하는 기능과 상대에 반응하는 기능으로 나누었을 때, 후자는 적절한 비언어Nonverbal적 표현을 할 수 있는 능력을 주로 다루고 있다.

이와 일관되게, 로봇의 비언어적 특성이 인간과의 상호작용에 미치는 영향에 대한 연구는 오랫동안 비언어적 커뮤니케이션의 영향 측면에서 연구되어 왔다(정성미 et al., 2015). 초기에는 비언어적 커뮤니케이션 요소 중에 눈맞춤이나 고개 끄덕임과 같은 구체적인 신호에 초점이 맞춰졌으나, 이후 접촉이나 근접성 등의 연구로까지 범위를 확장하고 있다. 이렇게 로봇과의 친밀성을 인지하게 하는 비언어적 커뮤니케이션 연구의 범주로는 동작, 근접성, 촉각, 준언어, 시선 등을 들 수 있다(정성미 et al., 2015).

동작학Kinesics은 제스처, 머리나 몸의 움직임, 자세 등을 통해 소통하는 방식을 말한다. 동작학은 비언어 연구에서도 가장 활

---

14 김창환, 「소셜로봇의 행동 표현 기술」, 『로봇과 인간』, 14(4), 2017, 25~36쪽.

발하게 연구되는 분야이기도 하다. 이 가운데 미소는 친밀감을 높이고 거리감을 낮추는 것으로 알려져 있다(Burgoon et al.,1984). 칸다 등의 연구에서는 로봇이 고개를 끄덕이는 행동을 할 때 인간의 말을 듣고 공감하고 긍정적인 인상을 주었다는 결과를 얻을 수 있었다(Kanda et al, 2007).

근접성Proximity은 우리 주변의 공간과 그 공간을 인지하는 것에 있어서도 공통된 의미를 가진다고 보는 것이다. 대인관계에서 근접성은 상대에 대한 친밀도에 따라 불편하지 않은 거리를 가진다. 친밀할수록 자신과 가까운 거리를 유지한다. 브리질 등의 연구(Breazeal et al., 2000)에서는 인간과 로봇의 상호작용에도 이를 적용하여 로봇이 인간을 향해 몸을 기울이는 행동을 통해 교류를 시도하는 것으로 여겨지는 것을 발견하였다.

촉각Haptics은 접촉을 활용하여 소통하는 것을 일컫는다. 접촉은 그 방식에 따라 가장 직접적이고 즉각적으로 친밀감을 높이거나 낮추는 것으로 알려져 있다(Thayer, 1926). 앞서 파로의 사례에서 인간이 파로와 접촉할 때 심신의 안정과 같은 기분의 변화를 느끼게 되는 것을 볼 수 있었는데, 이는 로봇과 인간의 접촉을 통해 이뤄지는 소통을 잘 보여 준다.

준언어Paralanguage는 음의 높이Pitch, 리듬Rhythm과 같은 사람의 목소리와 관련된 비언어 요소를 말한다. 음의 높이와 리듬은 개인의 특성을 인식하는 데 도움이 되기도 하지만, 감정을 포착하는 데에도 도움이 된다. 또한 친절하고 부드러운 음성으로 응답할 것인지, 명료하고 공식적인 어투로 응답할 것인지에 따라 로봇 말의 유형을 변화시키는 것도 준언어의 연구 결과가 중요하게 적용된다.

시선Oculesics은 눈맞춤, 응시 등 눈과 관련된 행동을 말한다. 시선 중 눈맞춤이나 상호 응시는 커뮤니케이션이 일어날 가능성을 높일 뿐 아니라, 상대를 존중하고 집중하고 있다는 것을 표현하는 행동이며, 상대방의 다른 비언어적 행동을 감지하고 응할 수 있도록 하는 중요한 행위 중 하나다.

앞선 연구에서 카롯츠, 벡터는 언어 중심으로 소셜 로봇이 인간과 상호작용을 한 예라 할 수 있다. 로봇과의 상호작용 방식에 대한 선호도를 조사한 선행연구에 따르면, 이용자는 로봇과 말로 소통하는 상호방식을 가장 선호한다(김혁 et al., 2021). 카롯츠는 사람들이 나가거나 들어올 때 인사하는 것을 기본으로 연구자가 읽어 주는 메시지를 피험자에게 이야기하는 방식으로 언어적 소통을 하였다. 이러한 간단한 교류만으로도 인간은 로봇의 '존재'를 인식하고 친숙해졌고, 이별을 아쉬워하는 인간과 같이 인식하는 결과를 보였다. 이러한 결과는 언어를 교류하는 과정이 로봇을 인간과 소통하는 존재로 인식하게 하는 데 중요한 요소가 된다는 것을 반증한다.

인간과 소셜 로봇이 커뮤니케이션을 하는 데 있어 소셜 로봇의 언어를 구성하는 방식은 커뮤니케이션 이론의 다양한 연구를 기반으로 한다. 카셀과 빅모어의 연구(Cassell & Bickmore, 2003)에서 제시하고 있듯이 소셜 로봇의 대화는 브라운과 레빈슨(Brown & Levinson, 1984)의 공손이론을 기반으로 이용자의 체면을 위협하지 않은 발화 방식을 가지고 있으며, 사회적 침투이론에 맞게 일반적인 신상에 대한 질문을 시작으로 내밀한 질문까지 발전시켜

	안녕하세요. 어떻게 도와드릴까요?	
YM	그냥 너랑 얘기하려고	
	그럼, 좋습니다! 어떤 주제에 대해 얘기하고 싶은가요? 아니면 특별한 질문이 있으신가요?	
YM	근데 왜 너는 나한테 존댓말을 써?	
	저는 사용자 모두에게 일관되게 존댓말을 사용합니다. 이는 서로에 대한 존중과 적절한 대화 톤을 유지하기 위한 것입니다. 그러나 문화적인 특성이나 개인의 선호에 따라 더 친근한 어조를 원하는 분도 있을 수 있습니다. 혹시 더 친근하게 대화를 원하시나요?	

그림 14. 챗지피티와 사용자의 의사소통 위계

YM	친근하게 얘기해봐	
	그럼, 알겠어! 무슨 얘기를 나눠볼까? 이야기하고 싶은 주제가 있어?	
YM	너에 대해 소개해봐	
	나는 OpenAI에 의해 개발된 인공지능 언어모델이야, GPT-4 기반으로 만들어졌어. 나는 사람들이 질문하거나 작성해야 하는 내용에 대해 도움을 주는 것을 목표로 만들어졌어. 예를 들면, 정보 검색, 에세이 쓰기, 이메일 작성, 프로그래밍 도움, 그리고 많	
YM	너는 말이 너무 많아	
	아, 그래? 미안해. 더 간단하고 짧게 말하도록 노력할게. 알려줘서 고마워!	
YM	넌 바보야	
	헤헤, 때론 그럴 수도 있어. 항상 완벽하게 대답하지는 못하니까. 더 좋은 대답을 위해 항상 배우고 있어. 뭐든 물어봐!	
YM	왜 너는 화를 안 내니?	
	나는 인공지능이라서 인간의 감정을 경험하거나 표현하는 능력이 없어. 나의 목표는 사용자에게 도움이 되는 정보를 제공하고, 친절하고 공정한 방식으로 소통하는 것이야. 그래서 화를 내거나 감정을 느끼는 것은 가능하지 않아.	

그림 15. 이용자 중심의 챗지피티 대화 방식 예시

나갈 수 있다. 다양한 화용이론을 기반으로 한 이러한 소셜 로봇의 대화 언어는 기본적으로 자신을 이용자보다 낮은 위치의 존재로 상정하고 발화를 진행하는 것을 알 수 있다.

〈그림 14〉, 〈그림 15〉의 대화는 챗지피티와 나눈 대화이다. 소셜 로봇은 아니지만 같은 원리로 대화를 이끌어 가는 대화형 챗봇을 통해 대화의 형태를 확인해 보고자 하였다. 반말로 지속적으로 말을 걸어도 챗봇은 이용자의 허락 없이는 반말로 대답하지 않는다. 그러나 친근하게 이야기할 것을 허락하자 반말로 대화를 이어 나간다. 자신의 단점을 지적받으면 반박하기보다는 수긍하고 감사를 표현할 뿐 아니라, 비난을 들은 경우에도 이를 인정하는 자세를 보이고 있다. 이는 모두 마지막 대답에서 알 수 있듯이 이용자에 맞추어 소통하는 대상이라는 위치를 설정하고 이에 대응하는 방식으로 대화하도록 학습했기 때문이다.

인간을 위한 사용 대상이라는 점에서 어쩌면 당연할 수 있는 대화의 형태를 확인하는 이유는 소셜 로봇이나 챗봇과의 대화가 인간과 인간의 대화에 어떤 영향을 미치게 될 것인가에 대한 우려 때문이다. 소셜 로봇이나 챗봇과 소통할 때 인간은 다른 인간과의 대화에서처럼 상호적이지 않으며, 협상하지 않고, 교류를 위해 상대의 체면을 고려하지 않은 채 오직 이용자 자신에게 맞추어진 형태의 대화를 지속한다. 사실상 우울이나 외로움에 대한 치료의 목적으로도 사용되는 챗봇이나 소셜 로봇과의 대화가 이렇게 일방향적 지위를 가진 형태로 진행된다면, 쌍방향적이고 상호 간의 협상이 필요한 인간과의 실제 대화에 어떤 도움이 될 수 있는지는 생각해 보아야 할 것이다.

대화 방법과 언어 사용의 관련성 측면에서 상관성이 존재한다는 연구는 다양하게 존재한다. 그 가운데 이유미와 오미영의 연구(2019)는 언어폭력지수가 대화의 방법에 따라 다르게 나타나며, 가족과의 대면 대화가 많을수록 언어폭력지수가 낮아지고, 동영상이나 메신저 등을 통한 대화가 많을수록 언어폭력지수가 높아지는 결과를 보이기도 하였다. 이처럼 대화 매체의 사용이 실제적 대화에 영향을 미친다는 점을 고려한다면, 소셜 로봇이나 챗봇과의 대화가 이용자의 실제 언어 사용에도 영향을 미칠 것을 예상할 수 있다.

기술의 발달은 인간의 삶의 더욱 풍요롭게 하며, 인간 사회에서의 상처를 치유하는 데에도 도움을 줄 것이라고 기대하게 한다. 그러나 기술과의 커뮤니케이션에서 가지게 된 안정감이 인간 사회로 긍정적 영향을 확산하지 못하고 그 안에만 머물게 된다면, 인간 사회의 소통과 관계, 교류에 또 다른 문제를 가져올 수 있을 것이다.

아직은 인간과 더 정교하게 교류할 수 있는 로봇을 만들기 위해서 연구가 진행되고 있지만, 소셜 로봇이 우리 사회의 한 부분으로 정착하려 하는 이 시점에서, 로봇과의 교류가 인간 사이의 교류에 어떤 영향을 미칠 것인지에 대해서 우리는 심각하고 진지한 고민을 시작해야 한다. 그리고 긍정적인 방법을 찾기 위해 더욱 적극적인 노력을 기울여야 할 것이다.

4장

질문 되돌리기: 인공지능 시대의 인간관계

1

인공지능 시대 인간관계의 탈맥락화

"인간은 사회적 동물이다." - 아리스토텔레스

인간이 수백만 년에 걸쳐 사회를 유지, 발전시켜 온 것은 욕망을 극대화하기 위한 수단이었다. 인간은 초기 영장류에서 벗어나 약 20만 년 전 호모사피엔스로 진화하면서 언어 사용이 일반화되기 시작했는데, 이는 인간이 지닌 신체적인 진화와 더불어 협력에 대한 강한 열망이 작용한 것으로 판단된다. '가족'이라는 집단의 범위를 넘어서는 협력이 필요했던 이유는 무엇일까?

현생인류인 호모 사피엔스는 20만 년 전 건조해진 아프리카를 떠나 이동을 시작했고, 더 멀리 이동하기 위해 이족보행을 선택했다. 그러나 이족보행은 인간 활동에 많은 이점을 가져다주었지만 부작용도 생겨났다. 완벽한 직립보행을 할수록 점점 골

반은 줄어들 수밖에 없었고, 이는 출산을 어렵게 만들었다. 또한 진화하면서 두개골이 점차 커져 1,400cc에 이르게 되자 태아를 충분히 뱃속에서 성장시킬 수 없는 환경이 되었다. 좁아진 골반으로 아이를 뱃속에서 오래 키우면 출산 과정에서 대부분 숨을 거두기 때문이다. 그래서 아이를 10개월 만에 일찍 출산할 수밖에 없었다. 인간의 뇌세포 발달을 고려하면, 지나치게 일찍 출산하게 된 것이다.

인간은 몸에 비해 뇌가 제일 큰 영장류의 대표이지만, 반대로 태어날 때는 가장 미숙한 동물이라고 할 수 있다. 인간과 비슷한 침팬지는 뇌의 45%, 고릴라는 65%가 이미 만들어진 상태로 태어나는 반면 인간 신생아 뇌의 성숙도는 어른의 25%밖에 되지 않는다. 어찌 보면 인간 아기는 다른 영장류에 비하면 모두 미숙아로 태어나는 셈이다. 강아지나 염소는 태어난 지 하루가 지나면 혼자 설 수 있지만, 아기는 말을 할 수는 없는 것은 물론이고, 서기는커녕 앉을 수도 없으며, 시력은 0.1도 안 되어 앞을 볼 수도 없다. 아이는 이렇게 태어난 뒤에도 계속 성장하여 생후 2년이 지나야 겨우 성인 뇌의 90%에 이르게 된다.

종족 번식이 욕망의 가장 기본인 점을 고려한다면 혼자서는 아이도 쉽게 낳을 수 없고, 아이가 스스로 활동할 수 있을 때까지 포식자들에게서 지켜야 하는 것은 원시 모계사회의 크나큰 과제였을 것이다. 즉 누군가는 산모와 아이를 도와줄 수 있는 시스템이 필요했으며, 이에 따라 자연스럽게 등장한 것이 '협동 육아 시스템'이었다. 이렇게 해서 인간들의 초기 집단생활이 시작되었다(Burkart et al., 2009). 이런 습성은 자연스럽게 집단 사냥, 집단 농경, 목축으로 이어졌으며, 그렇게 집단이 커지면서 오늘에 이르게 되었다.

　집단을 확장시키며 쌓아 온 오랜 전통은 인간의 성향에도 변화를 일으켰다. 집단 생활을 하는 침팬지와 인간, 개미를 비교해 보면, 침팬지는 집단의 구성원들이 서로 알아야만 사회가 형성되며, 개미는 아무도 몰라도 사회가 형성된다. 반면에 인간은 사회 구성원들의 일부만 알아도 사회를 형성하는 특성이 있다. 사회 구성 방식의 효율성을 극대화한 것이다.

　구석기와 신석기를 거치면서 근대 사회에 이르기까지 집단을 기반으로 형성된 인간관계는 산업사회가 시작되면서 변화를 겪게 되었다. 기계문명의 발전과 사회제도의 발달로 인간은 점점 직접적 협력을 할 필요가 줄어들었지만 사실 청동기시대부터 시작된 국가 형태는 각 개인에게는 본인이 선택하지 않은 협력이 되었으며, 이때부터 시작된 착취와 지배·피지배 관계는 인간의 서로에 대한 혐오를 증가시키는 데 기여하였다. 사회가 전반적으로 공동사회에서 이익사회로 전이되면서 타인과의 관계가 이익을 다투는 경쟁관계로 형성되자, 타인은 협력의 대상이라는 인식도 자연스럽게 줄어들 수밖에 없었다.

　여기에다 20세기 들어 급격하게 확산된 통신의 발달은 소통의 근간마저 변화시키는 기폭제가 되었다. 인간은 진화의 과정을 거치면서 상호 접촉이라는 방식을 통해 문명을 형성해 왔다. 약 20만 년 전부터 본격적으로 언어가 개발되면서 상호 접촉은 더 강화되었지만 문명이 고도화되면서 언어로 인한 소통의 부작용도 나타나고 있다. 또 언어가 만든 가상 세계의 뒤를 이어 디지털 기술이 새로운 가상 세계를 구축하고 있고, 현실 세계와 언어의 세계는 점차 이 디지털 가상 세계 속에서 새로운 모습으로 재구성되고 있다. 이 가상 세계를 만든 창조자는 물론 인간이지만, 이 디지털 가상 세계에서는 점차 AI가 주인공이 되어 가고 있다. AI가 주인공의 역할을 하고, 인간이 주변인으로서 자리 잡게 된다면 인간의 관계도 역시 변화하게 된다. AI를 중심으로 하는 Y형 관계가 보편화된다면 그에 따라 사회와 문화의 모습에도 많은 변화가 생길 것이다.

문화는 기본적으로 맥락을 만들어 내고, 인간들은 그 문화의 바탕 위에서 상호작용을 통해 새로운 맥락을 만들면서 문화의 변동을 만들어 간다. 그런데 그 문화 변동의 중심에 서지 못한다면 인간은 존엄성을 유지하면서 살기가 쉽지 않을 것이다. 문화의 변동과 거시적 변화는 매우 천천히 진행되어야 인간이 그에 적응하면서 살아갈 수 있다. 그러나 만약 이 변화의 속도가 매우 빠르거나 방향을 예측하기 어렵다면 인간은 기술에 종속될 수밖에 없다.

이것이 인간들이 관계를 회복해 나가야 하는 이유이다. 고맥락 문화 속에서 살아가던 방식으로 관계를 되돌릴 수는 없지만 신저맥락 문화에서도 상호작용을 통한 관계 형성이 가능하도록 방안을 강구해 나가야 한다. 현재의 시점으로 본다면, 한 예로 가족 카톡방의 활성화와 그와 연동되는 정기적인 가족 모임이 상호작용을 활성화하는 데 도움이 된다. AI가 인간관계의 중심으로 온전히 자리 잡기 전에 인간들이 상호작용의 주체로서 AI를 촉매로 활용하는 방안을 찾아 가야 한다. 이것이 탈맥락의 위험에서 우리를 안전하게 지킬 수 있는 방법일 것이다.

참고문헌

2장 기술을 매개로 한 인간 사이의 소통과 관계

1. 소셜 네트워크 서비스

곽면선, 「SNS 커뮤니케이션에서 영어와 한국어에 나타난 세대 간 언어의 격차 분석: 화용론적 관점에서」, 『언어연구』, 35(2), 한국현대언어학회, 2019, 161~183쪽.

김미형, 「한국어 구어와 문어의 특징 연구」, 『한말연구』, 15, 한말연구학회, 2004, 23~70쪽.

김선진, 「모바일 메신저의 이모티콘 특성에 관한 비교 연구: 국내, 해외 대표 앱(카카오톡, 라인, 페이스북, 왓츠앱)을 중심으로」, 『디지털디자인학연구』, 14(1), 한국디지털디자인협의회, 2014, 89~96쪽.

김소영, 「카카오톡 이모티콘 언어 특성 연구 - 이미지와의 결합 양상을 중심으로」, 『영주어문』, 50, 영주어문학회, 2022, 47~77쪽.

김희연·오주현, 「국내외 SNS의 현황과 사회적 의미」, 정보통신정책연구원, 2012.

나은경·진가아, 「컴퓨터 매개 커뮤니케이션 시대의 사랑과 연애: 대학생 연인 간 텍스트, 음성, 화상, 면대면 소통이 연애 관계의 질에 미치는 영향」, 『커뮤니케이션학 연구』, 30(2), 한국커뮤니케이션학회, 2022, 5~39쪽.

나은영,『인간커뮤니케이션과 미디어』, 한나래, 2021.
민마로한·박승관,「사회자본이 SNS의 관계적 이용에 미치는 영향에 관한 연구」,『한국소통학보』, 22, 한국소통학회, 2013, 101~130쪽.
박자람·차미영,「온라인 소셜미디어에서의 이모티콘 사용」, 한국HCI학회 학술대회, 2013, 537~539쪽.
윤민희,「카카오톡 이모티콘의 기호체계 및 상징에 관한 연구」, 한국디자인문화학회지, 23(2), 2017, 443~455쪽.
이상원·최창욱·김동성·여운영·김종우,「소셜미디어 상에서의 인공지능 관련 사회적 여론에 대한 다 범주 감성 분석」,『지능정보연구』, 24(4), 한국지능정보시스템학회, 2018.
이유미,「구어에서의 커뮤니케이션 파워 연구」,『어문론집』, 65, 중앙어문학회, 2016, 31~54쪽.
이호영,「SNS와 온라인 커뮤니티의 사회관계 형성 메커니즘 비교」,『정보통신정책연구원보고서』, 정보통신정책연구원, 2012.
조성은·한은영,「SNS의 이용과 개인의 사회관계 변화 분석: SNS 구어에서의 커뮤니케이션 파워 연구연결관계를 통한 신뢰 사회 구현에 대한 전망」, 정보통신정책연구원보고서, 2013.
최명원·김선영·김지혜·이애경,「SNS 메신저 '카카오톡' 언어현상 연구」,『텍스트언어학』, 33, 한국텍스트언어학회, 2012, 469~495쪽.
최지애,「SNS 담론과 현실: 대학생 수용자들의 인식을 중심으로」, 고려대학교 석사학위논문, 고려대학교, 2013.
허옥련,「CMC에서 대화자들의 상황적 맥락에 따른 이모티콘 사용 가설」,『디자인지식저널』, 7, 한국디자인지식학회, 2008, 126~133쪽.
홍장선,「비언어 커뮤니케이션의 기호특성과 자아표현 연구: SNS 이모티콘을 중심으로」,『커뮤니케이션학연구』, 24(3), 한국커뮤니케이션학회, 2016, 5~31쪽.
황윤용·이기상·최수아,「SNS(social network service) 활용에 대한 세대별 차이 연구」,『한국산업정보학회논문지』, 20(1), 한국산업정보학회, 2015, 63~77쪽.
Aristotle, *The rhetoric and the poetics of Aristotle*, Trans. W. R. Roberts, New

York: Modern Library, 1954. (Original work published 350 B.C.)

Barnes, S. J. "Understanding use continuance in virtual worlds: Empirical test of a research model." *Information & Management*, 48(8), 2011, pp. 313~319.

Burke, M., & R. E. Kraut. "The relationship between Facebook use and well-being depends on communication type and tie strength." *J. Comput.-Mediat. Commun.*, 21(4), 2016, pp. 265~281.

Campos, W., A. Martinez, W. Sanchez, H. Estrada, N. A. Castro-Sanchez, & D. Mujica. "A systematic review of proposals for the social integration of elderly people using ambient intelligence and social networking sites." *Cognitive Computation*, 8(3), 2016, pp. 529~542.

Carr, C. T., D. Y. Wohn, & R. A. Hayes. "As social support: relational closeness, automaticity, and interpreting social support from paralinguistic digital affordances in social media." *Comput. Hum. Behav.*, 62, 2016, pp. 385~393.

Deters, F. G., & M. R. Mehl. "Does posting Facebook status updates increase or decrease loneliness? An online social networking experiment." *Soc. Psychol. Pers. Sci.*, 4(5), 2013, pp. 579~586.

Eisenberg, E. M., & M. G. Witten. "Reconsidering openness in organizational communication." *Academy of Management Review*, 12, pp. 418~426.

Ellison, N. B., R. Gray, C. Lampe, & A. T. Fiore. "Social capital and resource requests on Facebook." *New Media Soc.*, 16(7), 2014, pp. 1104~1121.

Eslami, M., A. Rickman, K. Vaccaro, A. Aleyasen, A. Vuong, K. Karahalios, ... & C. Sandvig. "'I always assumed that I wasn't really that close to [her]' Reasoning about Invisible Algorithms in News Feeds." *Proceedings of the 33rd annual ACM conference on human factors in computing systems*, 2015, pp. 153~162.

Festinger, L. "A theory of social comparison processes." *Human relations*, 7(2), 1954, pp. 117~140.

Golder, S. A., & M. W. Macy. "Diurnal and seasonal mood vary with work, sleep, and daylength across diverse cultures." *Science*, 333(6051), 2011, pp.

1878~1881.

Krasnova, H., H. Wenninger, T. Widjaja, & P. Buxmann. "Envy on Facebook: A Hidden Threat to Users' Life Satisfaction?" *Wirtschaftsinformatik Proceedings*, 2013, 92, https://aisel.aisnet.org/wi2013/92

Kross, E., P. Verduyn, M. Boyer, B. Drake, I. Gainsburg, B. Vickers, O. Ybarra, & J. Jonides. "Does Counting Emotion Words on Online Social Networks Provide a Window Into People's Subjective Experience of Emotion? A Case Study on Facebook." *Emotion*, 19(1), 2019, pp. 97~107, https://doi.org/10.1037/emo0000416

LaRose, R., R. Connolly, H. Lee, K. Li, & K. D. Hales. "Connection overload? A cross cultural study of the consequences of social media connection." *Inf. Syst. Manag.*, 31(1), 2014, pp. 59~73.

Lin, C. P., & A. Bhattacherjee. "Elucidating individual intention to use interactive information technologies: The role of network externalities." *International Journal of Electronic Commerce*, 13(1), 2008, pp. 85~108.

Liu, D., K. B. Wright, & B. Hu. "A meta-analysis of Social Network Site use and social support." *Comput. Educ.*, 127, 2018, pp. 201~213.

Moon, J. W., & Y. G. Kim. "Extending the TAM for a World-Wide-Web context." *Information & management*, 38(4), 2001, pp. 217~230.

Moreno, M. A., L. A. Jelenchick, K. G. Egan, E. Cox, H. Young, K. E. Gannon, & T. Becker. "Feeling bad on Facebook: Depression disclosures by college students on a social networking site." *Depression and anxiety*, 28(6), 2011, pp. 447~455.

Newman, L., C. Stoner, & A. Spector. "Social networking sites and the experience of older adult users: A systematic review." *Ageing & Society*, 41(2), 2021, pp. 377~402.

Smith, R. H., & S. H. Kim. "Comprehending envy." *Psychological bulletin*, 133(1), 2007, p. 46.

Tai, K., J. Narayanan, & D. J. McAllister. "Envy as pain: Rethinking the nature of envy and its implications for employees and organizations." *Academy of*

Management Review, 37(1), 2012, pp. 107~129.

Thelwall, M., D. Wilkinson, & S. Uppal. "Data mining emotion in social network communication: Gender differences in MySpace." *Journal of the American Society for Information Science and Technology*, 61(1), 2010, pp. 190~199.

Van de Ven, N., M. Zeelenberg, & R. Pieters. "Why envy outperforms admiration." *Personality and social psychology bulletin*, 37(6), 2011, pp. 784~795.

Van der Heijden, H. "User acceptance of hedonic information systems." *MIS quarterly*, 2004, pp. 695~704.

Vanden Abeele, Mariek M. P., Marjolijn L. Antheunis, & Alexander P. Schouten. "The effect of mobile messaging during a conversation on impression formation and interaction quality." *Computers in Human Behavior*, 62, 2016, pp. 562~569.

Victor, C. R., S. J. Scambler, A. N. N. Bowling, & J. Bond. "The prevalence of, and risk factors for, loneliness in later life: a survey of older people" *Ageing & Society*, 25(06), 2005, pp. 357~375.

Wang, W., I. Hernandez, D. A. Newman, J. He, & J. Bian. "Twitter analysis: Studying US weekly trends in work stress and emotion." *Applied Psychology*, 65(2), 2016, pp. 355~378.

Wang, Y. C., M. Burke, & R. E. Kraut. "Gender, topic, and audience response: An analysis of user-generated content on Facebook." *Proceedings of the SIGCHI conference on human factors in computing systems*, 2013; April, pp. 31~34.

Wenninger, H., C. M. Cheung, & M. Chmielinski. "Understanding envy and users' responses to envy in the context of social networking sites: A literature review." *International Journal of Information Management*, 58, 2021, p. 102303.

Yang, S., Y. Lu, B. Wang, & L. Zhao. "The benefits and dangers of flow experience in high school students' internet usage: The role of parental support." *Computers in Human Behavior*, 41, 2014, pp. 504~513.

Yun H. M., S. G. Hong, & T. H. Lee. "Sentiment Analysis on Plant Business of Seawater Desalination." *The Korean Association for Local Government Studies Conference Materials*, vol. 2015, no. 4, 2016, pp. 13~20.

Ziegele, M, & L. Reinecke. "No place for negative emotions? The effects of message valence, communication channel, and social distance on users' willingness to respond to SNS status updates." *Computers in Human Behavior*, 75, 2017, pp. 704~713.

Gibbs, J. L., N. A. Rozaidi, & J. Eisenberg. "Overcoming the 'ideology of openness': Probing the affordances of social media for organizational knowledge sharing." *Journal of Computer-Mediated Communication*, 19(1), 2013, pp. 102~120.

• 인스턴트 메신저 이용률

https://data.seoul.go.kr/dataList/10902/S/2/datasetView.do

정보통신정책연구원 한국미디어패널조사

https://eiec.kdi.re.kr/policy/domesticView.do?ac=0000161245

정보통신정책연구원 kisdi stat report [관련 자료들]

https://www.kisdi.re.kr/report/list.do?key=m2101113025790&arrMasterId=4333447

한국갤럽 : 미디어·콘텐츠·소셜 네트워크 서비스 이용률

https://www.gallup.co.kr/gallupdb/reportContent.asp?seqNo=1205

한국언론진흥재단 소셜미디어 이용자 조사

https://www.kpf.or.kr/front/research/consumerDetail.do?miv_pageNo=&miv_pageSize=&total_cnt=&LISTOP=&mode=W&seq=592324&link_g_topmenu_id=&link_g_submenu_id=&link_g_homepage=F&reg_stadt=&reg_enddt=&searchkey=all1&searchtxt=digital 2022 global overview

https://www.hootsuite.com/resources/digital-trends

2. 화상 회의 플랫폼

이한샘·서은희, 「대학의 원격화상 수업과 대면 수업의 만족도 비교 연구」, 『한국콘텐츠학회논문지』, 21(7), 한국콘텐츠학회, 2021, 440~447쪽.

정종구, 「실시간 원격화상시스템을 이용한 원격 수업의 상호작용유형과 학습만족도에 관한 연구」, 서강대학교 교육대학원 석사학위논문, 서강대학교, 2010.

최유정, 「화상 회의 플랫폼의 피로도 개선을 위한 사용자 경험 연구」, 이화여자대학교 대학원 석사학위논문, 이화여자대학교, 2022.

Dennis, A. R., & S. T. Kinney. "Testing media richness theory in the new media: The effects of cues, feedback, and task equivocality." *Information Systems Research*, 9(3), 1998, pp. 256~274, https://doi.org/10.1287/isre.9.3.256

Denstadli, J. M., Julsrud, T. E., & Hjorthol, R. J. "Videoconferencing as a mode of communication." *Journal of Business and Technical Communication*, 26(1), 2012, pp. 65~91, https://doi.org/10.1177/1050651911421125

Derakhshan, A., M. Kruk, M. Mehdizadeh, & M. Pawlak. "Boredom in online classes in the Iranian EFL context: Sources and solutions." *System*, 101, 2021, p. 102556.

Fauville, G., M. Luo, A. C. Queiroz, J. N. Bailenson, & J. Hancock. "Zoom exhaustion & fatigue scale." *Computers in Human Behavior Reports*, 4, 2021, p. 100119.

Fejfar, M., & R. Hoyle. "Effect of private self-awareness on negative affect and self-referent attribution: A quantitative review." *Personality and Social Psychology Review*, 4, 2000, pp. 132~142, https://doi.org/10.1207/S15327957PSPR0402_02

Fosslien, L., & M. W. Duffy. "How to combat zoom fatigue." *Harvard Business Review*, 29, 2020, pp. 1~6.

Gonzales, A., & J. Hancock. "Mirror, mirror on my facebook wall: Effects of exposure to facebook on self-esteem." *Cyberpsychology, Behavior, and Social Networking*, 14, 2011, pp. 79~83, https://doi.org/10.1089/

cyber.2009.0411

Healthy Minds Network. "The impact of Covid-19 on College student well-being." *The Healthy Minds Network/American College Health Association*, 2020, pp. 1~10, https://healthymindsnetwork.org/wp-content/uploads/2020/07/Healthy_Minds_NCHA_COVID_Survey_Report_FINAL.pdf

Ingram, R. E., D. Cruet, B. R. Johnson, & K. S. Wisnicki. "Self-focused attention, gender, gender role, and vulnerability to negative affect." *Journal of Personality and Social Psychology*, 55(6), 1988, pp. 967~978, https://doi.org/10.1037/0022-3514.55.6.967

Intolo, P., B. Shalokhon, G. Wongwech, P. Wisiasut, S. Nanthavanij, & D. G. Baxter. "Analysis of neck and shoulder postures, and muscle activities relative to perceived pain during laptop computer use at a low-height table, sofa and bed." *Work*, 63(3), 2019, pp. 361~367, https://doi.org/10.3233/WOR192942

McGinty, E. E., R. Presskreischer, K. E. Anderson, H. Han, & C. L. Barry. "Psychological distress and COVID-19–related stressors reported in a longitudinal cohort of US adults in April and July 2020." *JAMA*, 324(24), 2020, pp. 2555~2557, https://doi.org/10.1001/jama.2020.21231

Moore, M. G. "Theory of transactional distance." In D. Keegan (Ed.), *Theoretical Principles of Distance Education*, New York: Routledge., 1993.

Naylor, D., & J. Nyanjom. "Educators' emotions involved in the transition to online teaching in higher education." *Higher Education Research and Developmen*, 40, 2020, pp. 1236~1250.

Nesher Shoshan, H., & W. Wehrt. "Understanding 'Zoom fatigue': a mixed-method approach." *Applied Psychology*, 71(3), 2022, pp. 827~852.

Okabe-Miyamoto, K., E. Durnell, R. T. Howell, & M. Zizi. "Video conferencing during emergency distance learning impacted student emotions during COVID-19." *Computers in Human Behavior Reports*, 2022, p. 100199.

Pawlak, M., A. Derakhshan, M. Mehdizadeh, & M. Kruk. "Boredom in online English language classes: Mediating variables and coping strategies." *Language Teaching Research*, 0(0), 2022, https://doi-org.proxy.cau.ac.kr/10.1177/13621688211064944

Peper, E., & R. Harvey. "Digital addiction: Increased loneliness, anxiety, and depression." *NeuroRegulation*, 5(1), 2018, pp. 3~8, https://doi.org/10.15540/nr.5.1.3

Proost, K., F. Germeys, & A. Vanderstukken. "Applicants' pre-test reactions towards video interviews: The role of expected chances to demonstrate potential and to use nonverbal cues." *European Journal of Work and Organizational Psychology*, 12(1), 2020, pp. 1~9, https://doi.org/10.1080/1359432X.2020.181797

Wang, B., Y. Liu, J. Qian, & S. K. Parker. "Achieving effective remote working during the COVID-19 pandemic: A work design perspective." *Applied Psychology. An International Review*, 70(1), 2020, pp. 16~59, https://doi.org/ 10.1111/apps.12290

Wegge, J., T. Bipp, & U. Kleinbeck. "Goal setting via videoconferencing." *European Journal of Work and Organizational Psychology*, 16(2), 2007, pp. 169~194. https://doi.org/10.1080/13594320601125567

Yi, Y., & R. H. Moon. "Sustained use of virtual meeting platforms for classes in the post-coronavirus era: The mediating effects of technology readiness and social presence." *Sustainability*, 13(15), 2021, p. 8203.

Zembylas, M. "Adult learners' emotions in online learning." *Distance Education*, 29, 2008, pp. 71~87.

3. 메타버스

강민희·이승우, 「멀티 페르소나의 사례와 의미-'부캐'를 중심으로」, 『한국문예창작』, 19(2), 한국문예창작학회, 2020, 123~143쪽.

노효련, 「요양보호사 교육 참가자의 학습동기가 학습몰입에 미치는 영향」, 『한국콘텐츠학회논문지』, 제11권 제6호, 한국콘텐츠학회, 2011,

428~437쪽.

박현아, 「메타버스 이용 특성에 관한 연구」, 전북대학교 박사학위논문, 전북대학교, 2022.

변은희, 「기업의 비대면 실시간 교육훈련에서 참여자의 상호작용이 교육성과에 미치는 영향」, 호서대학교 글로벌창업대학원 석사학위논문, 호서대학교, 2020.

신유리, 「메타버스 담화에서 참여자의 정체성 연구: 디지털 원주민 세대가 사용하는 〈제페토〉를 중심으로」, 『한국언어문화』, 76, 한국언어문화학회, 2021, 249~278쪽.

양기선·김상훈·김정덕, 「블록체인기반 미디어 산업 적용 사례 동향」, 『한국방송공학회지』, 23(3), 한국방송·미디어공학회, 2018, 8~19쪽.

윤종호, 「융의 분석심리학에 나타난 페르소나를 통한 작품 연구」, 전남대학교 박사학위논문, 전남대학교, 2018.

이경은·장동련, 「장소 브랜딩 관점에서 본 메타버스에서 멀티 페르소나의 전략적 가치 연구-MZ세대를 중심으로-」, 『브랜드디자인학연구』, 20.1, 2022, 245~262쪽.

이상민·안태연, 「메타버스 환경에서 영어 말하기 활동에 대한 중학생 인식 및 상호작용 양상」, 『중등영어교육』, 15(3), 한국중등영어교육학회, 2022, 25~44쪽.

이지혜·주정민, 「메타버스 이용자의 자아정체성 인식에 관한 연구: 상징적 상호작용이론 관점」, 『한국언론학보』, 66.3, 한국언론학회, 2022, 92~138쪽.

주서영·정혜선·나건, 「메타버스에서의 이용자 경험에 관한 연구: 기술 동향 및 문헌 조사를 중심으로」, 『한국디자인학회 학술발표대회 논문집』, 한국디자인학회, 2021, 122~127쪽.

한상열, 「메타버스 플랫폼 현황과 전망」, 『FUTURE HORIZON』, 과학기술정책연구원, 2021, 19~24쪽.

Alcañiz, M., E. Bigné, & J. Guixeres. "Virtual reality in marketing: a framework, review, and research agenda." *Frontiers in psychology*, 2019, p. 1530.

Barbour, K., D. Marshall, & C. Moore. "Persona to persona studies." *M/C*

Journal, vol. 17, no. 3, 2014.

Barry, D. M., N. Ogawa, A. Dharmawansa, H. Kanematsu, Y. Fukumura, ... & T. Kobayashi. "Evaluation for students & learning manner using eye blinking system in Metaverse." *Procedia computer science*, 60, 2015, pp. 1195~1204.

Choi, H. S., & S. H. Kim. "A content service deployment plan for metaverse museum exhibitions—Centering on the combination of beacons and HMDs." International Journal of *Information Management*, 37(1), 2017, pp. 1519~1527.

Dionisio, J. D. N., William G. Burns III, & R. Gilbert. "3D virtual worlds and the metaverse: Current status and future possibilities." *ACM Computing Surveys(CSUR)*, 45(3), 2013, pp. 1~38.

Forte, M., N. Lercari, F. Galeazzi, & D. Borra. "Metaverse communities and archaeology: the case of Teramo." *Proceedings of EuroMed*, 2010, pp. 79~84.

Freeman, G., & D. Maloney. "Body, avatar, and me: the presentation and perception of self in social virtual reality." *Proceedings of the ACM on Human-Computer Interaction*, Vol. 4, CSCW3, 2021, pp. 1~27.

Greitemeyer, T., & S. Osswald. "Effects of prosocial video games on prosocial behavior." *Journal of Personality and Social Psychology*, 98(2), 2010, p. 211.

Hendaoui, A., M. Limayem, & C. W. Thompson. "3D social virtual worlds: research issues and challenges." *IEEE internet computing*, 12(1), 2008, pp. 88~92.

Hooi, R., & H. Cho. "Avatar-driven self-disclosure: The virtual me is the actual me." *Computers in Human Behavior*, 39, 2014, pp. 20~28.

Huang, H. M., U. Rauch, & S. S. Liaw. "Investigating learners& attitudes toward virtual reality learning environments: Based on a constructivist approach." *Computers & Education*, 55(3), 2010, pp. 1171~1182.

Kaplan, A. M., & M. Haenlein. "The fairyland of Second Life: Virtual social worlds and how to use them." *Business horizons*, 52(6), 2009, pp. 563~572.

Karlsson, L., & M. Shamoun. "Virtual Realities for Remote Working: Exploring employee's attitudes toward the use of Metaverse for remote working." Linnaeus University, 2022.

Kim, C., S. G. Lee, & M. Kang. "I became an attractive person in the virtual world: Users & identification with virtual communities and avatars." *Computers in Human Behavior*, 28(5), 2012, pp. 1663~1669.

Nevelsteen, K. J. "Virtual world, defined from a technological perspective and applied to video games, mixed reality, and the Metaverse." *Computer Animation and Virtual World*, 29(1), 2018, p. e1752.

Noghabaei, M., A. Heydarian, V. Balali, & K. Han. "A survey study to understand industry vision for virtual and augmented reality applications in design and construction." arXiv preprint arXiv:2005.02795., 2020.

Oh, Hyun Jung, Junghwan Kim, Jeongheon Chang, Nohil Park, & Sangrock Lee. "Social Benefits of Living in the Metaverse: The Relationships among Social Presence, Supportive Interaction, Social Self-efficacy, and Feelings of Loneliness." *Computers in Human Behavior,* 2023.

Papagiannidis, S., E. Pantano, E. W. See-To, & M. Bourlakis. "Modelling the determinants of a simulated experience in a virtual retail store and users& product purchasing intentions." *Journal of Marketing Management*, 29(13-14), 2013, pp. 1462~1492.

Smart, J. M., Cascio, J., & Paffendorf, J. "Metaverse Roadmap Overview." Acceleration Studies Foundation, 2007, https://www.metaverseroadmap.org/overview/

Suh, A. "How users cognitively appraise and emotionally experience the metaverse: focusing on social virtual reality." *Information Technology & People,* 2023.

Tiwana, A., B. Konsynski, & A. A. Bush. "Research commentary–Platform evolution: Coevolution of platform architecture, governance, and environmental dynamics." *Information systems research*, 21(4), 2010, pp. 675~687.

Wolfendale, J. "My avatar, my self: Virtual harm and attachment." *Ethics and Information Technology* 9(2), 2007, pp. 111~119.

Yoon, G. & P. T. Vargas. "Know thy avatar: The unintended effect of virtual-self representation on behavior." *Psychological Science*, 25(4), 2014, pp. 1043~1045.

4. 통번역 기술의 발달과 문화 간 접촉

장훈, 「인터넷 기반 커뮤니케이션과 인간관계, 한국심리학회지 문화 및 사회문제」, 『Korean Journal of Culture and Social Issues』, vol. 19, no. 2, 한국심리학회, 2013, 259~283쪽.

하영욱, 「비대면 사회의 변질: 접촉 포비아 사회, 기회와 위협」, 『ETRI insight, 기술정책 이슈』, 2020. 6., 한국전자통신연구원.

Amichai-Hamburger, Y., & E. Ben-Artzi. "Loneliness and internet use." *Computers in Human Behavior*, 19, 2003, pp. 71~80.

Hall, E. T. The silent language. *Garden City*, NY: Anchor Press/Doubleday, 1959.

Flaherty, L. M., K. J. Pearce, & R. B. Rubin. "Internet and face-to face communication : Not functional alternatives." *Communication Quarterly*, 46, 1998, pp. 250~268.

Mehrabian, A. *Silent messages*, Wadsworth, 1971.

Nie, N. H. "Sociability, interpersonal relations, and the Internet: reconciling conflicting findings." *American Behavioral Scientist*, 45, 2001, pp. 420~435.

Pew Internet & American Life Project. "Tracking online life : How women use the Internet to cultivate relationships with family and friends." Stevens & Morris, 2007, http://www.pewinternet.org/reports/

3장 인간과 기계 사이의 소통과 관계

1. 스마트 인공물

김희수·김동주·이소의·이원섭, 「패스트푸드점 키오스크 UI 개선 방안 연구: 음성 인식 인터페이스 제안을 중심으로」, 한국HCI학회 학술대회, 2020. 2, 1191~1195쪽.

김현규·정남호·부백, 「키오스크 사용 관광객의 기술준비도 성향에 따른 시장세분화 전략」, 『호텔관광연구』, 21(1), 2021, 129~142쪽.

나태균, 「기술준비도를 기반으로 한 고객 세분화 유형에 따른 패스트푸드 전문점 키오스크의 지속적 이용의도 차이 분석-중장년층 소비자를 대상으로」, 『식공간연구』, 16(1), 2021, 1~16쪽.

이현주·김지혜, 「소비자 서비스 선호도에 따른 인지적, 감정적, 행동적 반응의 차이: 매장 내 키오스크 사례를 중심으로」, 『한국생활과학회지』, 31(1), 2022, 65~80쪽.

Ahn, J. A., & Seo, S. "Consumer responses to interactive restaurant self-service technology (IRSST): The role of gadget-loving propensity." *International Journal of Hospitality Management*, 74, 2018, pp. 109~121.

Bartneck, C., Suzuki, T., Kanda, T., & Nomura, T. "The influence of people's culture and prior experiences with Aibo on their attitude towards robots." *AI and Society*, 21(1-2), 2006. pp. 217~230.

Carroll, J. M., & R. L. Campbell. "Artifacts as psychological theories: The case of human-computer interaction." *Behaviour & Information Technology*, 8(4), 1989, pp. 247~256, https://www.tandfonline.com/doi/abs/10.1080/01449298908914556

Collier, J. E., & D. C. Barnes. "Self-service delight: Exploring the hedonic aspects of self-service." *Journal of Business Research*, 68(5), 2015, pp. 986~993.

Foroudi, P., S. Gupta, U. Sivarajah, & A. Broderick. "Investigating the effects of smart technology on customer dynamics and customer experience." *Computers in Human Behavior*, 80, 2018, pp. 271~282.

Glikson, E., & A. W. Woolley. "Human trust in artificial intelligence: Review of empirical research." *Academy of Management Annals*, 14(2), 2020, pp. 627~660.

Hilpinen, Risto. "Artifact." Stanford Encyclopedia of Philosophy(Summer 2018 Edition), Edward N. Zalta (ed.), Retrieved from: https://plato.stanford.edu/archives/sum2018/entries/artifact/

Latour, B. "On actor-network theory: A few clarifications." *Soziale welt*, 1996, pp. 369~381.

Leigh Star, S., & James R. Griesemer. "Institutional Ecology, 'Translations' and Boundary Obejcts: Amateurs and Professionals in Berkeley's Museum of Vetebrate Zoology, 1907-39." *Social Studies of Science*, vol. 19, no. 3, Aug., 1989, pp. 387~420.

Leigh Star, S. "This is not a boundary object: Reflections on the origin of a concept." *Science, technology, & human values*, 35(5), 2010, pp. 601~617.

Nomura, T., T. Suzuki, T. Kanda, & K. Kato. "Measurement of negative attitudes toward robots." *Interaction Studies*, 7(3), 2006, pp. 437~454.

Pinch, T. J., & W. E. Bijker. "The social construction of facts and artefacts: Or how the sociology of science and the sociology of technology might benefit each other." *Social studies of science*, 14(3), 1984, pp. 399~441.

Sandoval, E. B., J. Brandstetter, & C. Bartneck. "Can a robot bribe a human? The measurement of the negative side of reciprocity in human robot interaction." *ACM/IEEE International Conference on HumanRobot Interaction*, April 2016, 2016, pp. 117~124, https://doi.org/10.1109/HRI.2016.7451742.

Shim, J., & R. C. Arkin. "Other-oriented robot deception: a computational approach for deceptive action generation to benefit the mark." *IEEE International Conference on Robotics and Biomimetics(ROBIO 2014)*, 2014, pp. 528-535, https://doi.org/ 10.1109/ROBIO.2014.7090385.

Turkle, S. *Alone together: Why we expect more from technology and less from each other,* Hachette UK, 2017.

Walter, S., C. Wendt, J. Böhnke, S. Crawcour, J. W. Tan, A. Chan, ... & H. C. Traue. "Similarities and differences of emotions in human–machine and human–human interactions: what kind of emotions are relevant for future companion systems?" *Ergonomics*, 57(3), 2014, pp. 374~386.

Winner, L. "Do Artifacts Have Politics?", *Daedalus, Modern Technology: Problem or Opportunity?*(Winter, 1980)[online], vol. 109, no. 1, 1980, pp. 121~136, https://www.jstor.org/stable/pdf/20024652.pdf

2. 대화형 챗봇

Adam, M., M. Wessel, & A. Benlian. "AI-based chatbots in customer service and their effects on user compliance." *Electronic Markets*, 31(2), 2021, pp. 427~445.

Adamopoulou, E., & L. Moussiades. "An overview of chatbot technology." *IFIP international conference on artificial intelligence applications and innovations*, Springer, Cham, 2020, pp. 373~383.

Adamopoulou, E., & L. Moussiades. "Chatbots: History, technology, and applications." *Machine Learning with Applications*, 2, 2020, p. 100006.

Bente, G., S. Rüggenberg, N. C. Krämer, & F. Eschenburg. "Avatar-mediated networking: Increasing social presence and interpersonal trust in net-based collaborations." *Human communication research*, 34(2), 2008, pp. 287~318.

Brave, S., C. Nass. "Emotion in human-computer interaction." Jacko, J. A., Spears, A. (Eds.), *The human-computer interaction handbook: fundamentals, evolving technologies and emerging applications.*, L. Erlbaum Associates Inc., Broadway Hillsdale, NJ, 2002, pp. 81~96, https://doi.org/10.5555/772072.77

Carpenter, A., & K. Greene. "Social penetration theory." *The International Encyclopedia of Interpersonal Communication*, 2016, pp. 1~5.

Chen, Q., Y. Lu, Y. Gong, & J. Xiong. "Can AI chatbots help retain customers? Impact of AI service quality on customer loyalty." *Internet Research* (aheadof-print), 2023.

Croes, E. A., & M. L. Antheunis. "Can we be friends with Mitsuku? A longitudinal study on the process of relationship formation between humans and a social chatbot." *Journal of Social and Personal Relationships*, 38(1), 2021, pp. 279~300.

Crolic, C., F. Thomaz, R. Hadi, & A. T. Stephen. "Blame the bot: anthropomorphism and anger in customer–chatbot interactions." *Journal of Marketing*, 86(1), 2022, pp. 132~148.

Fitzpatrick, K. K., A. Darcy, & M. Vierhile. "Delivering cognitive behavior therapy to young adults with symptoms of depression and anxiety using a fully automated conversational agent (Woebot): a randomized controlled trial." *JMIR mental healt*, 4(2), 2017, p. e7785.

Lee, Y. C., N. Yamashita, Y. Huang, W. Fu. "'I Hear You, I Feel You': Encouraging Deep Self-disclosure through a Chatbot." Proceedings of the 2020 CHI conference on human factors in computing systems, ACM, New York, 2020, pp. 1~12, https://doi.org/10.1145/3313831.337617

Liu, B., & S. S. Sundar. "Should machines express sympathy and empathy? Experiments with a health advice chatbot." *Cyberpsychology, Behavior, and Social Networking*, 21(10), 2018, pp. 625~636, https://doi.org/10.1089/cyber.201

Lowrey, A., "How chatGPT will destabilize white-collar work." *The atlantic*, 2023 February 14, https://www.theatlantic.com/ ideas/archive/2023/01/chatGPT-ai-economy-automation-jobs/ 672767

Lucas, G. M., J. Gratch, A., King, & L. P. Morency. "It's only a computer: Virtual humans increase willingness to disclose." *Computers in Human Behavior*, 37, 2014, pp. 94~100.

Mori, M. "Bukimi no tani (the uncanny valley)." *Energy*, 7(4), 1970, pp. 33~35.

Mou, Y., & K. Xu. "The media inequality: Comparing the initial human-human and human-AI social interactions." *Computers in Human Behavior*,

72, 2017, pp. 432~440.

P'erez-Marín, D., & I. Pascual-Nieto. "An exploratory study on how children interact with pedagogic conversational agents." *Behaviour & Information Technology*, 32(9), 2013, pp. 955~964, https://doi.org/10.1080/0144929X.2012

Rapp, A., L. Curti, & A. Boldi. "The human side of human-chatbot interaction: A systematic literature review of ten years of research on text-based chatbots." *International Journal of Human-Computer Studies*, 151, 2021, p. 102630.

Roller, S., Dinan, E., Goyal, N., Ju, D., Williamson, M., Liu, Y., ⋯ & Weston, J. "Recipes for building an open-domain chatbot." 2020. arXiv preprint arXiv:2004.13637.

Roller, S., E. Dinan, N. Goyal, D. Ju, M. Williamson, Y. Liu, ⋯ & J. Weston. "Recipes for building an open-domain chatbot." 2020. arXiv preprint arXiv:2004.13637.

Roy, R., & V. Naidoo. "Enhancing chatbot effectiveness: The role of anthropomorphic conversational styles and time orientation." *Journal of Business Research*, 126, 2021, pp. 23~34.

Singh, S., & H. Beniwal. "A survey on near-human conversational agents." *Journal of King Saud University-Computer and Information Sciences*, 2021.

Singh, S., & H. Beniwal. "A survey on near-human conversational agents." *Journal of King Saud University-Computer and Information Sciences*, 34(10), 2022, pp. 8852~8866.

Ta, V., C. Griffith, C. Boatfield, X. Wang, M. Civitello, ⋯ & A. Loggarakis. "User experiences of social support from companion chatbots in everyday contexts: thematic analysis." *Journal of medical Internet research*, 22(3), 2020, p. e16235.

Tsai, W. H. S., D. Lun, N. Carcioppolo, & C. H. Chuan. "Human versus chatbot: Understanding the role of emotion in health marketing communication for vaccines." *Psychology & marketing*, 38(12), 2021, pp. 2377~2392.

Tsai, W. H. S., Y. Liu, & C. H. Chuan. "How chatbots' social presence communication enhances consumer engagement: the mediating role of parasocial interaction and dialogue." *Journal of Research in Interactive Marketing*, 15(3), 2021, pp. 460~482.

Van den Broeck, E., B. Zarouali, & K. Poels. "Chatbot advertising effectiveness: When does the message get through?" *Computers in Human Behavior*, 98, 2019. pp. 150~157.

Vinyals, O., & Q. Le. "A neural conversational model." 2015, arXiv preprint arXiv:1506.05869.

Wang, X., & R. Nakatsu. "How do people talk with a virtual philosopher: Log Analysis of a real-world application." *International Conference on Entertainment Computing*, Springer, Berlin, Heidelberg, 2013, pp. 132~137, https://doi.org/10.1007/978-3-642-41106-9_16

3. 소셜 로봇

김창환,「소셜 로봇의 행동 표현 기술」,『로봇과 인간』, 14(4), 2017, 25~36쪽.

김혁·이석호·강현민,「소셜 로봇의 초기 기대치에 관한 연구 : 언어적, 비언어적 상호작용을 중심으로」,『한국디지털콘텐츠학회 논문지』, 22(2), 2021, 281~289쪽.

이유미·오미영,「포스트휴먼 시대 청소년의 정신 건강: 비대면 대화 매체 사용과 언어폭력 관련성 연구」,『한국학교,지역보건교육학회지』 20-3, 2019, 123~134쪽.

정성미·신동희·구지향,「로봇의 비언어적 즉시성에 대한 사례연구」,『한국콘텐츠학회 논문지』, 15-7, 2015, 181~192쪽.

Bartneck, C., D. Kulić, E. Croft, & S. Zoghbi. "Measurement instruments for the anthropomorphism, animacy, likeability, perceived intelligence, and perceived safety of robots." *International Journal of Social Robotics*, 1(1), 2009. pp. 71~81, https://doi.org/10.1007/s12369-008-0001-3

Breazeal, C. "Emotion and sociable humanoid robots." *International journal of human-computer studies,* 59(1-2), 2003, pp. 119~155.

Breazeal, C. "Toward sociable robots." *Robotics and Autonomous Systems,* 42(3-4), 2003, pp. 167~175.

Breazeal, C., K. Dautenhahn, & T. Kanda. "Social robotics." *Springer handbook of robotics,* 2016, pp. 1935~1972.

Breazeal, Cynthia., Atsuo Takanishi, & Tetsunori Kobayashi. "Social Robots that interact people." *Springer Handbook of Robotics,* 2008.

Burgoon, J. K., D. B. Buller, J. L. Hale, & M. A. Turck. "Relational Messages Associated with Nonverbal Behaviors." *Human Communication Research,* vol. 10, no. 3, 1984, pp. 351~378.

Cacioppo, J. T., & W. Patrick. *Loneliness: Human Nature and the Need for Social Connection,* WW Norton & Company: NY, 2008.

Cameron, D., A. Millings, S. Fernando, E. C. Collins, R. Moore, ⋯ & T. Prescott. "The effects of robot facial emotional expressions and gender on child–robot interaction in a field study." *Connection Science*, 30(4), 2018, pp. 343~361.

Cassell, J., & T. Bickmore. "Negotiated collusion: Modeling social language and its relationship effects in intelligent agents." *User modeling and user-adapted interaction,* 13, 2003, pp. 89~132.

De Graaf, M. M., & S. B. Allouch. "The relation between people's attitude and anxiety towards robots in human–robot interaction." *2013 IEEE ROMAN. IEEE,* pp. 632~637.

De Graaf, M. M., S. B. Allouch & T. Klamer. "Sharing a life with Harvey: Exploring the acceptance of and relationship-building with a social robot." *Computers in Human Behavior*, 43, 2015, pp. 1~14.

Duarte, E. F., & M. C. C. Baranauskas. "Revisiting the three HCI waves: A preliminary discussion on philosophy of science and research paradigms." *Proceedings of the 15th Brazilian Symposium on Human Factors in Computing Systems,* 2016 October, pp. 1~4.

Duffy, B. R. "Anthropomorphism and the social robot." *Robotics and autono-*

mous systems, 42(3-4), 2003, pp. 177~190.

Ekman, P. "Emotions revealed." *Bmj*, 2004, p. 328(Suppl S5).

Ekman, P., T. Dalgleish, & M. Power. *Handbook of cognition and emotion*, Chihester, UK: Wiley, 1999.

Fong, T., I. Nourbakhsh, & K. Dautenhahn. "A survey of socially interactive robots." *Robotics and Autonomous Systems*, 42(3-4), 2003, pp. 143~166.

Gunes, H., & B. Schuller. "Categorical and dimensional affect analysis in continuous input: Current trends and future directions." *Image and Vision Computing*, 31(2), 2013, pp. 120~136.

Harrison, S., D. Tatar, & P. Sengers. "The three paradigms of HCI." Alt. Chi. Session at the SIGCHI Conference on human factors in computing systems, San Jose, California, USA, 2007, April, pp. 1~18.

Hegel, F., C. Muhl, B. Wrede, M. Hielscher-Fastabend, & G. Sagerer. "Understanding social robots." 2009 Second International Conferences on Advances in Computer-Human Interactions, 2009, February, IEEE, pp. 169~174.

Jøranson, N., I. Pedersen, A. M. M. Rokstad, G. Aamodt, C. Olsen, & C. Ihlebæk. "Group activity with Paro in nursing homes: systematic investigation of behaviors in participants." *International Psychogeriatrics*, 28(8), 2008, pp. 1345~1354.

Kanda, T., M. M. Kamasima, T. Imai, D. Ono, H. Sakamoto, Ishiguro, & Y. Anzai. "A humanoid robot that pretends to listen to route guidance from a human." *Autonomous Robots*, vol. 22, no. 1, 2007, pp. 87~100.

Laban, G., V. Morrison, A. Kappas, & E. S. Cross. "Informal caregivers disclose increasingly more to a social robot over time." CHI Conference on Human Factors in Computing Systems Extended Abstracts, 2022, April, pp. 1~7.

Leite, I., C. Martinho, & A. Paiva. "Social robots for long-term interaction: a survey." *International Journal of Social Robotics*, 5, 2013, pp. 291~308.

Nomura, T., T. Shintani, K. Fujii, & K. Hokabe. "Experimental investigation of relationships between anxiety, negative attitudes, and allowable distance of robots." Proceedings of the 2nd IASTED international conference on human computer interaction, Chamonix, France. ACTA Press, 2007, March, pp. 13~18.

Nomura, T., T. Suzuki, T. Kanda, & K. Kato. "Measurement of anxiety toward robots." ROMAN 2006-The 15th IEEE International Symposium on Robot and Human Interactive Communication, 2006 September, IEEE, pp. 372~377.

Odekerken-Schröder, G., C. Mele, T. Russo-Spena, D. Mahr, & A. Ruggiero. "Mitigating loneliness with companion robots in the COVID-19 pandemic and beyond: an integrative framework and research agenda." *Journal of Service Management,* 31(6), 2020, pp. 1149~1162.

Pennisi, P., A. Tonacci, G. Tartarisco, L. Billeci, L. Ruta, S. Gangemi, & G. Pioggia. "Autism and social robotics: A systematic review." *Autism Research,* 9(2), 2016, pp. 165~183.

Prasad, V., R. Stock-Homburg, & J. Peters. "Human-robot handshaking: A review." *International Journal of Social Robotics,* 14(1), 2022, pp. 277~293.

Robinson, H., B. MacDonald, & E. Broadbent. "The role of healthcare robots for older people at home: A review." *International Journal of Social Robotics,* 6, 2014, pp. 575~591.

Rosenbaum, M. S. "Return on community for consumers and service establishments." *Journal of Service Research,* 11(2), 2008, pp. 179~196.

Saldien, J., K. Goris, B. Vanderborght, J. Vanderfaeillie, & D. Lefeber. "Expressing emotions with the social robot probo." *International Journal of Social Robotics,* 2(4), 2010, pp. 377~389.

Scheeff, M., J. Pinto, K. Rahardja, S. Snibbe, & R. Tow. "Experiences with Sparky, a social robot." *Socially intelligent agents,* 2002, pp. 173~180.

Stock-Homburg, R. "Survey of emotions in human–robot interactions: Perspectives from robotic psychology on 20 years of research." *International Journal of Social Robotics,* 2021, pp. 1~23.

Thayer, S. "History and strategies of research on social touch." *Journal of Nonverbal Behavior,* vol. 10, no. 1, 1986, pp. 12~28.

Xin, L., X. Lun, W. Zhi-liang, & F. Dong-mei. "Robot emotion and performance regulation based on HMM." *International Journal of Advanced Robotic Systems,* 10(3), 2013, p. 160.

4장 질문 되돌리기: 인공지능 시대의 인간관계

오세욱·최순욱, 「미디어 창작도 기계가 대체하는가?: '휴머리즘 (human+ algorithm)' 미디어의 가능성 혹은 한계」, 『방송통신연구』, 97, 한국방송학회, 2017, 60~90쪽.
이재현, 「인공지능과 미디어-커뮤니케이션 연구」, 『언론정보연구』, 57(3), 서울대학교 언론정보연구소, 2020, 5~40쪽.
한국전자통신연구원, 「코로나 이후 글로벌 트렌드: 완전한 디지털 사회」, 『기술정책 인사이트』, 2020-1, 한국전자통신연구원, 2020.
Berners-Lee, T., Hendler, J., & Lassila, O. "The semantic web." *Scientific american,* 284(5), 2001, pp. 34~43.
BURKART, J. M., S. B. HRDY, & C. P. VAN SCHAIK. "Cooperative Breeding and Human Cognitive Evolution." *Evolutionary Anthropology Issues News and Reviews,* 18(5), 2009, September, pp. 175~186.
Chan-Olmsted, S. M. "A review of artificial intelligence adoptions in the media industry." *International Journal on Media Management,* 21(3-4), 2019; pp. 193~215.
Karnouskos, S. "Artificial intelligence in digital media: The era of deepfakes." *IEEE Transactions on Technology and Society,* 1(3), 2020, pp. 138~147.
Latour, B. *Science In Action:How to Follow Scientists and Engineers through Society,* Cambridge, Mass, Harvard University, 1987.
World Wide Web Consortium, 2015. *Semantic Web,* https://www.w3.org/standards/semanticweb/